本书由
中央高校建设世界一流大学（学科）
和特色发展引导专项资金
资助

中南财经政法大学“双一流”建设文库

中 | 国 | 经 | 济 | 发 | 展 | 系 | 列 |

基于纵向数据的中国民宿利益主体多方互动及其影响研究

李明龙 著

中国财经出版传媒集团

经济科学出版社
Economic Science Press

图书在版编目（CIP）数据

基于纵向数据的中国民宿利益主体多方互动及其影响研究/李明龙著．—北京：经济科学出版社，2019.12
（中南财经政法大学“双一流”建设文库）
ISBN 978-7-5218-1167-4

Ⅰ.①基… Ⅱ.①李… Ⅲ.①旅馆-经营管理-研究-中国 Ⅳ.①F726.92

中国版本图书馆 CIP 数据核字（2019）第291640号

责任编辑：何　宁
责任校对：杨　海
版式设计：陈宇琰
责任印制：李　鹏

基于纵向数据的中国民宿利益主体多方互动及其影响研究
李明龙　著
经济科学出版社出版、发行　新华书店经销
社址：北京市海淀区阜成路甲28号　邮编：100142
总编部电话：010-88191217　发行部电话：010-88191522
网址：www.esp.com.cn
电子邮箱：esp@esp.com.cn
天猫网店：经济科学出版社旗舰店
网址：http://jjkxcbs.tmall.com
北京季蜂印刷有限公司印装
787×1092　16开　18印张　300000字
2019年12月第1版　2019年12月第1次印刷
ISBN 978-7-5218-1167-4　定价：72.00元
（图书出现印装问题，本社负责调换。电话：010-88191510）

总 序

“中南财经政法大学‘双一流’建设文库”是中南财经政法大学组织出版的系列学术丛书，是学校“双一流”建设的特色项目和重要学术成果的展现。

中南财经政法大学源起于1948年以邓小平为第一书记的中共中央中原局在挺进中原、解放全中国的革命烽烟中创建的中原大学。1953年，以中原大学财经学院、政法学院为基础，荟萃中南地区多所高等院校的财经、政法系科与学术精英，成立中南财经学院和中南政法学院。之后学校历经湖北大学、湖北财经专科学校、湖北财经学院、复建中南政法学院、中南财经大学的发展时期。2000年5月26日，同根同源的中南财经大学与中南政法学院合并组建“中南财经政法大学”，成为一所财经、政法“强强联合”的人文社科类高校。2005年，学校入选国家“211工程”重点建设高校；2011年，学校入选国家“985工程优势学科创新平台”项目重点建设高校；2017年，学校入选世界一流大学和一流学科（简称“双一流”）建设高校。70年来，中南财经政法大学与新中国同呼吸、共命运，奋勇投身于中华民族从自强独立走向民主富强的复兴征程，参与缔造了新中国高等财经、政法教育从创立到繁荣的学科历史。

“板凳要坐十年冷，文章不写一句空”，作为一所传承红色基因的人文社科大学，中南财经政法大学将范文澜和潘梓年等前贤们坚守的马克思主义革命学风和严谨务实的学术品格内化为学术文化基因。学校继承优良学术传统，深入推进师德师风建设，改革完善人才引育机制，营造风清气正的学术氛围，为人才辈出提供良好的学术环境。入选“双一流”建设高校，是党和国家对学校70年办学历史、办学成就和办学特色的充分认可。“中南大”人不忘初心，牢记使命，以立德树人为根本，以“中国特色、世界一流”为核心，坚持内涵发展，“双一流”建设取得显著进步：学科体系不断健全，人才体系初步成型，师资队伍不断壮大，研究水平和创新能力不断提高，现代大学治理体系不断完善，国际交流合作优化升级，综合实力和核心竞争力显著提升，为在2048年建校百年时，实现主干学科跻身世界一流学科行列的发展愿景打下了坚实根基。

“当代中国正经历着我国历史上最为广泛而深刻的社会变革，也正在进行着人类历史上最为宏大而独特的实践创新”，“这是一个需要理论而且一定能够产生理论的时代，这是一个需要思想而且一定能够产生思想的时代”①。坚持和发展中国特色社会主义，统筹推进“五位一体”总体布局和协调推进“四个全面”战略布局，实现“两个一百年”奋斗目标、实现中华民族伟大复兴的中国梦，需要构建中国特色哲学社会科学体系。市场经济就是法治经济，法学和经济学是哲学社会科学的重要支撑学科，是新时代构建中国特色哲学社会科学体系的着力点、着重点。法学与经济学交叉融合成为哲学社会科学创新发展的重要动力，也为塑造中国学术自主性提供了重大机遇。学校坚持财经政法融通的办学定位和学科学术发展战略，“双一流”建设以来，以“法与经济学科群”为引领，以构建中国特色法学和经济学学科、学术、话语体系为己任，立足新时代中国特色社会主义伟大实践，发掘中国传统经济思想、法律文化智慧，提炼中国经济发展与法治实践经验，推动马克思主义法学和经济学中国化、现代化、国际化，产出了一批高质量的研究成果，“中南财经政法大学‘双一流’建设文库”即为其中部分学术成果的展现。

文库首批遴选、出版二百余册专著，以区域发展、长江经济带、“一带一路”、创新治理、中国经济发展、贸易冲突、全球治理、数字经济、文化传承、生态文明等十个主题系列呈现，通过问题导向、概念共享，探寻中华文明生生不息的内在复杂性与合理性，阐释新时代中国经济、法治成就与自信，展望人类命运共同体构建过程中所呈现的新生态体系，为解决全球经济、法治问题提供创新性思路和方案，进一步促进财经政法融合发展、范式更新。本文库的著者有德高望重的学科开拓者、奠基人，有风华正茂的学术带头人和领军人物，亦有崭露头角的青年一代，老中青学者秉持家国情怀，述学立论、建言献策，彰显“中南大”经世济民的学术底蕴和薪火相传的人才体系。放眼未来、走向世界，我们以习近平新时代中国特色社会主义思想为指导，砥砺前行，凝心聚

① 习近平：《在哲学社会科学工作座谈会上的讲话》，2016年5月17日。

力推进“双一流”加快建设、特色建设、高质量建设，开创“中南学派”，以中国理论、中国实践引领法学和经济学研究的国际前沿，为世界经济发展、法治建设做出卓越贡献。为此，我们将积极回应社会发展出现的新问题、新趋势，不断推出新的主题系列，以增强文库的开放性和丰富性。

“中南财经政法大学‘双一流’建设文库”的出版工作是一个系统工程，它的推进得到相关学院和出版单位的鼎力支持，学者们精益求精、数易其稿，付出极大辛劳。在此，我们向所有作者以及参与编纂工作的同志们致以诚挚的谢意！

因时间所囿，不妥之处还恳请广大读者和同行包涵、指正！

中南财经政法大学校长

目　录

第一章 绪论

第一节　研究背景与问题

一、旅游业的持续快速发展促成了大众旅游时代

随着我国社会经济的发展和人均可支配收入的增多，人民的生活水平日益提高，旅游需求更加旺盛，国内外游客逐年增长（见图1－1）。2017年国内旅游人数高达50.01亿人次，同比增长12.8%；国内旅游收入已达4.57万亿元，同比增长15.9%；2017年全国旅游业对GDP的综合贡献为9.13万亿元，占GDP总量的11.04%。

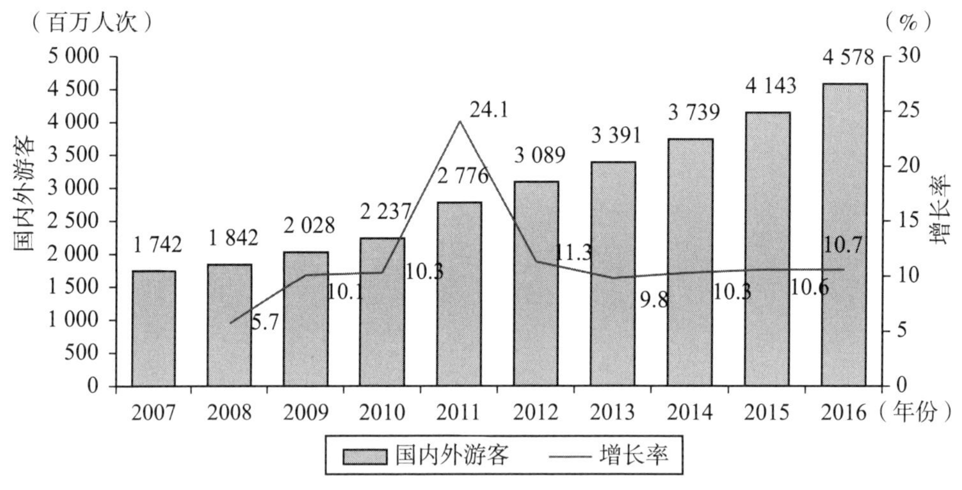

图1－1　国内外游客历年人次及增速

资料来源：根据国家统计局网站数据整理，http：//www. stats. gov. cn/。

旅游业的发展不仅体现在国内游的繁荣，还体现在入境游的稳步增长。据国家旅游局统计，2017年中国入境旅游人数已达13 948万人次，同比增长

0.8%；全年国际旅游收入达1 234亿美元，同比增长2.9%。丝绸之路经济带的建立必将推动沿线国家之间更好的经济、文化交流，促使我国旅游业的更好发展。

由此可见，随着中国经济发展在新常态下进入平稳期，消费的地位日益突出，而旅游已成为消费升级的重要推动因素。2018年政府工作报告强调“消费对经济发展的基础性作用”，并提出“创建全域旅游示范区”，这确定了今后旅游发展的基调，也是顺应旅游发展阶段的要求。短短10年内，我国国内旅游实现收入额从2007年的7 771亿元猛增至4.57万亿元，而出境旅游更是从2007年的4 095万人次增长至2017年的1.3亿人次，并显示出越来越强劲的消费动力。这在展示旅游业巨大消费潜力的同时，也标志着中国已进入真正意义上的大众旅游时代。

二、大众旅游时代日益增长的需求带来了民宿的繁荣

在大众旅游时代，旅游需求旺盛，而游客也已经不再仅仅满足于浅层次的观光、度假游，转而青睐深度的文化、体验游。这一旅游需求的转变带来了旅游住宿业的繁荣。据国家旅游局统计，2017年第三季度我国星级饭店共有11 492家，其中通过了省级旅游主管部门审核的共有10 065家；这10 065家饭店2017年第三季度营业收入合计538.08亿元，对国民经济发展有较高的贡献率。

随着标准化的酒店业态日趋成熟和住宿业整体设施条件的完善，游客个性化的住宿需求日益高涨，越来越倾向于选择非标准化住宿业态。作为一种重要的非标准化住宿业态，民宿不仅满足了游客住宿过程中的个性化需求，还为游客提供了深入了解当地文化、生活方式和习俗等的机会，受到了越来越多游客尤其是年轻游客的青睐。据搜狐网《中国大陆客栈民宿数量分布分析》报道，截至2017年10月12日我国大陆民宿总数已达42 658家。

民宿发展不仅得到了中央的支持，还得到了各地方政府的积极响应。北京、深圳、厦门等地陆续对民宿相关法规进行了修订，致力于促进民宿业的规范化运行。2017年11月广东省出台的《广东省旅游条例》，明确提出实施民宿开办登记制度，对民宿的建筑风貌进行了规定，并强调了民宿的人文内涵。民宿业内人士也在积极推动民宿业的更好发展。2018年1月12日，我国台湾地区、浙

江省、北京市等地的民宿专家齐聚一堂，为民宿的更好发展建言献策。民宿业的火爆也催生了《亲爱的客栈》《青春旅社》《三个院子》等热播综艺节目，而这些综艺节目的热播又进一步促进了民宿业的繁荣。

尽管民宿业整体发展环境较好，但其依旧存在问题。民宿业的卫生、安全、消防等问题是其发展过程中的“顽疾”。作为住宿业标杆的五星级酒店接连被爆出卫生等相关问题更加剧了人们对住宿业的不信任。就在线民宿而言，除蚂蚁短租和途家民宿采取强制措施，推出房东和保洁公司合作的保洁措施外，爱彼迎（Airbnb）等企业并未强制要求房东更换床单。就整个民宿行业而言，房东是否更换床单更多是依靠自觉而非强制的行业标准。此外，云南省洱海周边客栈以整治洱海污染为由被关停，反映了民宿业发展的不稳定性，且在线短租也存在信任机制欠缺的问题，这一系列问题都亟待解决。尽管国家旅游局出台了《旅游民宿基本要求与评价》，但其推荐性而非强制性标准的属性导致其难以从根本上解决问题。

根据去哪儿网的数据库，截至 2016 年 9 月，在去哪儿网平台，我国大陆民宿客栈注册量总数达 48 070 家，云南省以 7 392 家民宿客栈的数量位居全国第一名。易观咨询网提供的数据显示，中国民宿行业自 2011 年启动，经过 6 年发展，已经进入行业发展期。近 3 年来，民宿市场的增长率基本保持在 60% 以上。注重旅游需求、注重地方特色的打造和氛围的营造，使民宿这一小众市场快速扩张。随着中国在线旅游渗透率持续快速提升，在机票、酒店、景区门票等格局稳定的背景下，民宿的流量入口价值逐渐显现，为在线旅游创新企业提供了新的切入点。顾客个性化的需求，如社交、出租自行车、寄养宠物、了解当地文化，使得民宿旅游中游客间互动频率增加，顾客间互动的体验对顾客对民宿服务体验的好坏有决定作用。

三、民宿发展中的多方利益主体互动受到越来越多的关注

体验经济下，中国民宿短租将迎来发展新时期，民宿数量和质量分别在增多和提高。随着民宿行业发展质量愈加良好，同期游客入住民宿的意愿增加，非标准化住宿逐步瓜分标准化住宿的市场份额，民宿市场未来发展将更加火热。而民宿的发展离不开其利益主体，包括行业管理的政府、提供服务的员工、购

买服务的顾客，等等，这些利益主体之间也会存在互动，从而从更多层面影响民宿的发展。

根据马斯洛需求层次理论，民宿不仅满足了消费者的生理和安全需要，其住宿体验中的主客互动也很好地满足了游客的被尊重和社会需要。主客互动不仅有助于满足游客的情感需求，还能够促进游客更好地体验当地风俗和生活方式，优化游客游览体验。民宿体验中的主客互动日益成为游客选择和评价住宿体验中的重要因素，近年来也得到了越来越多专家学者的关注。

中国民宿行业深度调研报告中，将中国民宿质量提升分为三个阶段：第一阶段是基础设施的完善即房间设施的增加和房型的增加。第二阶段由物质内容开始渗透精神层面，民宿内涵增加，民宿的价值开始更多地体现在其文化属性、历史属性上，文化、故事、情怀等因素开始融入民宿，顾客在文化感知过程中，会不由自主地和民宿主人（主客）、当地游客（客客）等群体接触交往，主客间互动、客客间互动增加。第三阶段是基于分享经济的背景，民宿经营者除提供民宿之外，还提供其他服务，包括分享自己的汽车、时间、技能等。不仅如此，在消费服务过程前、中、后，顾客间无可避免会产生互动，顾客参与服务之中，成为民宿服务行业价值链上价值共创个体，并且成为价值链上价值感知个体，即对服务体验的感知。这种价值共创和价值感知体现在顾客间互动中，并进一步反映到顾客对民宿服务体验的好坏感知中，可见，影响顾客间互动的体验变量对民宿服务体验的好坏有关键性的决定作用。也正因如此，本书将探讨民宿的利益主体之间的互动及其影响。

第二节 研究目的与意义

一、研究目的

基于前述研究背景与问题，我们将一一探讨民宿的店主、顾客、游客、员工、政府、民宿同行等利益主体的行为，及其对民宿管理的影响，同时，不同利益主体之间存在着关联和互动，我们将以员工和顾客这两个最核心的利益主体为对象，研究其互动（即主客和客客互动）对民宿服务与管理的影响。随着现有热门旅游景区客流量的增加和新旅游资源的开发，住宿行业市场份额扩大，顾客个性化需求不断增强，非标准化新业态——民宿逐渐开始抢占标准化住宿的市场份额。由于民宿注重舒适氛围的营造和顾客关系管理，顾客在选择居住民宿时，民宿体验过程中的店主、员工、游客间互动会频繁发生，并成为一种旅游体验。作为一种旅游体验，民宿利益主体间互动逐渐成为一种竞争优势，而这种竞争优势到底受哪些因素的影响，对未来民宿行业发展具有深远的参考价值。

基于民宿利益主体多方互动的核心议题，我们试图回答以下几个问题：

（1）民宿是如何起源与发展的？民宿店主的动机与行为包括哪些内容？

（2）民宿顾客、民宿所在地游客是如何看待民宿的？他们表现出何种心理和行为？

（3）民宿政府管理部门如何看待民宿？应该如何进行民宿的管理与规制？

（4）民宿同行之间的竞争状况如何？民宿作为一个行业其业态演化与空间布局如何？

（5）民宿如何提供高质量的服务和产品以满足顾客的需求？如何实现服务的主题化、差异化？

（6）民宿这一住宿形式在主客互动、客客互动上有哪些具体表现，对民宿顾客的服务体验有何影响？

我国民宿发展至今有将近20年了，系统梳理民宿的发展与管理脉络特别重要，因此，我们从纵向时间序列的视角，基于多阶段的调查与研究基础，其中包括2007年7~10月、2017年7~8月、2018年2~3月三次集中进行的大规模调研产生的数据，以及2007~2017年行业统计与观察数据，探讨民宿在多方利益主体及其互动下如何管理与发展的问题。

二、研究意义

1. 实践意义

认识并管理好民宿多方利益主体及其互动，有助于民宿业的长足发展。民宿不同主体的互动不仅是民宿吸引游客的重要因素，也是民宿经营的核心因素。促进店主和房客之间的良好互动有助于优化民宿的服务体验，进而促进民宿业的长足发展。广泛收取问卷信息的方式扩大了研究的普适性，使得该调查结论不仅有助于优化调研地民宿的服务质量，也能够被其他地区的民宿广泛采纳。

第一，研究民宿多利益主体及其影响，有利于目的地形象塑造与宣传。民宿多方主体的互动是旅游活动的一部分。目的地居民与游客之间的互动，是当地居民与游客在商品与服务、文化与风俗、情感与交流方面的互动（张机等，2012）。良好的主客、客客互动不仅有利于民宿业的长足发展，还有利于塑造和宣传目的地形象。

第二，本书对民宿利益主体关系的处理的启发，有利于旅游地的可持续发展。住宿是旅游过程中的重要一环。民宿作为一种重要的住宿形态，促进主客良好互动、顾客间互动、优化游客住宿体验有助于优化旅游整体体验，从而提高当地的经济文化效益。旅游整体体验的优化还有利于为旅游地带来良好的口碑、提高游客重游率，促进旅游地的可持续发展。

第三，本书可以引起民宿行业重视，为民宿管理者建言献策。本书对于广大民宿管理者和整个民宿行业也有重要的借鉴意义。本书不仅能够引起民宿行业对政企互动、主客互动、客客互动的关注和重视，还能够为民宿管理者提供互动管理措施方面的建议和启示。

第四，本书的主要结论有利于提高资源利用效率，对整个社会治理有借鉴意义。民宿业“利用空余空间”的特质决定了它有利于实现土地等资源的优化整合。同时，民宿的发展也有助于扩大就业，更好地实现人力资源价值。

此外，明确民宿的利益主体及其关系，有利于旅游经济发展的成果更好惠及社区、惠及人民。乡村民宿的发展不仅有利于旅游精准扶贫的更好实现，还拓展了农村发展方式，有利于农业农村的可持续发展，缩小城乡差距，从而对整个社会治理具有借鉴意义。

2. 理论意义

相较于标准化住宿形态（主要指星级饭店），民宿更小众，服务与管理更为灵活。不同的服务形式、不同的地域环境、不同的装饰风格、不同的风俗习惯，都能特色化地打包成产品形态，以顾客欢迎的形式呈现出来。体验经济时代，旅游者出行已经不仅仅局限于吃住行等传统需求，更追求体验感知。民宿利益主体之间的多方互动影响着民宿的管理与经营，也是旅游体验中非常重要的一部分。通过对民宿利益主体的探究，并研究他们彼此之间的互动和影响，有利于民宿企业了解自身状况、行业状况、市场状况，为未来的后续研究奠定基础，具有重要的理论意义。

近年来对民宿的研究较多，不少学者也从不同角度指出民宿利益主体的互动是其创造服务体验、吸引游客的重要因素（陈春燕，2015），但现有文献大多从民宿设计、品牌营销、民宿住宿体验、发展现状、发展策略和发展模式等方面进行研究，较少有人将焦点置于利益主体互动方面。在现有的主客、客客互动与旅游地、共享型住宿形态相关文献的研究中，大多采用了定性分析的方法，较少文献运用定量分析的方法研究二者之间是否存在显著关系。本书试图通过此次研究，揭示企业、员工、顾客等多方互动与民宿管理服务体验之间的内在关系，引起更多专家、学者对这一研究领域的重视，完善相关研究理论。同时，本书对于酒店、接待业方面的营销理论、顾客关系管理也有一定的理论推进和贡献。

第三节　研究内容与框架

基于前述的研究问题与目标，本书的研究框架和内容主要包括相互联系着的九个部分。

第一章为绪论。主要包括研究的背景、目的与意义以及内容和框架。

第二章是民宿及其利益主体文献综述。包括民宿的概念、类型与特征，民宿的服务、管理与发展，民宿利益主体行为与特征，民宿服务质量与顾客体验等方面的研究综述，以及相关的研究评述。

第三章为本书的研究框架，包括变量与模型构建、研究分解及所采取的研究方法等。

第四章研究Ⅰ：中国民宿的源起、发展、利益主体分析。基于北京第二外国语学院民宿调研组 2007 年对江南、西南、北戴河、平遥古城等 13 地的民宿利益主体（店主、顾客、游客）进行访谈与调研数据，详细介绍当地民宿的发展背景、现状以及游客满意度等问题。这对于了解民宿的源起与发展意义重大。

第五章为研究Ⅱ：中国民宿管理体系横向比较研究，将民宿研究的重点转向另一个重要的利益主体——政府。民宿的管理体系是客栈经营绩效的重要决定因素，它关系着该住宿业态的成长，也影响着景区的发展与完善。因此，本部分以同里、乌镇、西塘、宏村四大古镇为例，比较分析其管理状况，以期对景区民宿管理体系的构建提供借鉴与启示。

第六章为研究Ⅲ：中国民宿的业态演化与空间布局。从民宿行业竞争者这个主体出发，考察中国民宿的业态演化与空间布局。通过对民居客栈的空间布局和成长模式进行实证分析和规范研究，探索民居客栈的催生因素及其产生的影响，构建民居客栈发展的成长模型，为政府政策的制定提供依据。

第七章为研究Ⅳ：中国民宿服务的一致性、主题化与差异化。本章回归到民宿自身，突出民宿产品与服务设计。基于 2017 年对民宿服务一致性、体验等调研的数据，从民宿最核心的产品、服务着眼，探讨民宿的服务一致性、主题化、差异化问题。

第八章为研究Ⅴ：中国民宿多主体互动及其影响，着重讨论员工、顾客等两个核心利益主体的关系及行为结果。本部分基于 2018 年中南财经政法大学民宿课题组的调研数据分别检验主客互动、客客互动是否对民宿服务体验及其若干主成分有显著而积极的影响。同时将加入性别、年龄、收入等人口统计学变量，并检验这些变量是否对主客互动、客客互动等有显著而积极的影响。

第九章是结语。总结本次系列研究，梳理其内部关系，总结其主要结论。

第二章
民宿及其利益主体文献综述

第一节 民宿的概念、类型与特征

一、民宿的概念与分类

“民宿”一词来源于日本的“Minshuku”（蒋姝婷，2015）。在其定义方面，民宿指的是房主利用闲置的住房及其他当地资源，参与接待，为游客提供体验当地自然、文化和生活方式的小型住宿设施①。

在“民宿”的表示上，国内学者通常用“民宿”“家庭旅馆”“农家乐”“民居客栈”等词加以表示；国外学者大多用“bed and breakfast”“family hotel”“family inn”“house hotel”“house stay”“guesthouse”等词加以表示（蒋佳倩等，2014）。

学者对民宿的定义主要是基于乡村旅游提出的，综合学者观点，民宿不应只是局限于乡村旅游（邹开敏，2008；葛姝和赖红波，2015），游客在旅游目的地投宿到当地居民家中都算是一种民宿住宿形式。根据2016年郭亮发布的报告——《短租民宿市场前景分析》，民宿住宿形式，按照类型分类，可分为农家乐、家庭旅馆、青年旅社、乡村别墅、客栈；按照功能分类，民宿可分为民俗体验型、自助体验型、度假休闲型、艺术体验型、农业体验型。归纳而言，民宿指的是由旅游目的地的独立业主、房源承租者或者商业机构利用空闲房间，提供给游客的住宿，它是基于共享经济而兴起的。相比其他住宿形式，民宿更加注重旅游需求，因此也更注重地方特色的打造和舒适氛围的营造。

根据文化和旅游部2019年发布的《旅游民宿基本要求与评价》，民宿按所在区域可大致划分为城镇民宿和乡村民宿，按交易方式可划分为在线民宿和线

① 中华人民共和国国家旅游局．旅游民宿基本要求与评价［EB/OL］．2017．http：//www．mnw．cn/tour/lvyou/1946028．html．

下民宿。其中，使用较为普遍的在线民宿手机应用软件（App）包括小猪短租、Airbnb 等。“互联网＋”时代的到来为在线民宿的发展创造了条件，有助于完善在线民宿订购系统。民宿线上点评不仅为游客寻找房源提供了便利，也促使更多优质民宿得到了市场的认可。张延等（2016）对民宿做了更加细致的划分。根据民宿经营模式的区别，将之划分为个体经营与合作经营民宿；按照产品和地域区别，将之划分为海滨型、温泉型、农园型、运动型和传统建筑式民宿等；按照功能和体验划分，将之划分为农家体验型、工艺体验型、民俗体验型、自然体验型和运动体验型民宿；按照主题特色，将之划分为自然风光类、历史文化类、异国风情类、温馨家庭类、名人文化类、艺术特色类和个性主题类民宿。

国外关于民宿的研究已经很成熟了，研究方法偏重于实证研究，通过研究房间、周边环境、地理位置等对民宿市场的影响，探究游客对民宿的支付意愿以及满意程度等，例如，费力克斯等（Felix et al.，2008）对游客以及民宿主对房间环境以及住宿设施等的期望差异的研究，斯卡林奇和瑞金斯（Scarinci and Richins，2008）提出专业住宿市场竞争激烈，并对民宿位置对游客的影响进行了研究。总体上，目前关于民宿的研究多侧重供给单方面，主要集中于设施、环境、文化与特色等，关于民宿中主客、游客间互动的研究较少。在中国大陆地区，民宿市场尚且比较小众，而在我国台湾地区，人们使用民宿这一用词较多，相比较来说，台湾地区的民宿市场发展比大陆地区成熟，因此，很多学者都以台湾地区的民宿为标杆进行民宿研究，例如，周琼（2014）指出我国台湾地区《民宿管理办法》对民宿的定义是，“以家庭副业方式经营，提供旅客乡野生活之住宿处所”，同时也指出，民宿涵盖的形式应该更为广泛。葛姝和赖红波（2015）研究了台湾地区的民宿品牌网络市场推广的优劣势以及渠道，反思总结台湾地区民宿发展对上海市民宿发展的参考价值，提出品牌建设以及创新的重要性。在中国大陆，上海、江苏、浙江等地区的民宿市场发展较为成熟，对其的研究较多，阮雯（2016）通过对杭州市民宿的研究，指出新时代新生活方式对民宿业的影响，提出在地方政府的大力支持下如何提高管理水平。以苏州市周庄镇为例，探讨了在观光旅游过渡到休闲度假旅游这一过程中民宿应该如何抢占市场。

二、民宿的特征

民宿往往依托于风景名胜区，尤其是生活气息、文化氛围浓厚的古城古镇，经民居改造、发展而成的，一种以接待往来游客为主要目的的住宿设施。在一般风景名胜区，民宿是当地主体住宿设施的重要补充，而在民俗风情或传统文化氛围较浓的古城、古镇、古村，如云南省的丽江古城、苏州市的周庄镇、安徽省的宏村镇等，民宿往往在当地住宿业中起主导作用，是当地文化的组成部分，也是构成旅游地吸引力的重要因素。民宿一般由家庭经营，其设施简单，服务有限（相比于星级饭店），因而运营成本较低，价格普遍低廉。民宿在最大限度吸引民间资金、解决当地居民就业、激发旅游地居民旅游建设热情和增加旅游地经济收益等方面起着重要作用。另外，民宿也是外地游客体会当地文化的机会，它对保护历史景观、传统文化同样具有重要的意义。

部分学者就民宿的特征进行了横向、纵向比较。张广海等（2017）将民宿与传统酒店进行了横向比较，认为民宿的经营规模更小，为游客提供了更多与当地居民交流的机会，能够让居民更好地体会当地文化，更加注重营造“家”的感觉；在与其自身的纵向比较上，现在民宿经营更加规范，政府监管有所加强。

民宿在基于文化和地域特色优势创造游客服务体验方面比较突出。范欧莉（2011）建立了以经营场所、服务、客房、价格和安全等为维度的评价体系模型，并得出了各个具体因素的影响权重。李燕琴等（2017）进行了横向对比分析，以北京、台北两地民宿为样本，选取两地游客评论数据，从房源、周边、房东、心情评价几个维度进行分析，具体对比研究了两地民宿位置选择、空间营造、房东特征、品牌管理和游客忠诚等方面的差异，并提出了相关建议。陈云则（2015）重点关注民宿服务场景、顾客体验和顾客行为意向之间的关系，构建了以这三者为基础的模型，得出了外部环境和隐私及安全是影响顾客消费体验和行为意向最重要的因素，顾客体验和行为意向之间存在着显著的正相关关系的结论。

第二节　民宿的服务、管理与发展

一、民宿的发展基础

（一）民宿的市场基础

随着大众旅游的深入，人们的旅游消费日益理性和成熟，我国传统以自然景观为主要内容、以走马观花式被动游览为主要表现形式的观光旅游，正逐步向休闲度假旅游转变。以休闲度假为主要目的的旅游者到达旅游目的地后，一般活动范围不大，主要局限于度假地及其周围地区，他们强调休闲、娱乐和回归，重视体验，对旅游景区的传统文化、民风民俗有较大的兴趣，因而休闲、度假旅游者构成了民宿的客源主体，他们入住民宿的主要目的也是出于对当地文化的浓厚兴趣。以外国旅游者为例，国家旅游局的抽样调查表明，来华美国游客中主要目的是欣赏名胜古迹的占 26%，而对中国人的生活方式、风土人情最感兴趣的却达 56.7%①。另一项调查也表明，美国来华游客中 56% 是为了体会中国人的生活和社会风俗；而日本来华游客中则有 68% 是为了体验我国的民族风俗。民宿作为当地文化、生活方式的载体，正是在适应这种市场需要的基础上发展起来的（边晓晔，2009）。

假日旅游的兴起也为民宿创造了客源条件。相比于旅游饭店，民宿具有较大的供给弹性，有利于解决黄金周旅游住宿供求矛盾。自 1999 年我国实施黄金周制度以来，假日住宿难的问题一直没有解决，反而有加剧的趋势。建招待所和宾馆可能是一条出路，但却受到旅游地承载力的限制，更严重的是，它在非假日期间会因闲置造成浪费，这便产生了平日和假日客流量悬殊的矛盾。而开

① 资料来源：中华人民共和国国家旅游局 2017 年 9 月发布数据，中华人民共和国文化和旅游部网站，https：//www.mct.gov.cn/。

发“民宿”，利用的是现有民间房源，不但能有效解决游客住宿难问题，还能为居民带来旅游收入。因此，杭州市政府早在2000年就出台了《家庭旅馆审批管理办法》，该办法规定，凡有条件的杭州市民，在经有关部门核准以后，可以将自家住房开设成民宿，接待国庆期间来杭游玩的游客住宿。

（二）旅游景区与民宿开发

民宿是旅游地文化的重要组成部分，它与旅游景区的发展息息相关。纵观改革开放以来我国旅游业的发展，旅游景区的开发经历了三个发展阶段，与此相对应，其住宿业在不同的发展阶段呈现出不同的特点，最终导致了民宿的产生和发展。

第一阶段：重点风景名胜区大规模开发阶段。20世纪80年代末，国务院发布《风景名胜区管理暂行条例》等规范，我国开始大规模开发景区景点旅游资源。在该阶段，政府在开发中起绝对主导作用，社区居民的参与相对较少。与此相对应，住宿接待工作主要由相关的国有饭店负责，此时，虽然有的古客栈实现了住宿接待的功能，但它的主要功能在于作为人文景观的吸引要素，且基本上是由政府来经营的，真正意义上的民宿却并未产生。

第二阶段：景区资源普遍开发、“三化”现象突出阶段。20世纪90年代，在市场经济建设的大方向下，为强化风景名胜区工作，国务院、国家旅游局等部门相继出台加强景区建设的法规，并发布通知，争取有关部门的支持，实行优惠政策，调动社会各方面积极性，增加对风景名胜区的投入，加快建设步伐。因此，各地开始加快开发风景名胜区的步伐，景区矛盾也日益突出。应国务院的号召，许多景区民居开始接待外来游客，民宿作为建设风景名胜区的一支力量由此产生。然而，各景区更多地采取优惠政策吸引外资建饭店，民宿尚未引起重视，其发展水平不如其他住宿机构。

第三阶段：矛盾发展中寻求理性回归的阶段。前一阶段的景区开发暴露出许多问题，尤其是景区环境保护问题。因此，景区建设开始寻求理性的回归，强调景区资源的保护。1999年《中华人民共和国国家标准：GB 50298—1999 风景名胜区规划规范》的出台正是其标志，21世纪进入规范发展阶段，而民宿也成为其中一部分。随着旅游景区的发展，住宿业的供需矛盾突出。一方面，目前的住宿设施难以满足日益增加的住宿需求；另一方面，新建住宿设施只会对景区造成更大的破坏。而民宿正是一个可行的解决办法，它不仅可以增加住宿的供给力量，而且对保护当地文化有利。因而各旅游景区开始倡导民宿，给予政策支持，民宿得到全面的发展。

综上所述，风景名胜区的发展促成了民宿的产生与发展（见图2－1），随着景区建设的进一步深入和可持续发展理念的加强，民宿必将得到更大的发展。

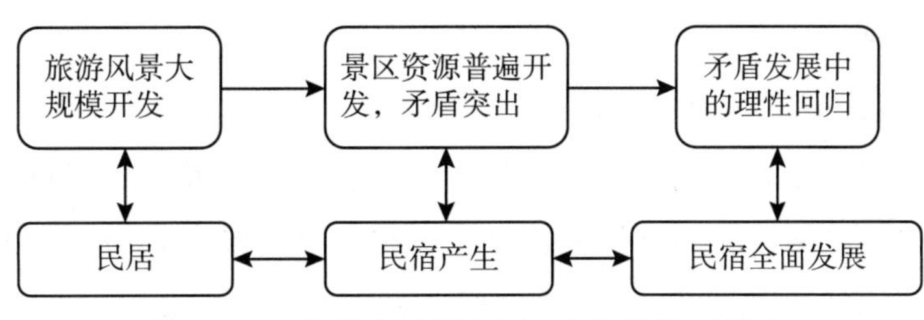

图2－1　旅游景区发展与民宿的发展关系

资料来源：作者根据政策文件自行整理。

（三）民宿发展的现状及存在问题分析

1. 民宿发展宏观环境分析

在民宿发展的行业状况方面，罗施贤等（2017）以我国民宿业为主体，总体分析了我国民宿业的发展现状，得出了我国民宿规模小、档次低和类型单一的问题。黄河啸等（2016）以浙江省民宿业为研究主体，分析了浙江省民宿发展现状，认为浙江省民宿业在发展过程中存在部分地区的民宿业缺乏足够带动力、对当地经济发展的推动力有待加强；合法经营问题尚未完全解决；产品个性化、对农产品销售的带动力和经营者素质有待加强等问题。

在民宿竞争环境分析方面，李明龙（2008）运用波特的五力分析模型系统地分析了家庭旅馆的竞争环境，并在此基础上得出了其应基于自身差异化的定位、品牌和服务实施差异化战略，并主张旅馆与旅馆之间、旅馆和行业之间、旅馆和政府之间实施战略联盟。

2. 民宿发展具体建设分析

在民宿的设计与改造方面，现有文献大多研究了民宿改造、建筑设计、景观设计、情感设计等方面。田钧伊（2017）将传统民居与民宿相结合，具体从院落空间、建筑的外立面、室内等多个方面提出了自己的改造见解。钱敏（2016）分别分析了本土化设计和基于人情化设计理念的建筑空间的内涵，提出了将外在的本土化与内在的人情化融入民宿设计中的观点。

针对我国民宿业品牌建设尚有不足的问题，普片（2014）重点关注顾客体验与主客互动，并运用因子分析的方法将品牌体验划分为了四个维度。并提出了要突出区域特色，提供温情化的服务、本土化的餐饮服务、原真化的内部布局，丰富体验活动、加强营销和促进整体产品的品牌化等相关建议。武钾赢（2017）另辟蹊径，主张寻找品牌家具、营销与民宿之间的契合点，促进民宿和家具的联合营销。

3. 民宿发展模式、发展路径分析

在民宿的整体发展方向上，部分学者就民宿的发展路径、发展模式等提出了建议。在乡村民宿发展的整体思路上，黄其新等（2012）提出要基于乡村民宿发展现状，主张寻求“文化原真型”“文化建构型”发展模式。李忠斌等（2016）从“民宿+”的角度给出了建议。在对湖北省利川市进行调研的基础上创造性地提出了“民宿+自然生态”“民宿+民风民俗”“民宿+村寨考察”“民宿+休闲运动”和“民宿+健康养老”的发展路径。王闽红等（2017）从发展主题民宿的角度提出了建议，主张发挥中华民族优秀传统茶文化的优势，建立以茶文化为主题的民宿。

我国民宿发展主要的形式有：旅游景区私人旅馆、城市周边“农家乐”及经过完善规划的民宿。从经营目的和定义上看，景区私人旅社和经过完善规划的民宿比较接近国际民宿的内涵，乡村旅游中出现的“农家乐”休闲方式与这些形式有一定的区别。目前多数国家和地区发展民宿产业的原因都是农民不再满足于农业的增产增收、摆脱单一农业生产模式、进行传统农业的转型，引入二、三产业，尤其是加大对其旅游业的开发，休闲农业与乡村旅游产业应运而生，为当地农业注入了新的活力，乡村民宿业也随之兴起，形成了集农产品生产与休闲观光于一体的新型农业经营模式。国内外发展民宿业的目的相同，即为游客在农村体验悠闲宁静的乡村生活，寻找心灵归宿。民宿产品结合了田园风光和民俗文化，使游客返璞归真的需求得到满足，这比传统星级酒店等住宿形态更真实、专业，更具有文化品位和个性化。当然，由于不同国家和地区民宿产业发展阶段不同，民宿在组织管理、产品经营与服务方式上存在明显差异。

二、民宿行政与社会组织管理

党的十九大明确提出要坚持农业农村优先发展，实施乡村振兴战略。作为实施乡村振兴战略的重要抓手，民宿业得到了政策的大力支持。2017 年 10 月 1 日，首个涉及民宿业的国家行业标准《旅游民宿基本要求与评价》正式生效，在一定程度上有利于终结民宿业发展乱象，促进民宿业的长足发展。而在浙江省莫干山发布的《中国民宿涂装趋势报告》，则标志着民宿业向环保迈出了新的一步。

世界不同国家和地区在民宿产业的管制上有各自的方式。发达国家和地区往往具有完善的法律法规，如我国台湾地区 2001 年推出的民宿相关管理办法，首次对民宿在台湾地区的地位进行了认可，对民宿经营资格、民宿协会的监管等方面做了严格的规定。我国政府对民宿产业更注重政策引导，制定服务划分标准，塑造品牌形象，这有利于民宿产业的服务质量提高，但也会滋生腐败和不正当竞争等现象。在民宿的社会组织上，我国大陆地区明显落后于主要发达国家和地区，这也是相应的民宿产业比较落后的原因之一。发达国家和地区的协会往往在民宿产业发展上起到了主导性作用，集组织管理与产品创新营销等于一身，使得它能够发展成为世界级旅游品牌产品。而我国大陆地区民宿产业的社会组织是在政府的鼓励与引导下才逐渐产生和发展的，例如，农家乐协会等。其因为自身定位和依托政府等原因，没有能力引导整个民宿产业，只是在专业技术指导等方面发挥了一些基础性作用（张广海和孟禺，2017）。

三、民宿产品创新

由于我国与其他国家和地区在社会经济各方面存在差异，各自的民宿产业发展在产品功能上也产生了一定差距。发达国家和地区的民宿产业（如日本）较我国的发展更为成熟和稳定，已经因其能够提供的专业化服务及其自身发展而融为当地旅游文化的一部分。我国的民宿相比之下还处于初级阶段，在产业形态上尚不完整，虽然民宿数量有飞速的增加，产品形式仍急需创新。创新是旅游产品拥有持久生命力的标志，民宿产品也不例外。就自身条件而言，我国民宿是具有明显优势的，一是其拥有的少数民族多、特色古镇数量多；二是地域广，山水自然资源丰富，而这些在其他国家和地区则不具备，如日本的民族和地域条件就相对单调。但是在民宿产品的创新能力上，我国则逊于发达国家和地区。日本和欧美的民宿能够将创意美学巧妙的融入到当地的自然条件和文化传统中，使得其民宿产品别具匠心，形成数量可观的个性鲜明的主题民宿景观，有利于民宿产业的多样性发展，也弥补了其他方面的不足。而我国民宿产品虽有优势，却在融入当地文化习俗上显得捉襟见肘，令绝大多数民宿产品类型趋向同质。一些地方政府的引导和鼓励，更使得民宿互相攀附，数量猛增，产品千家一面（阮氏如月，2017）。

四、民宿服务经营

我国民宿在产品经营服务方面与国际先进水平相比也存在一定的差距。一方面，欧洲地区对民宿产品的经营推广是多元化的，例如，国际自由行的游客想预订民宿，主要通过网上预订的方式，当然，事前顾客会通过民宿协会与杂志媒体的协助宣传等方式了解后进行现场或电话等方式预订；另一方面，其服务精益求精，在房间设计上，除基本的干净整洁、使用方便外，常常能够体现当地民俗特点，融入了当地的文化，例如，添置些当地特色民居家具等。民宿不仅是当地业主的一项钱财流通的生意，更是他的一个设计单元，一幅艺术画卷。民宿主人能够提供人性化、专业化服务，能够与游客进行长时间互动。相比较而言，我国民宿在经营推广中形式单一，主要依靠政府的宣传，行业协会所起的作用也微乎其微，对于网络，也只是限于宣传，能够在线预订的则相对较少。房间设计雷同者较多，特色并不突出，甚至有些地方出现脏乱差的现象，民宿客服的服务意识大多比较淡薄，导致民宿出现“铁打的房间，流水的客”，顾客忠诚度不高，游客只是单纯地消费餐饮，并未获得很好的生活体验（李欣，2017）。

第三节　民宿利益主体行为与特征

一、民宿与同行：市场竞争

波特认为，一个产业内部的竞争状态取决于五种基本竞争作用力，即产业竞争对手、潜在进入者、替代品、供应商和购买者，这些作用力汇集起来决定着该产业的最终利润潜力；产业结构强烈地影响着竞争规则的确立以及潜在的可供企业选择的战略（见图 2－2）。从住宿形态上看，民宿一般规模小、投入少、投资风险度低，由个体经营为主，且多属自发性经营，没有专门的规划与引导。因而，民宿一般处于分散经营状态，竞争是充分的。民宿由于多属个体经营，规模小，其经营相对灵活，但同时，我国民宿数量多，功能结构单一且雷同，其竞争又呈现出另一个问题——同质化明显。从民宿的整体上看，它与一般的社会旅馆、星级宾馆存在一定的差异，但就行业内部情况而言，由于缺乏正确的规划指导，在固有思路束缚下自发开办的民宿，存在互相模仿、跟风和抄袭的现象，在提供服务时也并未体现自身特色，甚至当地特色。我国民宿行业竞争相对充分，利润趋于平均化，因此，如何提供优质的产品和服务，构筑自身竞争优势，成为我国民宿管理与营销时考虑的重要因素。

二、民宿与政府：行业管理

在发达国家，政府对旅游景区和民宿管理的职能作用主要体现在对公共旅游景区的营销和对私营企业参与的监管上。在发展中国家由于私营旅游企业发展不够成熟，政府对其进行规制与引导则显得很重要。但在以民宿为代表的泛

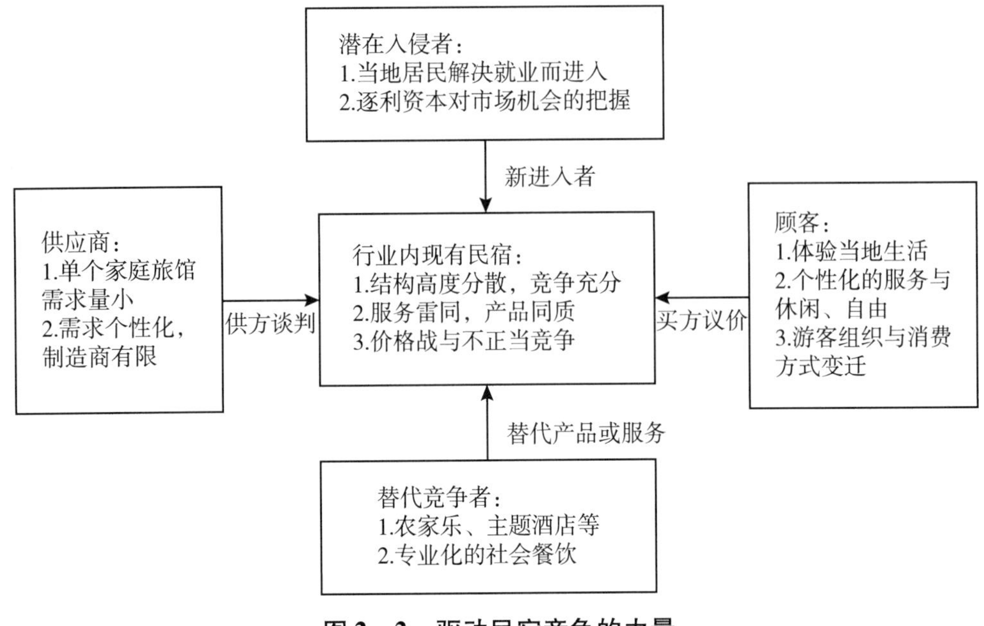

图2－2　驱动民宿竞争的力量

住宿业态的管理中，还存在着一些限制性的政策问题，并受一些法律、体制和信息的制约，导致监测和管理的成本加大，从而影响了公共决策的执行效果。民宿自身在管理与营销过程中也应考虑政府的影响，并自觉遵循行业法律法规。

三、民宿与顾客：主客互动

（一）主客互动与旅游

从字面意思理解，“主客互动”即主体和客体之间的互动。在旅游学研究范畴中，主体一般指当地居民（东道主），客体一般指游客。作为旅游研究中三种主要的研究领域之一，主客互动的内涵、内容和类型划分并未形成统一的标准。张机等（2016）指出当地居民和游客之间的互动不仅包括两个主体之间社会文化和心理上的互动，还包括经济利益上的互动。张机等（2012）集中阐释了民族旅游中主客互动的内涵，认为其是一种跨文化互动过程，重点强调了主客体间社会文化的互动，并进一步阐述了主客互动的内涵。认为除了具体的旅游情境之外，主客互动还体现在主客体谁占主导地位、在互动过程中双方所扮演的角色，以及互动过程中两者分别拥有的权利。并对主客互动的类型进行了划分，按场所的归属和受限程度将其划分为公共空间、半公共空间和私人空间的主客互动；按内容将其划分为商品与服务、文化与风俗和情感交流方面的主客互动；按方式将其划分为语言和非语言上的主客互动。

本书参照现有文献对主客互动的解释，结合本次研究需要，将其定义为房主和房客之间商品与服务、文化与风俗和情感交流之间的互动。互动过程仅包括房客入住期间房主与房客之间的互动，互动形式既包括语言互动，也包括非语言互动（如肢体、手势）。

1. 主客互动在旅游中的地位研究

主客互动在旅游学的研究中占据着重要的地位。主客互动是旅游人类学研究的中心（Smith，1977；Nash，1996；Aramberri，2001）。现有文献大多关注主客互动在民族旅游中的表现。部分专家学者指出，民族旅游中的主客互动是旅游中最重要的吸引物之一（Jafari，1987；Graburn，1989；Chang，2006；McNaughton，2006）。张机等（2016）在认同上述观点的基础上，进一步分析了民族旅游中的主客互动是旅游最重要的吸引物之一的原因，认为主客互动不仅是民族旅游的核心吸引物，更能够实现不同文化、不同社会关系之间的交流和融合。也有部分学者关注了主客互动在体育旅游中的影响，刘转青等（2017）基于符号互动论视角分别从东道主和游客的角度定义自身在主客互动中的地位，并详细分析了不同定义下如何才能实现游客更好地旅游体验。

2. 主客互动中的主导权归属研究

学术界关于旅游主客互动中谁处于主导地位的描述尚存争议。范登贝尔赫和凯斯（Van den Berghe and Keyes，1984）认为，旅游中的主客互动在本质上是不平等的。这一观点得到了许多学者的认可。厄里（Urry，1990）和麦欧兹（Maoz，2006）在认可上述观点的基础上，进一步用凝视者与被凝视者、拍照者与被拍照者的理论阐述了旅游中主客地位的不平等。张机等（2016）则在对云南省丽江市白沙村进行调研的基础上得出了旅游地当地居民在主客互动中处于主导地位的观点。部分学者并不认同上述观点，认为旅游者处于主导地位，并进一步提出了“文化殖民主义”和“内部殖民主义”的概念（Oakes，1998；Pitchford，1995）。陈莹盈等（2015）将旅游中自我和他者的关系类型详细的划分为自我主体性、他者主体性和伦理他者性三种类型，并具体研究了每一种类型下主客之间的关系，得出了不同类型下主客体主导地位不同的观点。

3. 主客互动的测量

格雷姆勒和格温纳（Gremler and Gwinner，2000）重点关注了老板与顾客之间的主客互动。并主要以顾客的视角从享受与老板之间的互动、关系的温情化和关系的紧密程度等方面对良好的主客互动关系进行了量化研究。

（二）主客互动与其他

其他关于主客互动的研究大多集中于主客互动在教学、经营管理和审美中的应用。郭幼华（2010）对初中数学教学中的师生互动、生生互动教学模式进行了简要分析。喻杰（2014）创建了英语互动写作模式，并进行了教学实验评估，发现其有明显效果。孙华贞等（2012）创建了服务主客互动模型，具体分析了主客互动视角下的酒店一线员工管理菜单，并提出了相应的管理对策。蔡永海等（2016）指出，审美的秘密隐藏于主体和客体复杂的关系之中。

四、民宿顾客间：客客互动

客客互动（customer-to-customer（C2C）interaction，CCI），是指企业顾客与顾客之间的沟通、联系，它具有交互性（Nicholls et al.，2011；Zgolli and Zaiem，2017）、沟通性（蒋婷、胡正明，2011；Dijkmans et al.，2015）、团体性（陈未，2008）的特征，关键在于互动，互相作用、互相影响从而形成群体效应。李志兰（2015）认为顾客间互动是在产品、服务的消费或体验过程中，因为共享服务、服务环境或服务设施，两个或多个顾客之间会通过诸如口头交流、肢体姿态、身体接触、文本信息甚至仅仅在场的方式产生相互联系和相互作用。同时，在银成钺、杨雪和王影（2010）的研究中，得出其他顾客的外观、其他顾客的行为及顾客间的语言交流都会对服务体验产生影响。而里钡（Libai，2010）提出的非面对面不在场方式的连接，则是基于网络社交与互动，随着互联网的发展，互动不再局限于线下，线上互动成为可能。里钡（2010）中提出，众多过去无法提供的客户连接方式诞生，包括通过社交方式网络站点、博客、维基、网站和在线社区。这个新的环境已经导致营销人员需要重新考虑他们如何定义和了解客客互动及其对企业的重要性。

戈尔曼的实验较好地反映了游客间互动——一种重要的客客互动的特征。戈尔曼从社会学视角发现游客最初的互动比较被动。随着团队旅游活动的进行，游客间互动逐渐深入，游客自发形成若干个由 5 ~ 12 人组成的小组（Huang and Hsu，2010）。这些临时小组的形成比较随意，其成员的行为具有一致性，并且在一定程度上隔离了其他成员。在遇到突发事件时，团队成员齐心协力去处理问题，团队意识得到了增强、游客之间的感情得到了升华、旅游体验同样得到升华（闫静，2015）。对旅游企业来说，“提供体验”逐渐成为企业竞争优势，同样，团队成员互动所带来的高质量旅游体验将成为旅游服务企业的竞争优势（蒋婷，2012）。

客客互动有利于旅游活动中游客情感的迸发。陈晔、张辉和董蒙露（2017）的研究发现，团队旅游中积极的游客间互动能够促进游客的社会联结，进而提升游客的主观幸福感；而消极的游客间互动则不利于游客的社会联结、降低游客的主观幸福，而主观幸福感间接影响游客的服务体验。

从文献资料数量上看，国内外关于“客客互动”的研究文献总体呈递增趋势。在研究对象方面，大部分文献仅限于对整个服务行业的研究，多为概念、含义等定性分析，并多与其他概念结合研究变量之间的影响关系，细分行业下的旅游行业涉及的研究较少。研究涉及管理学、经济学、心理学、社会学、组织行为学等多学科。从研究方法上看，关于民宿客客互动的量化研究多采用问卷调查和结构方程模型，质性研究则多采用访谈法和事件分析法。

旅游中的客客互动往往受到跨文化、互联网、社交等多方面因素的影响。随着国际旅游日渐流行和民宿的快速发展，不同国籍游客在旅行途中或者休憩地相互交流与互动。游客的外观、行为和语言等方面都会对客客互动的意愿与实际表现形成影响：外观具体表现为现场其他顾客的外部着装、形象、“体味”问题；行为包括现场其他顾客友好的行为、帮助的行为、制造噪声的行为、插队的行为、不卫生的行为等；语言因素主要包括顾客与其他顾客之间的敌意语言类型、干扰语言类型和友好语言类型等（银成钺和杨雪，2010）。通过对游客间互动的文献进行总结，可以发现游客互动的研究也具有情境依赖性，不同的文化背景，不同的旅游活动方式或者旅游场景，游客互动的活动方式有所不同，而这些都应在客客互动研究时进行考虑（徐迎迎，2018）。

国内外学者通过大量实证研究，证实客户与客户交互对服务体验的重要性，并构建各种模型验证各自假说，帮助厘清“客客互动”与旅游服务体验之间的逻辑关系，研究可量化，也更加深入。尼科尔斯（Nicholls，2010）提出客户与客户交互研究的新方向，确定了未来调查的大量机会，大量的 CCI 文献由此被揭示。布鲁克斯、奥尔蒂奈和加农（Brookes，Altinay and Gannon，2011）则另辟蹊径，从跨文化视角为管理 CCI 的战略和业务计划提出建议，为服务经理提供了一个新的维度，同时，哈克（Haak，2015）指出旅游者的国籍缓和了 CCI 与游客反应的关系。金和柳（Jin and Yoo，2017）通过对韩国一家大型公共娱乐中心的362 名顾客进行调查，验证了 CCI 和功能失调的客户行为对客户公民行为的预期差异效应。金和崔（Kim and Choi，2006）在研究中指出客户与客户交互的三种类型（友好互动、相邻客户互动、受众互动）和客户体验质量三者之间的关系，并进行了理论模型的探讨和测试，得出了友好互动和互动质量感知对客户体验质量有显著影响。法何杨等（Fakharyan et al.，2014）通过对伊朗德黑兰地区 Laleh 酒店的 200 名客人样本的实证研究，得出服务氛围对 CCI 和酒店满意度有重大影响的结论，尤其是个人交互质量对酒店的满意度和忠诚度有显著影响。

在客客相互作用方面，除旅游业的其他服务行业，包括零售、休闲和娱乐酒店、旅客运输和教育等行业都非常常见（Fakharyan et al.，2014）。

第四节　民宿服务质量与顾客体验

一、顾客感知服务质量与服务体验

顾客服务质量即顾客（消费者）在购买前、使用商品/服务过程中和购买后对商品/服务的感知。这个感知过程不仅包括对购买的核心产品的消费感知，还包括对整个服务场景的感知、和服务人员之间的互动以及消费附加产品的感知（范秀成等，2006）。在服务质量感知的分类上，可以按照购买的过程将其划分为购买前、使用中和购买完成后三个阶段，也有学者从感官、情感、思维、场景和关联这五个维度对其进行划分（田圣炳等，2017）。国外学者如普尔曼等（Pullman et al.）则通过不同地区的实证经验说明员工和顾客之间、顾客和其他顾客之间的互动也会影响顾客的服务评价。

服务体验是一个多维度的变量（Schmitt，1999）。其精髓在于顾客参与（Knutson et al.，2009）。从其资源基础上看，顾客服务体验包括服务场景、核心的服务要素、附加的服务表现和员工的情绪劳动等重要维度（王潇等，2014）。从顾客所感受到的体验内容来看，服务体验可以分为功能体验、情感体验和社会体验三个维度（李建州等，2006）。其中，功能性体验满足消费者生理需要、解决基本问题，情感性体验满足消费者的情感需要，社会性体验满足消费者的社会归属感。从顾客所达到的层次与深度方面而言，服务体验可以由感觉、感受、思考、行为、关联五个关键要素进行理解与分析（施米特，2003）。从品牌体验的维度来看，可将之划分为品牌参与度、品牌附加值、顾客满意度和商标评价等维度（克努森等，2009）。从旅游住宿业的顾客体验维度来看，田芙蓉等（2015）将度假酒店顾客体验价值维度划分为经济体验价值感知、享乐体验价值感、社会体验价值感和利他体验价值感；李燕琴等（2017）将民宿顾客体验划分为感官体验、情感体验、创造性认知体验和生活方式及社会认同体验。顾客参与性导致顾客体验受到顾客自身不同背景、价值观、态度和信仰等因素的影响，具有排他性和同一性，难以测量。克努森等（2009）在柯纳森（Knutson）七个体验维度的基础上提出了39个顾客体验指标，并在顾客体验指标的基础上构建了专门为住宿业设计的酒店指标体系。

何倩茵和杨丽明（2005）将服务体验定义为顾客在特定环境下对所提供的全部服务的感受。随着顾客实地交互与虚拟交互作用的影响，顾客的服务体验不止应局限于顾客对服务，更应该扩展到整个服务环境中，包括其他顾客以及物理环境等。帕拉哈德和拉马斯瓦米（Prahalad and Ramaswamy，2004）指出企业价值创造的过程正在从产品和公司中心的观点迅速转变为个性化的消费体验。告知、网络、授权、积极的消费者正在与公司共同创造价值，企业与消费者互动成为企业价值创造的手段，同时，消费者社区、互动论坛，成为下一次价值创造的核心。刘文超、辛欣和张振华（2013）指出服务的本质属性是提供顾客体验，在服务消费过程中，企业与顾客共同创造服务体验，通过网络互动、实地互动实现。顾客对服务的体验，是情感感知的过程，这一过程影响顾客对企业服务质量的感知。艾哈迈德等（Ahmed et al.，2013）将服务体验划分为舒适、认知、安全、关系、漂亮、新奇、享乐等八个维度，该分类过多地考虑顾客主观感受，忽视了服务场景中与其他消费者的隐形交互功能，在社交场景中，由于习惯、认知、语言、行为等的不同，其他顾客的行为或言谈会影响顾客本身对服务感知的敏感度。王潇、王世通和王迎军（2014）认为服务行业中企业的服务场景、服务的质量、附加服务的表现以及员工的情绪劳动能影响顾客服务体验，该文献主要分析了顾客与场景、顾客与员工之间的影响关系，主要验证了正向积极的消费情感与服务体验之间的影响关系，对于负面消费情感与服务体验的影响没有验证。王潇和王迎军（2015）通过对精益服务模型的构建，倡导企业改变传统服务模式，学会关注顾客体验，顾客体验所带来的企业满意度能够实现差异化竞争。顾客融入中的社交联系使得其他顾客的加入影响了顾客与产品互动程度的提升，服务体验通过正向的消费情感正向影响顾客融入，通过负向的消费情感负向影响顾客融入，通过微博、微信等社交平台与其他顾客远程互动，影响企业产品品牌认知和体验（陈静、于洪彦和刘容，2017）。

本书在参照现有文献的基础上，结合本次研究需要，将其定义为房客在民宿体验过程中（包括入住前、入住时和入住后）对整个服务体验的感知，整个感知过程受到住宿服务（核心产品）、民宿整体氛围（服务场景）和优惠条件、支付方式等实现形式（附加产品）以及房主与房客之间、房客与其他房客之间互动情况的影响。

二、主客互动与民宿旅游服务体验

学者对民宿服务体验的研究逐渐开始由企业与消费者转变到消费者与网络，并开始转变到与其他游客的互动中去。

不少学者重点关注企业和顾客之间的互动。刘文超等（2013）从企业、顾客两个主体的角度研究了二者之间的互动，认为企业及其网络和顾客及其网络在互动中实现了服务体验的“共同创造”。马妍等（2012）从交互的服务场景的角度研究了主客互动，认为互动的主题和内容、顾客参与互动的次数等是顾客体验研究的关键。

现有文献较少将“民宿”与主客互动联系在一起，大多是研究民族旅游中的主客互动。尽管殷英梅等（2017）利用内容分析法分析了共享型旅游住宿中主客互动仪式过程，并得出了主客之间的情感共享是确保共享性旅游住宿更好开展的重要因素。但较之“民宿”，“共享型旅游住宿”的概念更加广泛。由于民宿较之在线短租等其他共享型旅游住宿形式，主客定义明确，只存在房主、房客两个利益主体，能够更好地保证旅游经济发展惠及社区、更好地促进就业、促进扶贫工作更好地开展等，所以主客互动对民宿服务体验的影响有单独研究的必要性。

田玲（2012）分别从家庭旅馆的业主和游客角度分析了他们的交往态度、交往意愿和交往动机，得出了影响业主和游客交往的影响因素。本书致力于在此基础上进一步得出民宿服务体验中主客互动对顾客服务体验的影响因素，完善主客互动之间的研究链。

三、客客互动与民宿旅游服务体验

也有部分学者将关注点放在顾客和其他顾客的互动（客客互动）之中。在客客互动影响因素方面，黎建新等（2015）基于人际吸引理论，研究了客客互动与顾客服务体验之间的关系，并得出了“相似性”“外表吸引力”“适当的行为”等人际吸引因素对顾客的互动质量和服务体验有显著的正向影响的结论。黎建新等（2006）从其他顾客的角度进行了分析，得出了其他顾客的密度、特征和言行与顾客体验之间的关系。霍夫曼等（Hoffman et al.，1997）从其他顾客不当行为的角度分析了客客互动的影响，分析得出其他顾客的不当行为会对顾客的服务体验产生负面的影响。在客客互动的分类上，银成钺等（2010）将之分为其他顾客的外观、行为和顾客间的互动三大类。并进一步指出，其他顾客好的外观、行为和顾客间良好的行为都会对顾客的服务体验产生正面的影响；

而其他顾客不好的外观、行为和顾客间不友好的互动都会对顾客的服务体验产生负面的影响。

通过对文献资料进行整理总结，互动环境具体呈现出跨文化化、互联网化、社交化的特征。哈克（2015）的研究发现，外向性和感知相似性促进了顾客间互动的发展，这种类型的交互影响了旅游者的行为反应（欲望、满意度和忠诚度），文化背景相似的游客进行互动，可以提高旅游体验。互联网的发展，使得服务体验具有先知性，即游客可以浏览网上其他游客对旅游地的评价，心里自动预期当地旅游体验。在网上浏览信息时，人与人之间会不可避免地进行线上交流。如今很多旅游 App 都注重社交化，这种社交化则促进了旅游互动环境的改变，《在线评论对消费者行为意愿的影响研究》阐述了在线旅游评论对消费者行为的影响，其所反映的互联网趋势不容忽略。线上的社交互动贯穿旅游前后，线下的社交互动更是贯穿整个旅途，旅行不再是单纯的看风景，而是释放压力，寻找自我，得一地，觅知己，游客有社交需求，满足游客与他人的互动需求，有助于旅游地服务体验的升级。而周和彼得里克（Choo and Petrick，2014）将社会交往作为农业旅游服务的组成部分的做法正是互动环境社交化的体现。

关于客客互动的研究不断深入，国外学者通过大量实证研究，证实客户与客户交互对服务体验的重要性，并构建各种模型验证各自假说，帮助厘清客客互动与旅游服务体验之间的逻辑关系，研究可量化。一些旅游企业管理者试图据此在设计旅游项目和环节时更加注重游客的参与性和互动交流，从而能够吸引游客，激发游客的热情来投入互动过程中，同时旅游企业服务人员通过自己的热情，引导游客发挥主观能动性，增加民宿服务中游客互动的深度与广度，使其获得较高的情感能量和最终的服务体验（徐迎迎，2018）。在客客互动的前提下，针对住宿行业中某一具体的住宿形式，例如民宿，可参考的研究文献则较少。

国内关于旅游市场客客互动的研究大体可以划分为两个阶段，第一阶段是 2010 年及以前，主要研究如何进行客客营销、客客互动的概念、形成条件、建议以及游客行为特征等；第二阶段是 2010 年以后，研究更加具体，开始研究具体有哪些因素影响客客互动的旅游服务体验、游客重游意愿等，以描述性研究和因子分析为主，定量研究逐渐受到重视。

彭丹（2013）从社会学角度发掘关于旅游者互动的旅游体验新视角，但对旅游者互动定义模糊，她指出以往的旅游者互动研究主要从团队旅游、背包旅游和邮轮旅游三类旅游活动着手，很明显对于目前火热的民宿市场旅游并没有涉及。蒋婷和张峰（2013）给出游客间互动的狭义定义，即顾客间互动指服务接触当中（服务现场），一个或一组顾客主动或被动地与另一个或另一组顾客之间产生的语言或非语言等各种形式的沟通和信息传递过程。这一定义没有给出游客间互动的群体效应以及在互联网等社交和旅游App、网站的影响下游客行为是如何变化的。黎建新等学者（2015）在服务研究中引入人际吸引理论，以散客游和拼团游为研究背景，探究服务共享中其他游客促进游客服务体验的方式和机制，并发现其他游客相似性、外表吸引力和适当的行为对游客互动质量及服务体验有显著的正向影响。

旅游行业中，关于客客互动的研究集中在团队旅游的研究上，只不过各自的研究情境存在一定的差异。由于中国文化的内敛性，客客互动往往在团队旅游中表现较为突出（蒋婷，2012；闫静、李树民，2015；陈晔、张辉和董蒙露，2017）。许多背包游客比较外向、喜欢与人交往，因而成为游客间互动方面研究的对象（陈未，2008；彭丹，2013）。从游客间互动发生地上看，旅游社区社群、旅游古城古镇、特色村落等是客客互动比较活跃的场景（黄颖，2014；王永贵和马双，2013；赵建彬等，2015）。在住宿业态相关研究上，民宿与家庭旅馆、青年旅舍等非标准住宿企业往往受到较多的关注（彭丹，2013；苏岩，2010）。随着旅游市场的变化，以青年团体为代表的游客更喜欢自由行，这一群体也偏爱民宿等有文化底蕴的地方，但关于这一领域的研究寥寥可数。

第三章
民宿及其利益主体研究框架

一、民宿利益主体的确定

“利益主体”一词最早出现于20世纪60年代，确立于80年代，它是一个来源于管理学的概念，即被共同目标所影响或能影响共同目标实现的个体或群体。因此，政府、企业、顾客和公众都有可能作为利益主体来参与并影响旅游民宿的管理、行业规制和发展。在旅游企业利益主体的分类上，有代表性的是奥布里·门德洛根据利益主体是否有利益要求以及有无维护自己利益的权力，将利益主体分为四类（见图3－1）。在门德洛的利益主体模型中，第一象限的利益相关者也被称为“关键角色”。他们有影响力并为自己的利益有动机使用这一影响力。民宿的主要客户、关键供应商、战略联盟伙伴属于这一类别。这种可行的战略是充分重视与参与，以便使这些利益相关者的目标能够尽可能地与民宿的战略目标结合起来，确保他们支持而不是抵制。第二象限的利益相关者非常重要，因为他们的影响力很大。当前他们的利益较低，但如果他们的利益得不到满足或对其关心不够，那么他们的利益会上升。大的机构股东往往属于这一类，对民宿来说，政府管理部门、机构也属于此类，尤其是当民宿收到了较多的投诉、举报时。第三象限的利益相关者既没有大的利益，又没有大的影响力，因而是低优先性的群体。不应当将旅游企业的资源浪费在他们的目标或可能反应上。那些与民宿有少量业务往来的供应商属于这一类。第四象限的利益相关者

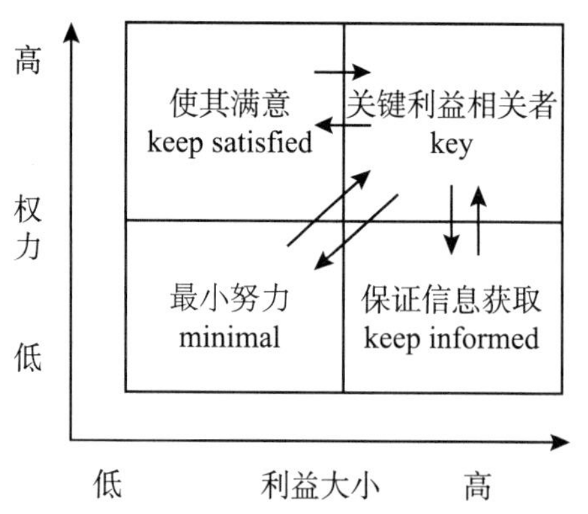

图3－1　利益相关主体的权力/利益矩阵

很重要，因为他们的利益很大。他们的权力小、直接影响力较低，但除非他们保持在自己的“势力范围”内，并且理解决策的必要性，否则他们会游说或联合起来保护他们的利益。另一学者里奇（Ritchie）也研究了多个利益主体参与的程序和方法。本书根据利益主体的相关理论，以及民宿行业与理论现状，将重点研究民宿政府管理部门、民宿同业者、民宿店主或员工、民宿顾客四大利益主体的行为与互动。

二、研究的框架与思路

本书基于纵向时间序列的数据来研究民宿的利益主体，具体表现为集成从2007~2018年共12年的一系列相互关联的研究结果。首先，民宿是一个发展的过程，其历史影响着未来。历史是一面镜子，只有了解民宿的起源，才能找到民宿存在的必然和意义；只有认识民宿的发展过程，才能揭示推动民宿演变的关键因素；只有对比不同时间的民宿经营状况，才能看到环境和决策的影响效果，从而为制定更为科学合理的民宿管理政策提供基础。其次，民宿利益主体的诉求及与民宿的关系是动态的。例如，在民宿发展的初期，大多数店主是自发地将自有房改造成游客接待设施，从而融入了景区（很多是特色村镇）旅游。这时，由于规模小、影响弱，当地政府和部门基本较少介入行业管理。随着民宿数量的增加和社会影响力的扩大，行业管理变得越来越重要，由政府作为利益主体来牵头逐渐成为趋势。因此，政府这个利益主体与民宿的关系是发展着的，从一个时间序列、分阶段研究可以更好地理解其与民宿间的互动。这种分析同样适用于其他民宿利益主体。最后，民宿利益主体间互动对民宿管理、服务结果的影响是持续的。基于单一时点的横截面数据是对应同一时点上不同空间（对象）所组成的一维数据集合，聚焦某一时点上的某种经济现象，突出该对象的内部差异性。而民宿已经发展成为一个庞大的住宿业态，其主体（如政府、店主）也处在不断演变过程中，研究不同利益主体的互动，采用多阶段数据更为合适。

从纵向时间维度来看，笔者将研究范围定在2007~2018年的民宿的发展与管理。2007年是北京奥运会和爱彼迎（Airbnb）成立的前一年，也是民宿刚刚兴起的一年。从横向空间维度上看，民宿的管理需要分析其利益主体（前文所述四大主体）的行为及影响。因此，综合二者，我们提出基于历史视角来研究中国民宿利益主体多方互动及其影响。基于此，我们分别设计了五项子研究，即（1）中国民宿的源起、发展、利益主体分析，反映21世纪初在大众旅游数量剧增、国内旅游在三大市场中稳定并巩固其主体地位的背景下，民宿产生与初期阶段店主、顾客、游客等三大利益主体的心理、行为与管理。对于此，基础的描述统计、实地观察、市场调查等方法是比较合适的，因此，以2007年笔者重点参与的一项基于江南6大村镇（同里、周庄、西塘、乌镇、宏村、西递）、西南5大城镇（大理、丽江、阳朔、龙脊、凤凰古城）、河北省的北戴河、山西省的平遥古城等13地的实地访谈与问卷调查为基础，本书将分析民宿初期发展阶段店主、顾客和同属游客的诉求、行为、特征及彼此关联关系。（2）中国民宿管理体系横向比较研究，该部分的民宿利益主体是其政府主管部门。研究讲述民宿发展过程中政府是如何逐步介入并形成管理政策与体系的，由于各地情况存在差异，因而此部分采用横向比较（江南4镇）的形式总结几种比较典型的管理体系模式。(3）中国民宿的业态演化与空间布局，这涉及民宿的另一个重要利益主体——民宿同业竞争者。民宿的同业者是影响彼此市场与经营状况的直接相关者，众多的民宿店主与管理者在市场获利机会的驱使下，开始了民宿的规范管理与经营，根据芝加哥学派的观点，民宿管理者所采取的市场行为及由此导致的市场绩效促使民宿同行的市场结构形成，而市场结构又进一步影响同行的行为与绩效（哈佛学派，SCP）。因此，本部分着重探讨民宿业态演化及其结果——空间布局。（4）中国民宿服务一致性、主题化及差异化，该项子研究回归到民宿自身，强调其提供产品和服务的能力。民宿要满足多方利益主体的需要，最重要的是要做好自己的产品和服务，拿产品和服务说话是实现各方利益最大化的根本途径。在此，基于我国民宿的现状与经过调查后得到的市场判断，笔者提出服务的一致性、主题化及差异化三个打造优质服务的途径。服务的一致性分析是基于笔者与复旦大学的一项合作调查与研究，主题化是基于大量的民宿住宿点评数据，差异化则是基于行业资料的整体分析。（5）中国民宿多主体互动及其影响，这部分将研究聚焦到民宿最重要的两大利益主体——员工与顾客，并探讨其互动（包括员工与顾客间的主客互动，顾客与其他顾客的客客互动）的表现及影响情况。民宿经过十多年的发展，其形态与规模已发生了很大变化，行业内已出现大量提供服务的员工，他们与另一个重要的利益主体——顾客在服务场景中有着频繁的接触与互动，同时，顾客与顾客之间也在具有亲民、地方和文化特色的民宿空间内有着互动，研究这两种互动及其影响对于民宿的营销决策具有重要的启示意义，对于民宿的理论研究也有较大的价值贡献。综上所述，本书的研究框架与技术路线如图 3 - 2 所示。

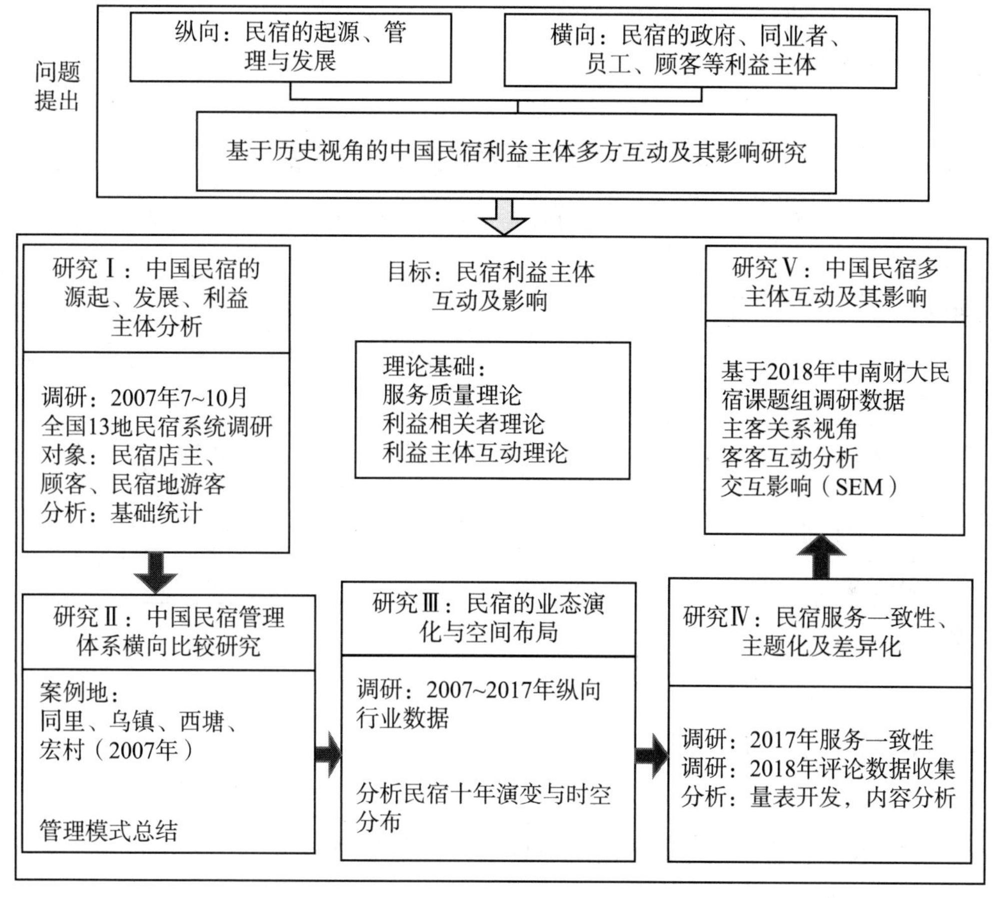

图 3 - 2　研究框架与技术路线

因此，按时间顺序，民宿的起源与发展初期分析采用 2007 年的数据，这是基于北京第二外国语学院民居客栈调研组 2007 年 7 ~ 10 月对 13 个村镇和景区的民宿进行综合调研的结果，该阶段主要分析民宿店主、顾客、游客的利益诉求、行为与特征，该部分的调研与分析结果可见本书的第四章。2008 ~ 2016 年是民宿不断发展的9年，该阶段民宿的行业管理逐渐完善，民宿的空间布局逐渐形成，因此，基于统计数据、行业资料与观察，笔者探讨了政府层面的制度管理（第五章）和同行竞争后的业态演化（第六章）。2017年，民宿在各地迅速火热起来，笔者与复旦大学王莎合作，进行了民宿一致性方面的调查研究，后又基于网络数据和评论对民宿主题化及差异化进行了考察，形成了本书的第七章。本书最后，笔者又对民宿两个核心主体——员工、顾客（和顾客）之间的互动及其影响进行了研究，此次网络和实地调查的数据分析结果形成了本书的第八章（见表3－1）。

表3－1　　纵向数据来源、研究对象及对应章节

内容	2007年	2008～2016年	2017年	2018年
民宿利益主体	店主、顾客、游客	政府、民宿同行	民宿管理者、顾客	民宿员工、顾客
主要研究对象	利益、行为与特征	管理体系、市场竞争	一致性、主题化及差异化	客客互动、主客互动与服务体验
方法、调研	2007年7～10月对13地进行的实地问卷调查	统计数据、行业资料与观察	联合复旦大学网络调查；网络数据爬虫与分析	中南财经政法大学调查组网上与实地同时开展问卷调研
对应章节	第四章	第五、第六章	第七章	第八章

三、研究方法与分析工具

完成本书框架中的五项子研究需要多方面的数据与分析工具，也涉及不少定量和定性的研究方法。除分析变量间关系的结构模型外，主要还有以下方法：

（1）文献研究法。在大致确定研究主题的基础上，运用图书馆线上、线下资源查找“民宿”“主客互动”“客客互动”“服务质量”等相关文献，并根据与主题的相关性、文献来源的可靠性、发表年份等标准对文献进行筛选。在此基础上厘清现有文献的主要研究方向、研究进展、研究缺陷与不足，进而明确此次研究的主题，确定研究思路。最主要的表现是在研究4中，民宿服务功能一致性量表的开发主要是基于文献进行范围界定和测量项目提取。

（2）问卷调查与分析。在进一步查找相关资料的基础上制作出相关问卷。通过线下（研究Ⅰ和研究Ⅱ）、线上（研究Ⅳ和研究Ⅴ）发放问卷并回收、分析。

（3）定量统计分析。在回收问卷的基础上，将问卷结果导入SPSS，对民宿主要相关变量及其主成分进行因子分析、相关分析、回归分析，考察本书主要概念之间是否存在显性的相关关系。同时，也针对性别、年龄、收入等人口统计特征变量，如出行目的、此前入住民宿的次数等旅游特征变量，对民宿利益主体表现与互动进行组别比较，等等。

（4）内容分析法。本书多处（如研究Ⅲ、研究Ⅳ）采用了内容分析法对已记录的具有明显特征的文本内容、行业资料等进行定性、定量分析。按照抽取文本、确定分析单位、进行编码、数据的加工处理、信效度检验等步骤进行相关研究并自查。这些方法的具体应用在后文有所展示。

第四章
研究Ⅰ：中国民宿的源起、发展、利益主体分析

第一节　问卷设计与数据调研概况

2007 年 7 ~ 10 月，北京第二外国语学院 2006 级 8 位旅游管理专业研究生，包括笔者、程继强、李莉、黄选、舒标、夏莉、常俊娜、李薇，在戴斌教授（现中国旅游研究院院长）的指导和资助下，对刚刚兴起的民宿进行了系统和深入的调研。我们民居客栈课题组在 2007 年 7 月 23 日至 8 月 18 日对江苏省苏州市吴江区同里古镇、江苏省苏州市昆山市周庄古镇、浙江省嘉兴市嘉善县西塘古镇、浙江省嘉兴市桐乡市乌镇、安徽省黄山市黟县宏村镇、安徽省黄山市黟县西递古镇、云南省大理市、云南省丽江市、广西壮族自治区桂林市阳朔县、广西壮族自治区桂林市龙脊镇、湖南省湘西土家族苗族自治州凤凰县凤凰古城的民居客栈进行了全面的调研，同时在 9 月 22 ~ 23 日在河北省秦皇岛市北戴河区，10 月 4 ~ 6 日在山西省晋中市平遥县平遥古城针对民居客栈做了广泛的社会调查，以了解目前我国民居客栈的发展状况。调查以向店主、住店客人、游客发放问卷和访谈及对旅游管理部门的访谈为主要方式。本书所提“民居客栈”，特指景区内家庭旅馆，也是现在被一致统称为“民宿”的一部分。由于当时大部分江南地区称民宿为民居客栈，所以我们在此部分保留“民居客栈”的说法。若无特殊说明，本书为简便起见，所提“客栈”即民居客栈，即民宿。

一、问卷设计

为了能够更加深入地调研民宿的发展以及市场现状，本次调研参考相关文献，并结合专家建议，共涉及三份调查问卷：居民客栈店主调查问卷、居民住店客人调查问卷、居民客栈游客调查问卷。

（一）民居客栈店主调查问卷（参见附录一）

店主是推动民宿发展的主体之一，店主为何经营客栈？店主如何经营客栈？店主如何看待居民客栈的前景？这些问题的答案是探寻民宿业态形成的原因以及总结民宿发展规律的重要参考。因此，对店主的调研是本次调研的三大部分之一。对店主的调研主要包含开业年限、客房数量、平均房价等客观问题，还包括挖掘店主对民居客栈真实看法的问题，以此来反映中国民宿的发展现状。

开业年限是对居民客栈店主调研的首个问题，因为开业时间的长短关系到其知名度、营销方式。时间越长也能侧面反映其对这一业态的发展趋势的认知。店主经营民居客栈一定有其动机，如经济原因、个人兴趣或其他原因，了解店主开店的动机也有助于了解推动这一行业发展的动力源泉，作为民宿市场的供给方，店主动机的研究影响到对整个行业的供给力量的分析。客房的数量能够反映客栈的供给能力，这与店主的经营形式与动机也相关，房屋改造或经济原因会限制客房的数量，在周六日、假期等高峰时期，客栈定价会稍高，旅游淡季定价会稍低，平均房价指的是店主对长期以来客房平均定价的感知，反映了该景区附近的客栈经营状态，也反映了该店自身的竞争力。定价高低也与客栈的特色、服务质量相关，是多个因素的综合结果。所以对客栈服务设施的调研，除了利于其与定价水平高低的关联分析，还有助于研究这个新兴行业的供给特点。

客源是客栈经济收入的重要来源，对客栈获取客源方式的了解，如网上预订等，有利于对比民宿行业与住宿业其他业态的不同，以及探究客栈与景区或其他资源的依赖性。民宿行业的发展探索性决定了其营销方式的多样性，有可能通过旅游口碑来达到宣传效果，也有可能店主并没有进行任何宣传，仅仅由景区游玩的客人的住宿需求决定了其顾客来源。本次调研通过对各客栈广告宣传途径的调研来探究行业的市场宣传方式、客栈的广告宣传途径与店主的经营态度和经营时间紧密相关，也影响客栈的客源。

另外，为了探究民宿的成长模式，对政府给予民居客栈的关注度的调研就特别重要，政府对客栈管理的措施也反映了该地区政府对民宿发展的支持程度。对店主是否同意标准化管理的调查有助于了解这个行业服务的差异性，从某个程度能反映其竞争力和发展的不足。店主作为民宿行业发展的推动主体之一，其个人的文化水平，对经营管理知识的调查有助于了解店主经营知识与客栈的经营时间以及生存力的关系。

对于客栈房屋产权的调查也有助于探究客栈的成长模式，对员工以及店主的业务能力的调查，除了分析这个行业的普遍经营特点外，还有助于对比民宿与酒店在服务能力方面上的不同。

（二）民居住店客人调查问卷（参见附录二）

住店客人作为民居客栈的需求方，对其属性的分析有益于概括民宿消费群体的特征，同时，对客人入住客栈目的的调研有助于为平衡民宿市场的供求关系作出指导。客人的出游目的关系着其对住宿方式的选择，如对于文化寻踪、休闲旅游等为主要目的游客可能会更倾向于选择居民客栈。对于顾客来讲，其出游方式也与其出游目的存在一定关联，如“驴友结伴”出游的客人，可能是为了更好地获得休闲旅游体验。

客栈的经济来源如何？客栈入住客人计划在本地停留的天数与计划消费能够反映民宿客栈经营者的收入前景以及其对当地经济的促进作用。住店客人的消费关系到客栈的生存状况，为了更好地吸引客人入住客栈，就要分析住店客人是如何获取该地的游览与住宿信息，以便与供给方的宣传方式做对比，更有目的性地提升双方的信息交流效率。

为了更全面地分析民居客栈与传统住宿的不同，调研需要从客人的角度，调研住店客人对客栈的整体印象的感知。搜集住店客人印象的关键词能从一定程度上反映该客栈的特色，也就是其核心竞争力。环境优美、民族特色还是商业氛围浓厚等标签实际是对各地区民宿行业发展的概括。对客人选择民居客栈原因的调查有益于分析为何民居客栈迅速发展。住店客人选择客栈的原因有多种，如文化内涵、服务特色、体验服务口碑、价格因素、地理位置优势、随机选择等，对这一题项的调查可更好地分析和满足市场需求。为了更好研究供给方与需求方的差距，对客人的调研还应包括其对入住客栈合理价格的定位，可更好地理解双方在心理价格上的差异，并分析差距的原因。

为了深入分析市场的供给质量，要对顾客的实际体验感进行调研。客人对客栈的印象与实际感知也许会不同，但更重要的是探究出不同的原因，如媒体误导、地域差异、文化差异、游客的观念差距等。为提升行业服务或设施质量，除了对客栈提供的设施进行调研外，还需要通过对游客反馈的信息来针对性地进行改善。客人对客栈提供的写字台、衣柜、一次性用品等服务设施满意度和重要性的排序是分析市场供给质量的重要参考资料。另外，对周边环境、交通便利、店内环境、客栈地点的指示牌设置、建筑特色、消防设备、店主好客、菜品特色等18个指标的满意度及重要性的调研有助于分析市场的需求属性，以完善服务属性。对客栈最具吸引力的指标莫过于客人的重复入住，因此对客人再次重游时是否会选择民居客栈的调研能够更清晰地判断该客栈的吸引力、竞争力。

入住客人虽不是民居客栈发展的决定因素，但也起着重要作用，其对民居客栈的发展建议能够积极促进行业的持续发展。因此，客人对本地民居客栈发展现状的看法以及对原因的分析、对未来发展的建议是当地客栈重要的发展决策依据。客人的年龄、性别、学历、职业、经济收入情况等个人属性有益于分析其不同属性人群中调研答案的不同之处，细化消费群体特征。

（三）民居客栈游客调查问卷（参见附录三）

游客是民居客栈的潜在顾客，对游客的调查有助于充分了解市场现状，为分析市场需求提供更多依据。首先，需要了解游客是否接触过民居客栈，这关系到游客对住宿方式的选择，也会影响游客对客栈服务设施的要求。对游客一般出行方式的选择是什么？心目中理想住宿设施是什么样？合理价位是多少？以上问题的答案能够帮助供给方更好地理解潜在顾客心理现状，以作出策略适应潜在顾客需求。另外，行业的供给方需要参照民居客栈在潜在顾客心目中的形象，以便更好了解自身的优缺点。

游客的首要需求是旅游，为充分了解游客在选择旅游地和住宿方式上的关系，需要调研游客对当地旅游形象的认知，如民族特色强、商业氛围浓厚、居民热情好客等。这在一定程度上会影响游客对民居客栈形象的认知。游客对景区现代化酒店住宿设施态度的调研、对景区内应发展住宿方式的观点的调查能深入了解潜在顾客选择酒店或客栈住宿方式的原因，如游客认为景区修建现代化酒店很大程度上会影响风景以及地方特色，那么他便有可能选择客栈住宿，也会认为在景区内更应该发展民居客栈住宿等。

作为潜在入住民居客栈的顾客，同样需要对其出游目的、旅行方式、计划在本地的停留天数进行调研，以便更好地与入住游客调研资料进行对比，分析异同点。同样地，对游客的年龄、性别、学历、收入、职业等属性的调研可以更方便地进行调研数据的归纳及处理。

二、调研过程

（一）大理和丽江

在云南省大理市和丽江市课题组总共停留 8 天，一共发放了 452 份调查问卷，其中对游客的问卷 279 份、对住店客人的问卷 104 份、对店主的问卷 69 份，调查地点集中在大理古城和丽江古城内。

在大理古城调研期间课题组对当地公安部门和工商部门进行了访谈，取得了一些基本的数据并获得了一些相关的信息。据了解，大理古城区共有个体工商户 82 家，度假区有私营客栈 14 家，内资酒店 8 家。在发放问卷过程中也对店主进行了随机的访谈。在丽江古城课题组对当地旅游局和古城管理局进行了访谈，取得了该地自行组织的民居客栈星级评定的资料和古城民居保护等相关资料，并对多家客栈的店主和游客进行了深度的访谈。在访谈的过程中我们了解到丽江古城已经从外观、服务等方面开始了对客栈的标准化管理，并且在不断地完善之中。而且我们也得知了一个特殊的规定，丽江古城内的所有商户都只允许最多经营两个项目，以至于古城里的客栈除了提供住宿服务外，最多只能再提供一项其他的服务。在我们调研期间，丽江古城的客栈正在进行新的准营证的登记，据相关人员介绍，古城内总共约有 350 家客栈，其中 320 家为已注册的客栈。

大理和丽江两地虽然距离仅两个小时的路程，但是在民居客栈的发展方面还是差别很大，丽江市民居客栈的数目多、房价高、人气旺、商业气氛浓郁，而大理却只是作为一个中转站，客人停留的时间较短，这在一定程度上也影响了该地民居客栈的发展。

（二）阳朔县和龙脊镇

在广西壮族自治区桂林市阳朔县的调研为时 3 天。和丽江市一样，阳朔县的商业气氛非常浓，客栈遍布县城，大多集中在西街，其中还有民居旅馆一条街。和丽江市不同的是，这里开办客栈的大多是本地人。问卷调查选取的地点在县城以及附近的大榕树和月亮山景区，由于景区游客均只是做短暂的停留，调查对象以县城为主。其间对阳朔县旅游局和阳朔县酒店行业协会做了访谈。通过对旅游局的访谈，我们了解到，旅游局将这里的旅店基本上分为两个部分，西街的划分为客栈；在乡村的划分为“农家乐”。

到龙脊镇平安壮寨。客栈规模相对较小，也较初级。除极少数外，都是坐等游客上门，很少对外宣传。另外，有很多客栈只在旺季时对外营业，这是其他地区没有的现象。通过对店主的访谈我们了解到，该地政府对客栈的管理十分松散，只有“黄金周”的时候会进行简单的检查，但从我们的观察来看，这里的人们都十分纯朴，所以秩序较好。

在阳朔县和龙脊镇的问卷情况如下：游客 83 份、住店客人 37 份、店主 39 份。从两个旅游地的对比可以看出，民居客栈的发展和景区的发展程度是直接相关的。

（三）凤凰古城

湖南省凤凰古城是民居客栈调研的最后一站。总共发放问卷 189 份，其中游客问卷 109 份；住店客人 44 份；店主问卷 36 份。通过调查与观察，我们发现，在来凤凰古城旅游的游客中，湖南省人占较大部分，而且团队旅游者较多。

凤凰古城的民居客栈基本集中在古城内沱江沿岸，一般来说靠近江边的客栈入住率更高一些。淡旺季的客房价差距较大，旺季时房价一般在 100 元/天以上，淡季时房价有时会低至 20 元。民居客栈的主要竞争对手是位于古城外围的小型旅馆。

在凤凰古城，政府部门对民居客栈的管理不太到位，在对相关部门进行访谈的过程中，我们被不同的部门推来推去，以至于最后没有完成对管理部门的访谈，所以对于该地民居客栈的管理情况，我们还没有得到官方的说法。

（四）西塘古镇

我们在浙江省嘉兴市嘉善县西塘古镇对嘉善县西塘镇保护与旅游开发管理委员会、店主进行采访，对游客发放问卷。总共完成游客问卷 109 份、住店客人问卷 71 份、店主问卷 36 份。

嘉善县西塘镇保护与旅游开发管理委员会是副科级事业单位，到达西塘古镇的第二天下午，我们对管委会主任进行采访。据她介绍，按规定景区内是不允许开办民居客栈的，主要是因为消防不过关，且西塘古镇的定位是保护为主，所以并不鼓励景区居民开客栈。

对于景区内的客栈，目前只是要求开业的店主到管委会下的安全保障部进行登记，报告房间、床位数等，且将每日入住客人的基本资料送交过来，录入公安系统，方便查询。管委会对民居客栈没有执法权，当地的消防部门也只是要求居民安装应急灯等基本设备，平时由安全保障部和消防大队联合执法检查，但并未给予消防合格证明。没有消防合格证，营业执照等也就批不下来。同时，没有营业执照，也就省去了纳税等经营成本，所以目前景区的客栈越开越多，甚至有些客栈仅在“黄金周”期间开张。同时，据管委会主任介绍，当地及周边住宿设施较为丰富，西塘镇有三星和二星级的酒店，200 家左右的普通旅馆，10 公里之外的嘉善县城有两家五星级酒店。

在西塘古镇的店主采访比较顺利，几乎没有拒绝访谈的，主要原因是，在这里，客栈即使没有执照经营也不会受到任何处罚，管理部门虽然口头上说原则上不允许开客栈，但实际是默许了居民开客栈的行为，店主们也就没有什么可忌讳的。西塘古镇旅游的火爆集中在“黄金周”期间，平时像 8 月初住店的客人相对较少。

（五）乌镇

在到达浙江省嘉兴市桐乡乌镇后，我们直接去了负责管理景区的旅游公司，但采访遭到拒绝。于是，我们驱车前往桐乡市旅游局，并获得关于景区及住宿方面的相关资料。

乌镇，分为东栅和西栅。西栅景区为乌镇旅游公司所有，住宿分为会所、通安客栈、民宿、青年旅舍等几个档次，证照手续正规齐全。景区的一些民宿归公司所有，民宿的具体事务则交给当地居民打理（将当地居民雇用为店主）。这些人一些是直接从当地雇用的，还有一些是将自己景区里的房子卖给旅游公司后、被旅游公司反聘为店主的，由旅游公司发给工资，同时客栈里面的餐饮收入归店主所有。

由于西栅景区不是真正居民所有的客栈，在客栈的价位上也不被普通的消费者所接受，且公司不是太愿意提供调查帮助，我们决定放弃对乌镇的游客和住店客人调查，改为走访为主。晚上实地考察后，西栅景区的客栈住宿率很低（8 月初），一路看过去，很多景区中比较偏僻的客栈都空无一人。

在乌镇，有“日游东栅，夜有西栅”之说。东栅景区为一日游，晚上即关闭，景区内并未见到有任何客栈，东栅景区内居住了一些当地居民，一些居民家里也招徕游客住宿，但这些都限于“地下活动”，且家里的住宿条件较为简陋，也并不是所有的房间都配备独立卫生间。相对于西塘等其他景区而言，当地相关部门对住宿管理甚严，力度很大。

（六）宏村古镇

安徽省黄山市黟县宏村古镇的旅游景区的管理依然是开发公司主导。我们首先找到了景区开发公司，但结果是，宏村古镇的民居客栈不归旅游公司管，后来从村民那了解到，最初宏村古镇开发时旅游公司曾包揽各种旅游业务，引起居民的不满，现在旅游公司开始重视与村民的关系，里面许多生意是本地居民在做。

我们对民居客栈的店主、住店客人和游客做了比较全面的访谈与调查，共调查客栈 21 家，发放住店客人问卷 36 份和游客问卷 41 份。宏村古镇的民居客栈存在有照与无照交织混杂的局面，以“南湖东楼”“居善堂”“宏安客栈”等为代表的客栈是早期成立的，与宏村旅游开发几乎同步，但是随着作为世界遗产的宏村古镇保护日益受到重视，后来开客栈者都不再给予执照，这便是被许多村民（尤其是有执照的客栈老板）称之为“黑店”的客栈，由于它们不需要像有照客栈一样交税和高阶电费，它们中许多经营反而很好，如“湖沁楼”“南湖艺苑”（此家客栈是我们居住的地方）等经常客满。当然，有照客栈老板有权利要求政府帮助宣传，但事实上当地政府不会管这些事。有的店主想退回营业执照，但又怕政策改变，这是他们的一种矛盾心态。

从调查结果来看，宏村古镇景区有 30 多家民居客栈，这些客栈价格低廉（最低者仅 30 元/天左右），设施齐全，环境优美，居住客栈的游客对客栈的反映都非常好，大部分人都表示以后将继续选择类似的民居客栈，这说明民居客栈有很好的市场基础和很大的发展潜力，但其发展定位问题依然是我们的担心所在。

（七）西递古镇

同属安徽省黄山市黟县西递古镇的旅游发展状况不如宏村古镇，二者在旅游管理方面存在较大的差异。与宏村古镇的旅游公司主导开发不同的是，西递古镇的旅游开发明显是政府所起作用要大，而且，西递古镇在遗产保护上的决心更大，政策更严，这决定了民居客栈在西递景区的“厄运”，也使我们不得不怀疑，在像西递古镇这样的世界遗产地，开民居客栈是在建设旅游景区，还是在破坏世界文化遗产？

在西递古镇，景区内是不允许开客栈的，只有4家接待境外游客的定点单位，我们不禁有些失落。由于西递景区小，游客、客栈都少，我们在西递古镇停留了1天，共对4家客栈做了调查，发放了住店客人问卷11份，没有对游客做问卷调查。

（八）同里古镇

在江苏省苏州市吴江区同里古镇共发放问卷89份，其中游客问卷31份。店主访谈16份以及住店客人问卷42份。

通过对同里古镇旅游开发公司（半政府性质的旅游公司）下属的客栈管理中心总监的访谈，我们了解到当地民居客栈大约在30间，证照（营业执照、卫生许可证以及特种行业许可证）齐全的客栈15家。当地民居客栈的发展集中体现在安全问题以及无营业执照客栈的泛滥。

通过在同里古镇的实地走访，我们发现当地客栈的发展特点及发展问题主要集中在以下几点：

1. 客栈发展现状参差不齐

有经营意识，懂得通过网上、报纸杂志宣传的客栈经营状况较好，有的客栈年收入可以达到20万元左右；一些因下岗失业而开民居客栈的村民由于没有良好的经营意识，没有良好的客源基础，经营状况较差。

2. 房间特色

民居客栈的房型包括传统的古房古床以及现代型的标准间，古房古床的房间在同里古镇较多，且非常具有当地特色。

3. 民居客栈的连锁经营

在同里古镇的调研中，我们发现一家非常具有特色的民居客栈——正福草堂。该客栈的店主信仰佛教，所以客栈的布局、装饰在体现古典风格的基础上还有一种禅意的色彩。在访谈中得知，该店主在丽江古城还开了5家民居客栈，同样的风格并融合了丽江当地特色，我们认为这种多布点的民居客栈属于民居客栈的连锁经营模式。

4. 游客过夜率低

客栈店主集中反映了同里古镇加收门票后当地游客的急剧减少，以及当地没有夜间娱乐活动造成的游客过夜率较低这两个发展问题。这两个问题产生的一部分原因是古镇开发资金不到位造成的。

（九）周庄古镇

我们在江苏省苏州市昆山市周庄共发放问卷222份，其中游客问卷132份、店主访谈30份以及住店客人问卷60份。

政府方面：通过对江苏省水乡周庄旅游股份有限公司（半政府性质的旅游公司）景区部经理的访谈，我们了解到当地民居客栈大约在106间，证照（营业执照、卫生许可证以及特种行业许可证）齐全的客栈在15家左右。公司内没有一个部门对当地的民居客栈进行统一的管理，对民居客栈的重视程度较弱；公司内通过开发古镇内古宅，改造为民居客栈的目前只有一家。周庄古镇民居客栈也存在木制住房的安全隐忧以及无营业执照客栈的泛滥。

通过在周庄古镇的实地走访，我们发现当地客栈的发展特点及发展问题集中在以下几点：

1. 商业化氛围浓

当地商业化氛围较浓，民居客栈发展也体现出商业化的特征。民居客栈的数量呈现“黄金周”供不应求，非“黄金周”恶性竞争、生意惨淡的现状。

2. 房间特色

周庄古镇的民居客栈的房型包括传统的古房古床以及现代型的标准间，以现代型的客房居多，具有特色的古房古床的客栈较少。

3. 客源

民居客栈的客源主要是通过口碑宣传以及网上宣传两个重要的途径，在游客来古镇前通常需要电话订房确认房态。

4. 经营状况下降

周庄古镇客栈店主集中反映了当地居民没有享受到旅游发展的收益，以及团队游客增多、散客减少造成的经营状况下降的情况。当地政府没有过多考虑到居民的生活水平情况，也没有比较健全的社会保障机制，当地居民与周庄镇政府的矛盾激化。

（十）北戴河区

9 月22～23 日在河北省秦皇岛的北戴河区进行调研。发放住店客人问卷 36份、游客问卷46 份。作为我国重要的海滨度假场所，北戴河区住宿接待设施非常丰富，不仅有星级宾馆还有200 多家单位疗养院，除此之外，民居客栈也是主要的接待设施，为大量的低消费游客服务，北戴河地区民居客栈主要集中在刘庄、古城、草场和赤土山四个村庄。此次调研对象重点为刘庄村和古城村：

1. 刘庄村民居客栈

刘庄村位于北戴河旅游区的中部，是最主要的民居客栈集中区，与中海滩相邻；1985 年渔家宾馆在刘庄蓬勃兴起，经过 20 余年的发展与创新，已经形成较为成熟的民居客栈村，客栈规模及特点体现在以下几方面：

（1）客栈规模。刘庄村共有 1 100 户人家，拥有各类民居客栈 400 余家，主要有农家房和回迁户居民楼两种类型，农家房每家客房都在 10 间左右，村落客栈排列整齐，统一招牌且都为店主姓名；回迁户居民楼是近几年新兴的民居客栈区，为六层居民楼，每家客栈基本是一个楼层，10 间以内客房。

（2）客房设施及价格。民居客栈的客房主要有大床房、二人间、三人间和四人间四种类型，室内设施较为齐全，可为客人提供加工海鲜服务，房价根据淡旺季调节，淡季每人每天 10 元，旺季每间客房可高达 300 元/天左右；

（3）政府管理。当地民居客栈管理较为完善，《经营许可证》《卫生许可证》《特种行业许可证》和《营业执照》等各类证照齐全，村委会设有专门的家庭旅馆办公室，将所有民居客栈信息整理成册，统一管理；

（4）服务意识。当地客栈都具有较强的服务意识，不仅服务周到还为游客提供各方面旅游、交通等信息；个别客栈挂有“共产党员经营户”和“巾帼乡村旅游示范户”标牌，体现了他们的诚信意识。刘庄村村民自发组成旅游车队，设立民居客栈接待处，为游客提供更全面的服务；

（5）广告宣传。刘庄村村民都具有较强的网络宣传意识，为当地民居客栈建立网站并将获奖客栈信息发布在各大旅游订房网上，还有店主在车站等处招揽客人现象。

2. 古城村民居客栈

古城村是以集发观光园为依托，2006 年 4 月开始筹划开发的新兴民居客栈集中区，当地共有 800 多户人家，40 家经营民居客栈且证照齐全，另有少部分客栈经营没有证照。当地村委会对古城村进行集体规划、集体管理、集体打扫，并有保安昼夜巡逻，治安得到保障。客房有土炕房和一般房两种，每家基本有 4 间客房左右，房价淡季为 10 元/人，旺季为 250 元/人左右。由于是新兴的民居客栈村，故宣传力度不够，客源较少，发展不够成熟。

（十一）平遥古城

10 月 4 ~6 日在山西省的平遥古城进行调研，发放住店客人问卷 21 份，游客问卷 86 份。据介绍：在平遥古城这座小城里，撒落在街巷深处的传统四合院多达 3 800 余处，其中有 387 处保存得非常完好。平遥古城民居基本保持了中国明清时期的风貌，布局独特，与城内的古街道、古建筑、古铺面相映成趣，文化内涵丰富。既有历史文化价值、民俗研究价值、建筑文化价值，又具有实用开发、艺术观赏价值。

据平遥县旅游局调查，截至 2007 年 5 月 10 日，古城内共有民居客栈 68 家。整个平遥县城的旅游饭店、客栈数量由上年的 97 家增加到现在的 117 家，其中城外的旅游饭店增加了 1 家，城内的民俗客栈增加了 19 家；床位数由原来的 4 791个增加到 5 662 个。平遥古城详细介绍可参考本章案例分析内容。

三、数据概况

（一）居民客栈店主数据调研概况

此调查针对全国 13 个旅游景区（以富有民居特色的古城古镇为主）的民居

客栈店主进行了问卷与访谈，共发放303份问卷，回收有效问卷303份，回收率达100%。

（二）居民客栈住店客人数据调研概况

本次调查地点选择在民居客栈发展相对较好的几个古镇，范围较广，主要分布在云南省、广西壮族自治区、湖南省、浙江省、江苏省、安徽省、河北省和山西等8省。主要通过现场发放和走访的形式对客栈的客人进行调查，共回收有效住店客人问卷463份，其中大理市和丽江市共105份，阳朔县和龙脊镇37份，凤凰古城44份，西塘古镇71份，宏村古镇36份，西递古镇11份，同里古镇42份，周庄古镇60份，北戴河区36份，平遥古城21份。下表为样本采集基本情况。

（三）游客数据调研概况

2007年7~10月，民居客栈课题组采用拦截式访问共向游客随机发放问卷1 000份，回收有效问卷934份。调查地点分布在大理市、丽江市、阳朔县、龙脊镇、凤凰古城、宏村镇、同里古镇、西塘古镇、周庄古镇、北戴河区、平遥古城等地的旅游景区内。最终收集的有效问卷分别为：大理市95份，丽江市184份，阳朔县76份，龙脊镇9份，凤凰古城108份，宏村镇41份，同里古镇31份，西塘古镇109份，周庄古镇149份，北戴河区46份，平遥古城86份。总共934份。

第二节　2007年的中国民宿发展概况——基于民宿店主的问卷分析及访谈结果

本节是对店主问卷及访谈的分析，以探寻客栈的基本信息、店主开客栈动因、从业人员素质、经营管理情况、产权归属等相关问题。

一、民宿基本状况分析

（一）开业年限

从分析结果可以看出，民居客栈开业 5 年以上的所占比重最大，为 35%；开业 1 ~ 3 年的次之，约为 31%；此外，开业 3 ~ 5 年、1 年以内的比重分别约占 15% 和 18%。也说明了民居客栈呈现出加速发展的态势，如图 4 – 1 所示。

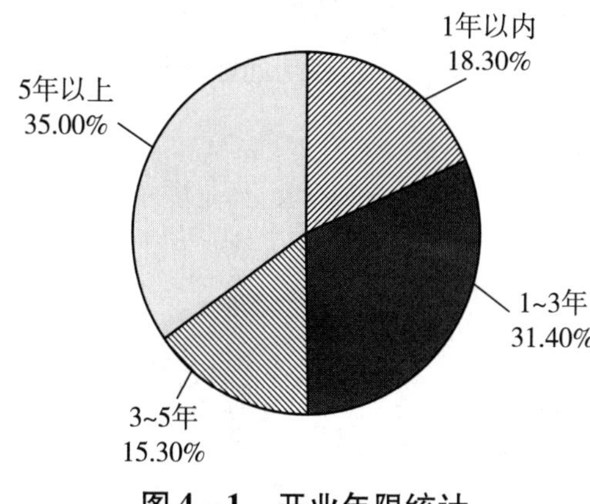

图 4 – 1　开业年限统计

（二）客栈房间数量

从图 4 – 2 中可以看出，拥有 5 ~ 10 间客房的客栈约为 36%，拥有 15 ~ 20 间和 20 间以上客房的客栈约占 9%，10 间以上的客房容量使得这些客栈拥有接待小型团队住宿的能力。5 间以下的客栈占比约为 15%。

（三）客栈平均房价

可以看出，客栈的平均房价不高，绝大多数在 160 元以下，50 ~ 99 元的超过半数，占 57%；房价 100 ~ 159 元、20 ~ 49 元的分别占 23.21% 和 10.92%，如图 4 – 3 所示。

访谈中发现，在“黄金周”期间，价格会普遍上涨，上涨幅度不等，有的甚至超过1倍，这反映出民居客栈具有较大的季节性和价格弹性，但这并不影响民居客栈整体廉价的特征。

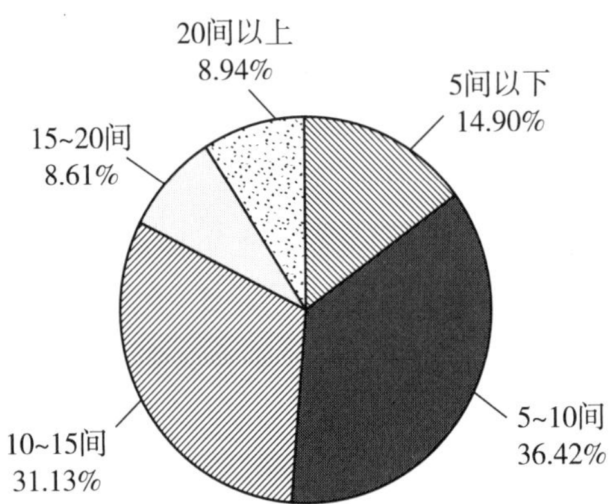

图4-2　客栈房间数量统计

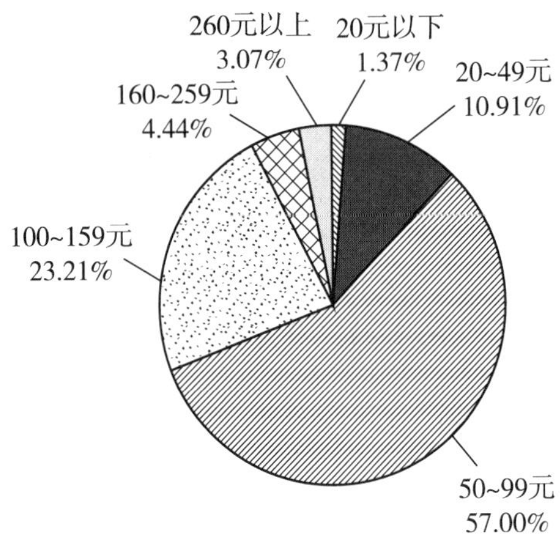

图4-3　客栈平均房价统计

（四）客栈是否体现当地文化特色和风情

从客栈和客房的布置上看，85%的客栈能够按照地方特色，营造与景区一体和谐的氛围。约15%的客栈则没有体现当地风情（见图4-4）。在走访中可以感受到：各地区在这方面存在着一定的差别。举例来说，如江苏省的周庄景区外、河北省的北戴河区等地的大多数客栈是现代房，不具有当地特色；而山西省的平遥古城等地则由于老宅本身的特点，使其拥有浓厚的地方风情。

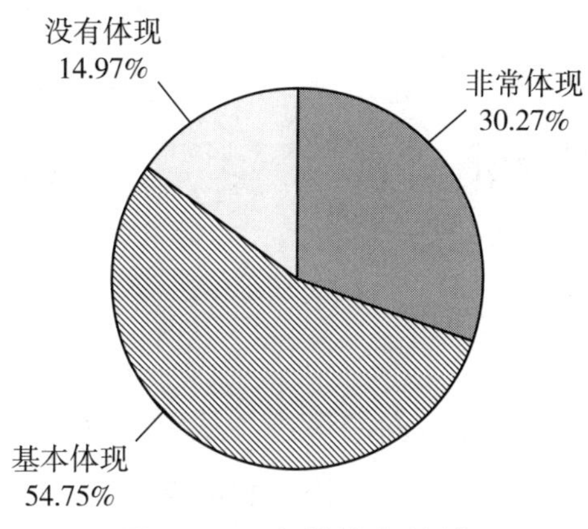

图 4－4　客栈特点统计

（五）客房内提供的设施

由图 4－5 中可以看出，95% 的客栈提供了独立的卫生间和淋浴设施，93.33% 的客栈安装了有线电视；65.67% 的客房内像宾馆一样提供一次性的洗漱用品；34.98% 的客栈可以提供有线或无线上网服务；另外，44% 和 39% 的客栈分别拥有衣柜和写字台。相比之下，客房内安装电话比重较低，仅为 15.33%，主要也是因为现在大多游客出行会自带手机等通信设备，对电话的需求较少。在"其他"项中，民居客栈拥有空调的比例也相当高。

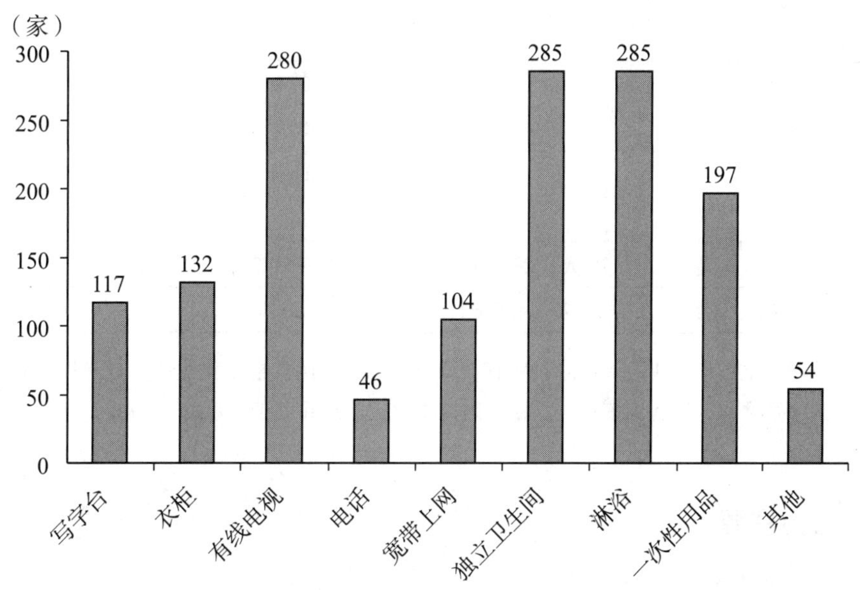

图 4－5　房内设施数量统计

二、民宿经营管理分析

（一）开办客栈的动机

店主开办客栈可能出于多方面的考虑。从单个因素来讲，获得经济收入是店主开办民居客栈的主要原因，占受访人数的 74.3%；因为房间闲置而开客栈的占 27.7%，为景区发展做贡献的为 13.2%，出于个人兴趣占 12.9%。从多个因素考虑，同时出于经济收入和房间闲置考虑的人数所占比例达 23.1%（见表 4－1），同时出于为景区发展做贡献和经济收入考虑的为 5.3%，同时出于个人兴趣和经济收入考虑的为 2.6%。

表 4－1　　开办客栈动机

动机		数值（人）	单项比重（%）	比重（%）
个人兴趣		39	12.9	9.8
房间闲置		84	27.7	21.2
为景区发展做贡献		40	13.2	10.1
获得经济收入		225	74.3	56.8
其他		8	2.4	2.0
合计		396	130.5	100.0
其中		房间闲置		
		是	否	合计
获得经济收入	是	70 人（23.1%）	155 人（51.2%）	225 人（74.3%）
	否	14 人（4.6%）	64 人（21.1%）	78 人（25.7%）

注：单项比重指该项所选人数除以所有被调查者总数，比重指该项所选人数除以所有被调查者选择的选项数之和，该题为多项选择题，因此单项比重总和大于 100%，下同。

（二）人力资源

1. 店主经营能力分析

在被问及是否熟悉经营管理知识时，16.16% 的店主认为自己非常熟悉，

71.13%店主认为基本熟悉，而12.71%的店主则认为自己不熟悉相关方面的知识，如图4-6所示。

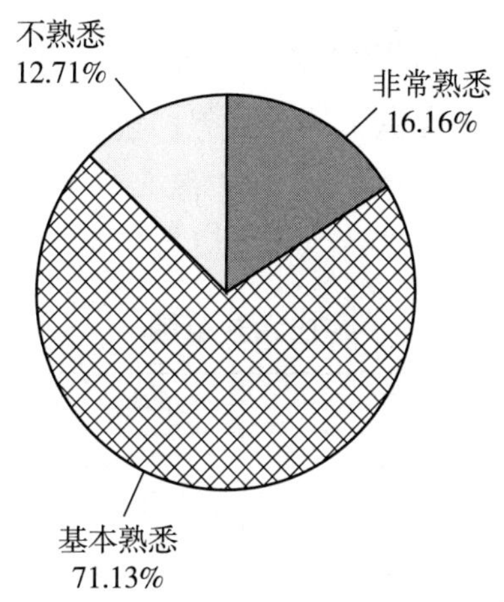

图4-6　店主是否熟悉经营管理知识

由于店主出身多样化，有商人、下岗工人、农民、企业管理者，还有退休人员，所以经营管理方面的知识差别也较大，但由于民居客栈本身的地方性、专业性不强等特点，大多数的店主也是可以应对日常的打理。

2. *店主与服务人员培训状况分析*

由表4-2可以看出，有60%的民居客栈雇用了服务人员，服务人员中有57.1%接受了专门的培训。另外，有3.2%的店主接受过专门培训；所以37.5%的客栈有在服务方面专门培训过的人员。客栈附近的宾馆酒店是培训的主要场所。

表4-2　　店主与服务人员培训状况分析

		店主或客栈服务人员是否接受过专门培训		合计
		是	否	
是否雇用了服务人员	是	96人（34.3%）	72人（25.7%）	168人（60%）
	否	9人（3.2%）	103人（36.8%）	112人（40%）
合计		105人（37.5%）	175人（62.5%）	280人（100%）

（三）客栈经营范围

在客栈的产品结构中，除了提供住宿以外，40.9%的客栈还提供餐饮服务；9.6%的客栈兼营当地特产；6.9%和5.3%的客栈分别提供娱乐服务和出售旅游纪念品；还有46.5%的客栈提供了其他服务，包括代理各种门票、车票、茶馆、酒吧、小卖部、免费导游等，如表4－3所示。

表4－3　　客栈经营范围

除住宿外的服务内容	数值	单项比重（%）	比重（%）
餐饮服务	124	40.9	37.5
娱乐服务	21	6.9	6.3
旅游纪念品	16	5.3	4.8
当地特产	29	9.6	8.8
其他	141	46.5	42.6
合计	331	109.2	100

（四）客栈营销分析

1. 获取客源途径

如表4－4所示，电话预订和游客主动上门是客栈获取客源的主要方式，单项比重比例分别为65.3%和75.6%。另外，网络预订达18.8%、旅行社预订为14.2%。

表4－4　　客栈营销分析

获取客源方式	数值（人）	单项比重（%）	比重（%）
电话预订	198	65.3	37.0
网络预订	57	18.8	10.7
旅行社预订	43	14.2	8.0
游客主动上门	229	75.6	42.8
其他	8	2.6	1.5
合计	535	176.5	100

续表

客栈广告宣传途径	数值（人）	单项比重（%）	比重（%）
电视报纸广告宣传	4	1.3	0.9
网络媒体宣传	155	51.2	33.5
旅游宣传资料	37	12.2	8.0
游客口碑宣传	206	68	44.5
新闻报道	3	1	0.6
没有宣传	50	16.5	10.8
其他	8	2.6	1.7
合计	463	152.8	100

2. 广告宣传途径

对于客栈而言，最为广泛的宣传途径是网络媒体宣传和游客口碑宣传，单项比重分别为33.5%和44.5%；网络宣传形式多样，有的采取加入中国古镇网、携程网等供游客进行预订，也有自己出资开办客栈网页提供预订服务的。通过名片等简单的旅游宣传资料的有12.2%；电视报纸、新闻报道等方式使用较少。而单项比重占16.5%的客栈没有任何宣传途径。

三、民居客栈产权归属

在所调查的民居客栈中，大部分店主属于本地居民，占总体样本的81.3%，同时71.1%的被调查店主拥有客栈的产权（见表4-5）。如果说本地居民经营民居客栈是民居客栈体现当地文化、保持客栈原真性的重要保证，那么调查结果表明民居客栈具有较强的地方特色或民族特色（这个结论在上文的分析中也得到印证），而这种特色正是越来越追求个性和真实性的游客所需求的。客栈的产权状况反映了民居客栈的利益格局，店主拥有客栈的产权，这对其本身就是一个激励，这也是大部分被调查客栈的情况，然而，也有28.9%的店主是不拥有客栈产权的，这反映了当地政府或外来资本已对民居客栈有所介入。

表 4－5　民居客栈产权归属

是否为本地居民	数值（人）	比重（%）
是	243	81.3
否	56	18.7
合计	299	100.0
是否拥有该客栈的产权	数值（人）	比重（%）
是	212	71.1
否	86	28.9
合计	298	100

进一步分析发现（见图 4－7），在被调查的客栈店主中，是本地居民，同时拥有客栈产权的占比最大，达 67.90%，这是民居客栈自身特点所决定的；非本地居民，同时拥有客栈产权的所占比例其次（15.20%），这些客栈一般是归政府或旅游公司所有，而由外地居民经营，这在丽江市最为典型；非本地居民又同时拥有客栈产权的最少，占全部样本的 3.72%。

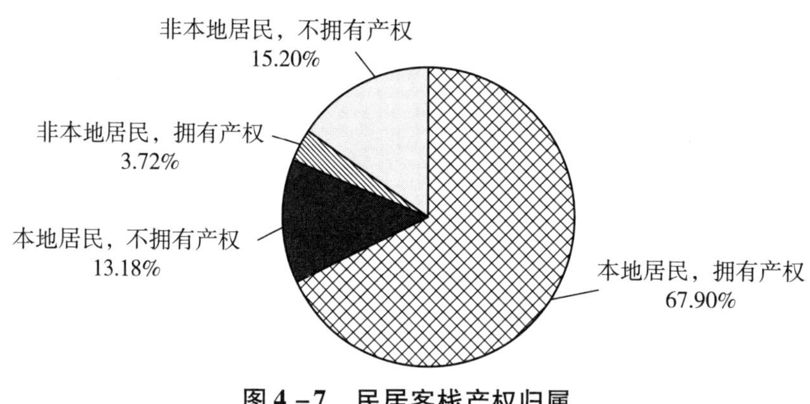

图 4－7　民居客栈产权归属

四、民宿政府管理状况

此处所指政府管理状况主要是店主对政府管理的反应。在被问及“政府对客栈的管理是否到位”时，店主的回答结果趋向平均化（见图 4－8），回答“一般”的所占比例最大，为 44.03%，其次为“是”，回答“否”的所占比例最少，却也占 20.48%。这也在调研组对店主的访谈中得到体现：政府对大部分地区民居客栈的管理是比较松散的，往往介于管与不管之间。在一些民居客栈发展程度较高，同时又带有明显政府管理色彩的地区，如河北省北戴河区，政府对民居客栈的管理相对全面，甚至出台了相关的行业法规，这对该产业的发展和游客的利益的保障都是有利的；而在一些旅游开发比较早，外来资本介入比较强的地区，如周庄古镇，其大部分民居客栈店主认为政府对客栈的管理不到位；另外一些地区的政府对客栈的管理主要是侧重其中某些方面，如安全、消防、税务等，因而民居客栈的店主多认为其管理程度为“一般”。

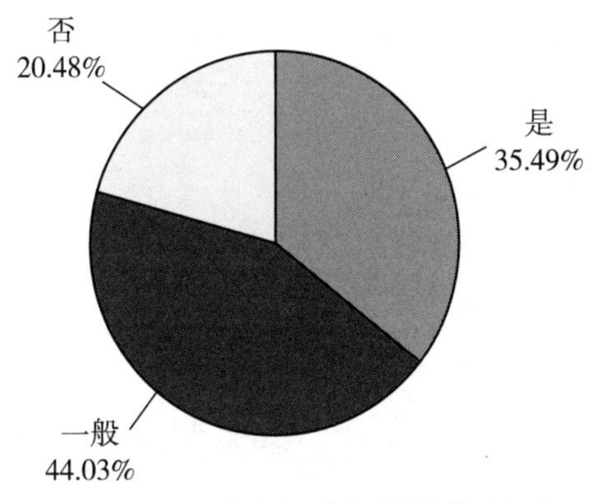

图 4－8　政府对客栈的管理

鉴于有的景区政府出台了相关的标准、规范来对民居客栈进行管理，调研组对民居客栈店主对此的反应或态度进行了调查，发现，“基本同意”对客栈进行标准化管理的所占比重最大，为 46.79%，其次是“不同意”的占 28.93%，回答“非常同意”的占比最少，如图 4－9 所示。

这是因为，随着民居客栈的增多，客栈之间的风格各异，有的质量状况难以保证，同时地区客栈之间的竞争日趋激烈，一些不正当竞争的行为开始出现，如许多店主无证经营、到处拉客、互相诋毁等，因而政府出台相关的规范文件是必要的，同时这些店主又不希望政府的“标准化管理”过于微观，在客栈具体经营方面应给店主留有余地，因而大部分店主对政府的标准化管理持“基本同意”的态度。

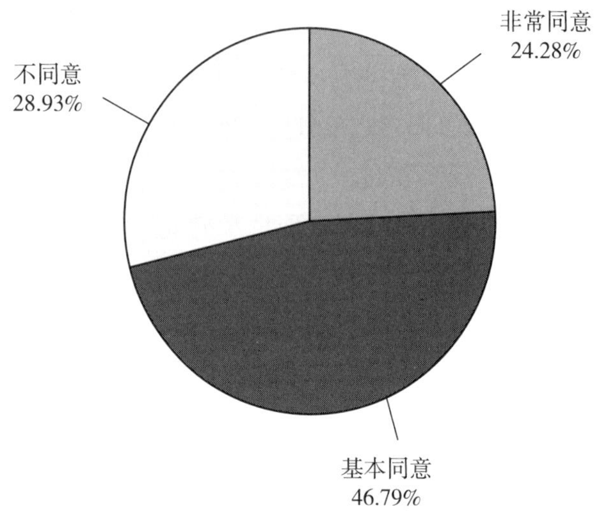

图 4－9　店主对标准化管理的态度

五、对民宿前景的预测

店主对客栈前景的预测反映了其对民居客栈这一新生事物的态度，事关民居客栈的未来。调查结果表明，大部分店主对客栈前景持乐观态度，约 47.35%的被调查者认为民居客栈“很有前景”（见图 4－10），同时认为客栈“前景一

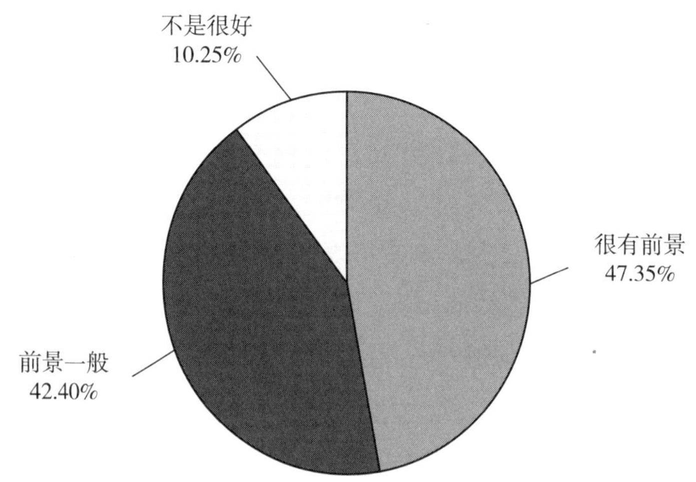

图 4－10　店主对居民客栈的前景预测

般”的店主所占比例也较大，达42.4%，认为民居客栈的发展前景“不是很好”者所占比例最小，仅10.25%。大部分店主对民居客栈的未来预期乐观，反映出民居客栈的未来发展前景是好的，但我们也不能忽视那部分认为“前景一般”和少量的“不是很好”者，有关政府部门应创造良好的政策法规环境，支持、引导民居客栈的发展。

六、结论

民居客栈在古城镇、古村落里面及周边的分布较为集中，也是本地旅游发展给居民带来经济收入的一种重要方式。经过多年的发展，民居客栈已经呈现出一定的规模和影响力，且在持续加速扩张。

但是从目前来看，客栈存在着参差不齐的现象，主要表现在以下几个方面：(1）规模和房价。这不仅体现在各个地区之间，也体现在同一地区的不同客栈之间。(2）客栈从业者素质落差较大，体现在店主的开业动机、行业背景，服务人员的培训等方面。(3）客栈的经营范围较广，但主要围绕游客的食宿问题、交通问题、旅游纪念品和地方特产展开。(4）客栈营销方式多样化，包括网络预订、网络提供电话联系方式，以及很多客栈坐等游客上门，不进行任何宣传。

民居客栈在旅游中所扮演的角色也因地而不同，实际上民居客栈扮演的角色满足了两种重要功能：一是普通住宿功能；二是所融入的地方文化特色。因此，景区周边的住宿设施保有量和交通便利性共同决定了民居的功能被发挥到什么程度。对于诸如浙江省的西塘古镇、江苏省的同里古镇和周庄古镇等地而言，离景区不远的县、市、区住宿设施完善，游客选择民居客栈住宿的目的更多的是感受当地风情和文化；而对于云南省的丽江市而言，由于交通不便，现代化住宿设施相比需求不足，游客选择古城的民居客栈是两者功能并重。

随着我国旅游业的持续发展，尤其是游客求新求异的本质特征和其追求原始风味与地方、民族特色的需求特征，我国民居客栈必将出现持续发展的高峰。这一点，我们从民居客栈店主对客栈前途的预测也可以得到验证。

第三节　中国民宿住店客人分析

一、样本采集基本情况（见表4－6）

表4－6　　被调查者人口统计特征

性别	频数	比重（%）	职业	频数	比重（%）
男	234	52.5	政府工作人员	16	3.6
女	212	47.5	企业管理人员	54	12.3
年龄	频数	—	公司职员	45	10.2
18岁以下	20	4.5	专业技术人员	28	6.4
18～25岁	237	53.4	离退休人员	3	0.7
25～35岁	115	25.9	工人	8	1.8
35～45岁	57	12.8	农民	3	0.7
45～55岁	11	2.5	军人	3	0.7
55岁以上	4	0.9	教师	43	9.8
家庭月收入	频数	—	学生	188	42.7
1 000元以下	29	7.4	自由职业者	30	6.8
1 000～3 000元	151	38.7	服务业或销售业人员	7	1.6
3 000～5 000元	122	31.3	其他	12	2.7
5 000～10 000元	62	15.9	学历	—	—
10 000元以上	26	6.7	初中及以下	18	4.1
—	—	—	中专及高中	68	15.3
—	—	—	大学专科	115	26.0
—	—	—	大学本科及以上	242	54.6

二、民宿消费群体特征

（一）出行方式

1. 出游目的

入住在民居客栈的游客中，有 44% 的人的出游目的是休闲旅游、37.8% 的人的出游目的是观光游览，出于这两种出游目的的住店客人占了 80% 以上，这说明，民居客栈较受观光旅游者和休闲旅游者的青睐，如图 4－11 所示。

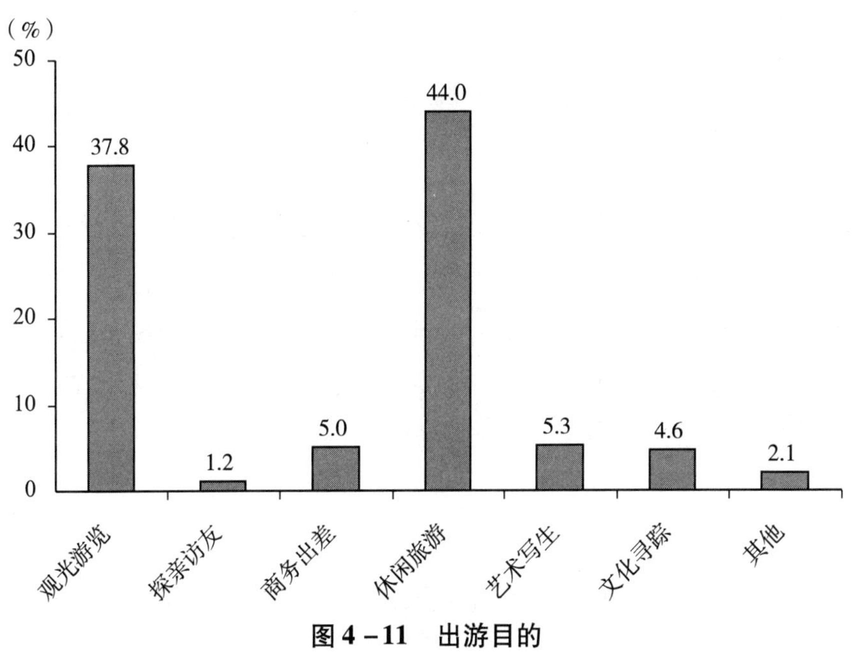

图 4－11 出游目的

2. 获得信息的渠道

从图 4－12 中可以看出，在参与调查的住店客人中，有 42.7% 的人在住店之前都是通过网络搜索来获得客栈信息的，有 30.1% 的人入住客栈是由亲朋好友推荐。通过媒体推荐和旅行社安排入住民居客栈的游客相对较少。从这里可以反映出，住在民居客栈的游客一般都是自助旅游者。

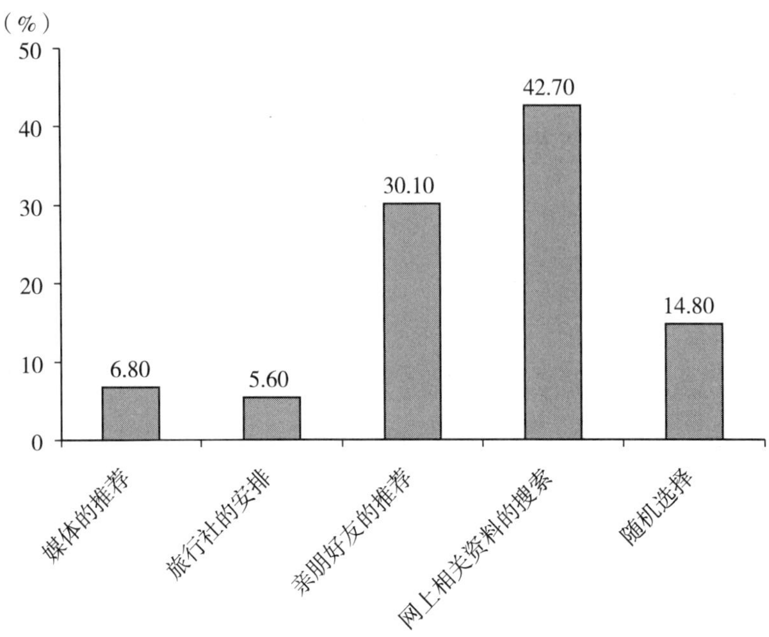

图 4－12　获得信息渠道

3. 出游方式

根据调查显示（见图 4－13），民居客栈的客人中有将近一半的人是和同学或朋友一起出游的，这也许同调查的对象中大部分都是学生有关。而由旅行社或单位组织的游客入住民居客栈的比例相对较少，只占了 6.5%。从这些数据也可以看出，由旅行社或单位组织的旅游活动中，在安排住宿时很少选择民居客栈，而自助旅游者基本上都会选择民居客栈。

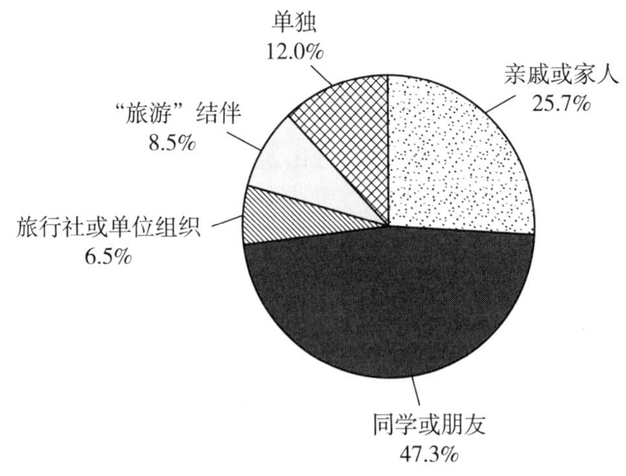

图 4－13　出游方式

4. 计划停留天数

入住在民居客栈的游客中，有50.4%的人都计划只在当地停留1～2天。在当地旅游时间超过5天的游客不到20%，大部分为短期旅游者，如图4－14所示。

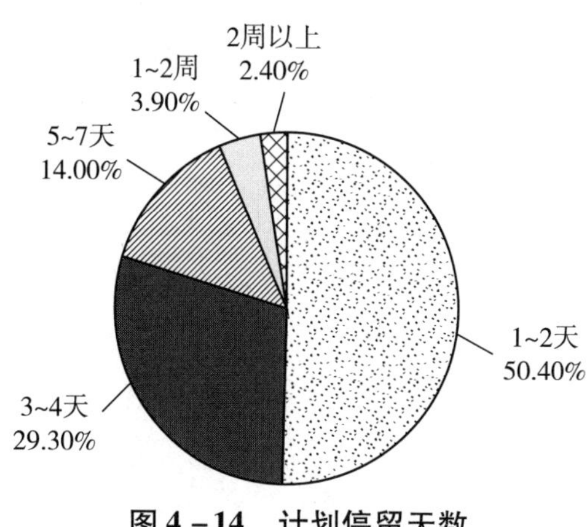

图4－14　计划停留天数

5. 计划在本地消费

调查显示，民居客栈的客人中有39.1%的人计划在本地的消费为200～500元；24.8%的人计划在本地消费500～1 000元；15.8%的人计划消费1 000～2 000元，计划消费超过2 000元和低于200元的游客相对较少，这一方面与游客在本地停留时间不长相关，另一方面与当地的旅游消费水平有关，如图4－15所示。

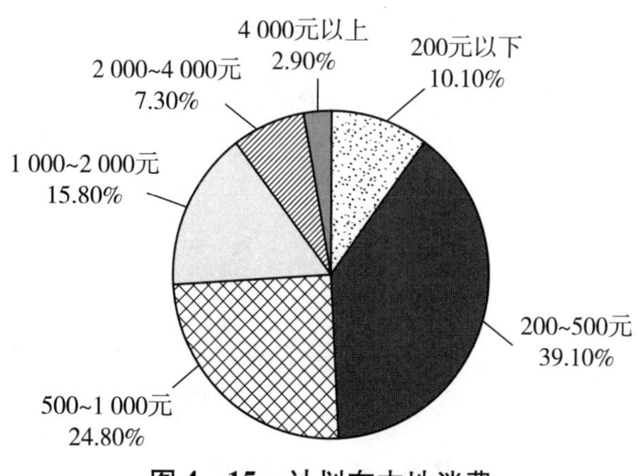

图4－15　计划在本地消费

（二）选择民居客栈的原因

1. 文化内涵

根据调查，有66%的游客选择入住民居客栈是为了体验当地的民俗风情；有33.5%的人是为了尝试不同环境的生活体验；而出于追求时尚目的的人则只有0.5%。这说明，在大多数人的印象中，民居客栈是能够反映当地特色风情的，如图4－16所示。

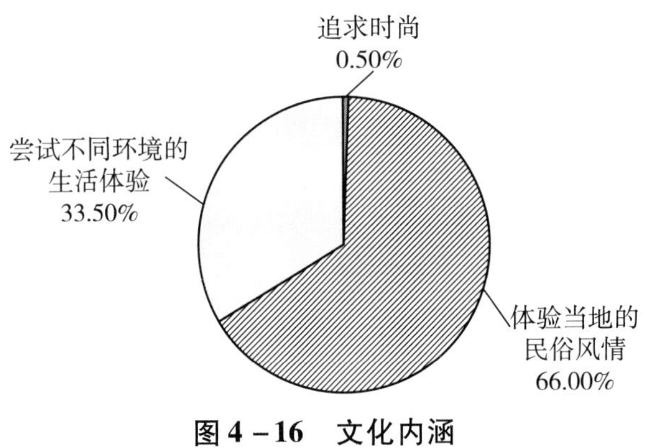

图4－16　文化内涵

2. 服务特色

从图4－17中可以看出，有63.5%的人是预期民居客栈能向其提供亲切、朴实的服务才选择入住的；有30.1%的人预期入住客栈会感受到家的氛围；有6.4%的人认为客栈能提供当地的特色食物。

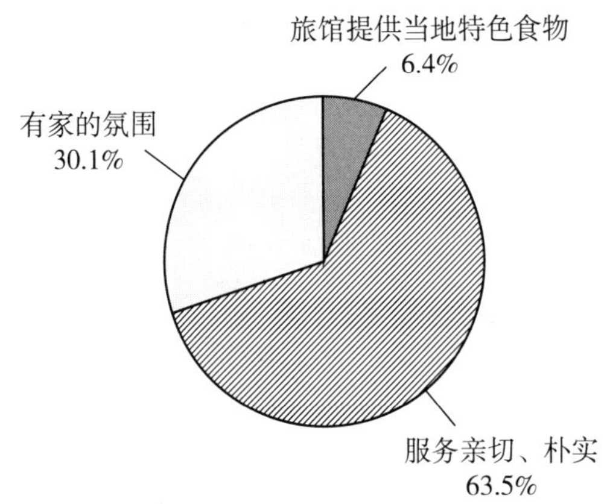

图4－17　服务特色

3. 体验服务口碑

在选择入住民居客栈的游客中，有50%的人将入住民居客栈作为旅程的一部分；有32.9%的人是由亲戚朋友或媒体介绍；有15.1%是因为过去住过，感觉不错，想再次体验；而通过客栈自制宣传手册的介绍而入住的人只占2%，这一方面说明口碑宣传是民居客栈的主要宣传方式，另一方面说明民居的客栈的自我宣传能力还不太强，如图4-18所示。

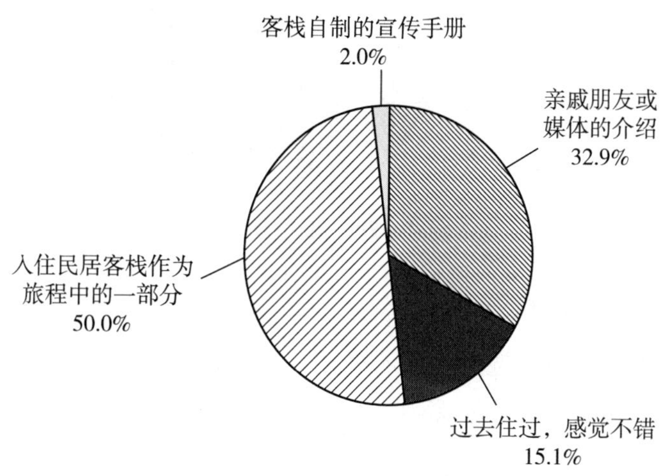

图4-18　体验服务口碑

4. 地理位置

游客选择民居客栈的主要原因首先是其临近主要旅游风景区，其次是看重客栈内部清静的环境，同时对客栈附近的自然景色也比较看重。这说明，民居客栈的内外部环境的好坏在一定程度上会影响到其客源情况，如图4-19所示。

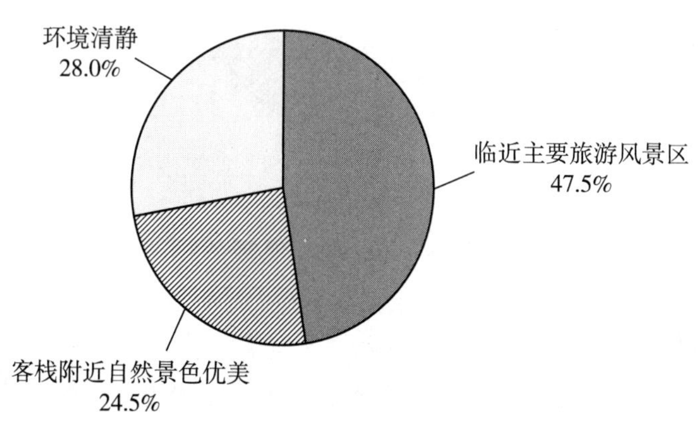

图4-19　地理位置

5. 价格因素

从图4－20可以看出，民居客栈的客房价格相对较低是游客选择民居客栈的主要原因。同时，由于客栈的房价在淡旺季价格相差较大，部分游客在淡季时一般会选择民居客栈，旺季时则会酌情考虑。

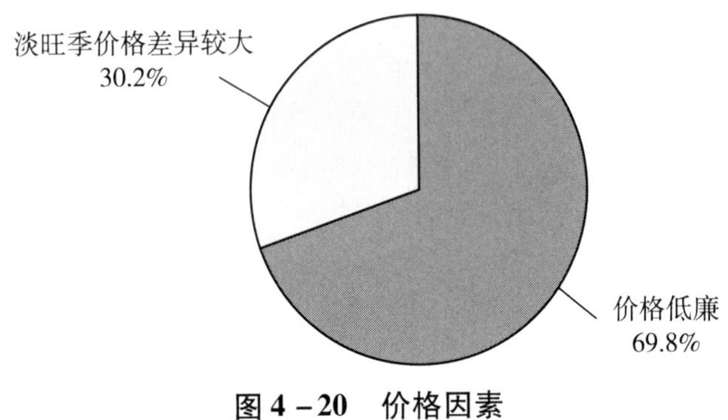

图4－20　价格因素

6. 随机选择

旅游者对民居客栈的选择一般不是随机性的，这也与我们在上面的调查结果相符，在入住客栈之前，游客一般都会对客栈的文化内涵、口碑、位置、特色和价格等方面进行综合的考虑，如图4－21所示。

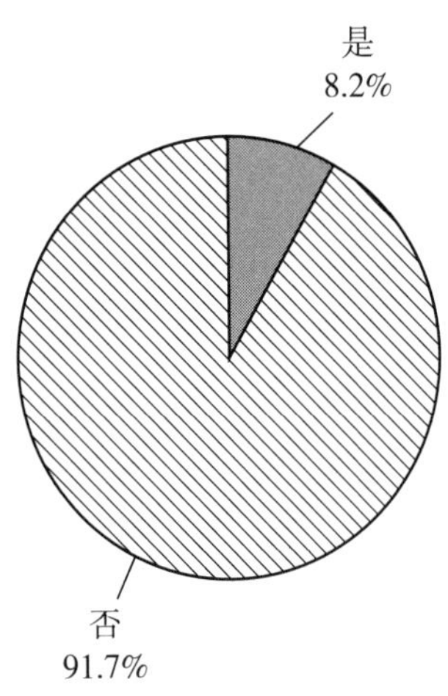

图4－21　随机选择

7. 合理价格

调查显示，大部分客人认为民居客栈的合理价格应相对较低。从图4－22中可以看出，约87%的客人认为客栈的价格应该在100元以下，其中认为合理价位应在 50～99 元之间的客人最多，占到 48.1%。这说明，旅游者一般都认为民居客栈的价格应该是相对低廉的。

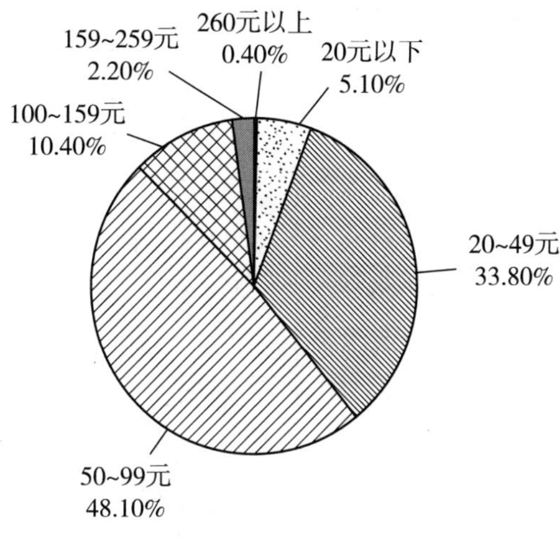

图 4－22　合理价格

（三）消费者实际感受

1. 心理预期与实际感受的差异

（1）对民居客栈的现实感受与心理预期。游客在入住客栈后，有 69.5% 的人都认为其现实感受与心理预期基本一致，认为不一致的人只占 8.2%。说明民居客栈的服务基本上能满足游客的各种需求，能与游客的心理预期基本保持一致，如图 4－23 所示。

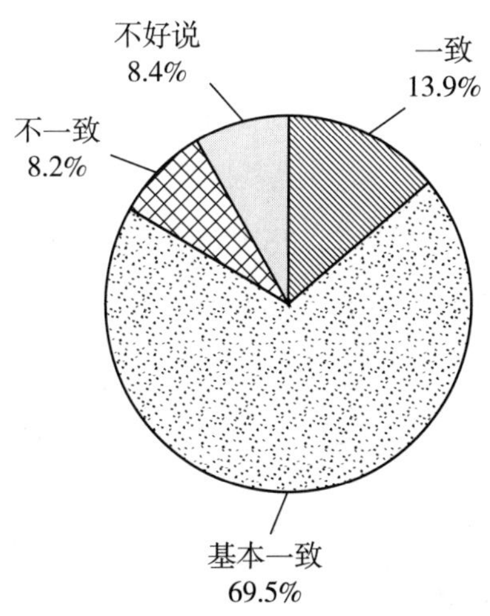

图 4－23　现实感受与心理预期

（2）不一致的原因。造成客人的心理预期和现实感受不一致的主要原因首先是游客的观念存在差异，其次是地域的差异，媒体的宣传误导和文化差异也是造成这种不一致的原因，如图4－24所示。

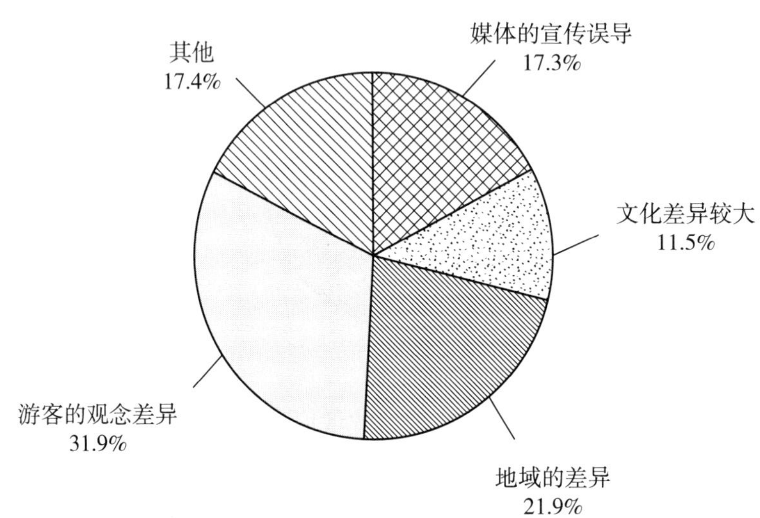

图4－24　客人心理预期与实际感受不一致的原因

2. 消费满意度及重要性

（1）消费的满意度。从图4－25可以看出，住店客人对其所住客栈的整体满意度相对较高，除了对上网设备的平均满意度为3.43外，对其他服务与设施的平均满意度都在4以上。其中客人对店主的好客程度和服务态度满意度最高，分别达5.77和5.86。同时，通过分析，我们可以看出，客人对客栈内的软性服务的满意度高于对硬件设施的满意度，这说明，民居客栈在硬件设施的配备上还需要较大的改进。

（2）服务设施的重要性。图4－26中的重要性是与满意度评价中的各项相对应的。通过分析可以看出，游客认为客栈的周边环境、卫生间和服务态度相对较重要，对这三项的选择都超过了9%，然后是店内环境和价格，认为这两项重要的游客超过了8%，这也要求民居客栈在这几项服务上保持较高的质量水平。

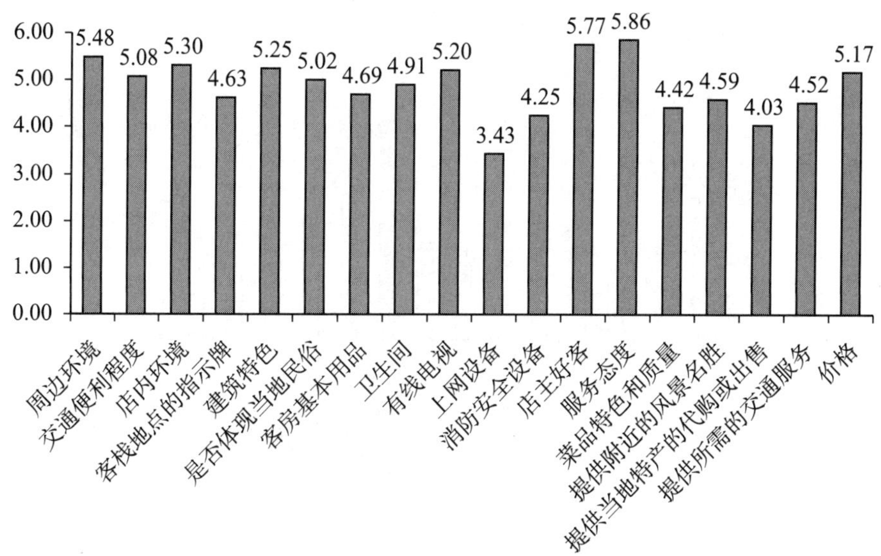

图 4－25 消费者的满意度

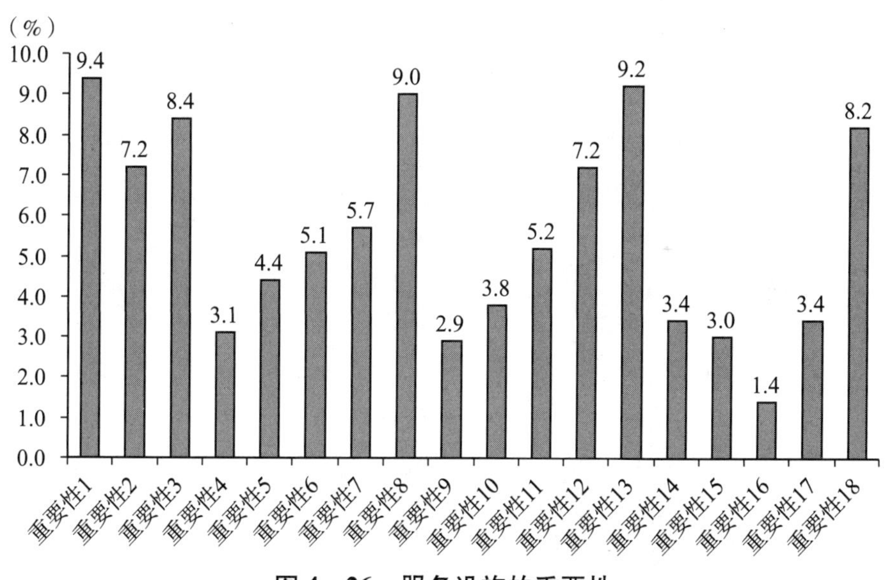

图 4－26 服务设施的重要性

3. 需要改进的方面

从图 4－27 中的数据可以看出，民居客栈在硬件设施的配备上还需要很大改善，尤其是上网设备的配置，游客对其要求最高，达 17.1%，然后是一次性用品。客人对客栈提供洗衣服务、餐饮服务、旅游信息服务和电话服务的要求也较高。

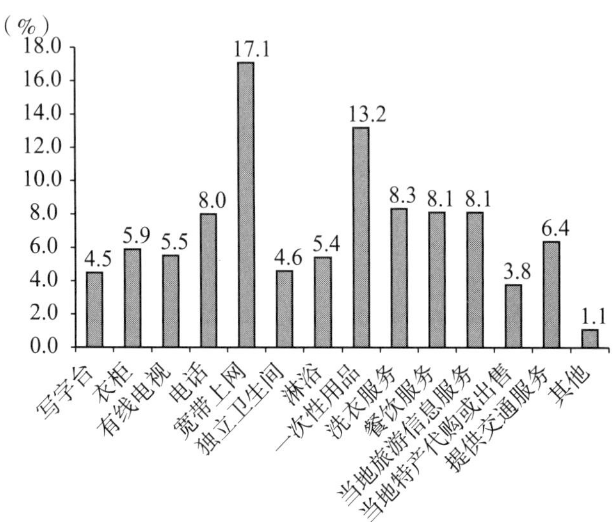

图4－27　需要改进的地方

4. 对民居客栈发展现状的理解

（1）对本地民居客栈的总体印象。从调查结果来看，游客对民居客栈的周边环境、民居特色和地方特色三个方面的印象相对较好，选择这几项的游客占20%以上，认为客栈没有突出特点的游客较少。也有部分游客认为客栈的商业氛围浓厚。这说明，民居客栈在其特色保持方面做得比较好，但仍有待提高，如图4－28所示。

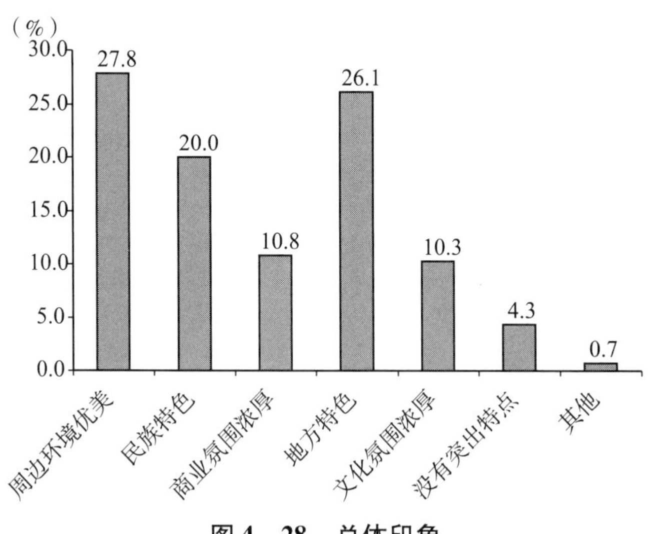

图4－28　总体印象

（2）对本地客栈的总体看法。从图4－29可以看出，有59.3%的客人认为当地的客栈整体发展良好，部分需要改善；18.6%的人认为其发展良好，不需要改善；认为其整体需要改善的客人占17.4%。这说明，民居客栈在较多方面还有待改进。

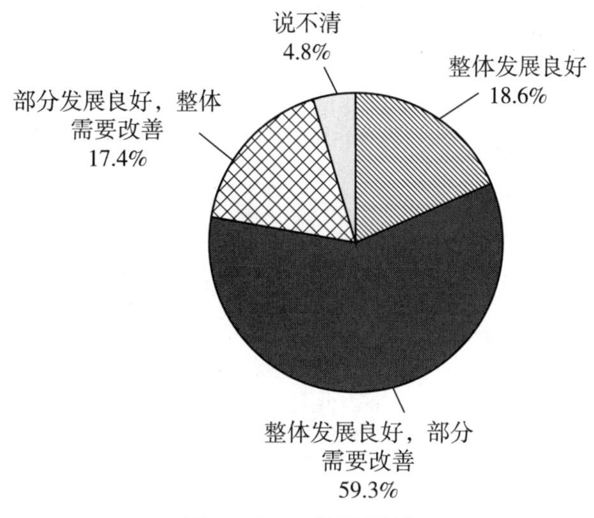

图4－29　总体看法

（3）出现上述问题的原因。在游客看来，造成民居客栈在一些方面做得不太到位而需要改善的主要原因首先是游客数量快速的增加，使得客栈服务质量的提高赶不上游客数量的增长速度，其次是客栈的数量增多和政府管理的不到位，如图4－30所示。

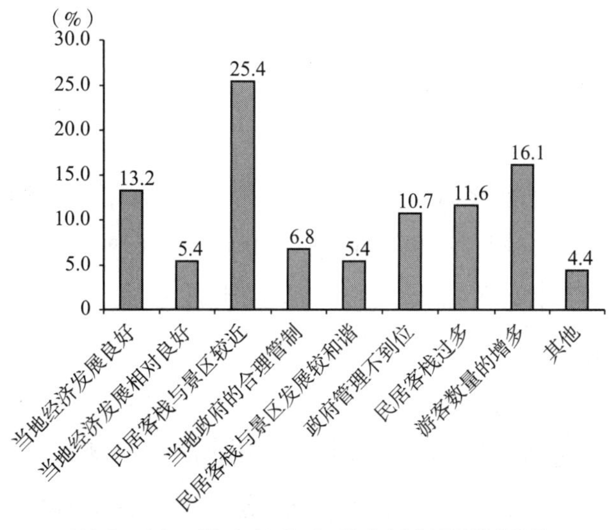

图4－30　游客认为出现上述问题的原因

5. 消费的忠诚度

在参与调查的住店客人中，有 80.5% 的人都表示在下次旅游时仍然选择入住民居客栈；只有 4.1% 的人表示不再选择民居客栈，这说明民居客栈基本上能满足旅游者的住宿需求，民居客栈拥有较高的顾客忠诚度，如图 4 - 31 所示。

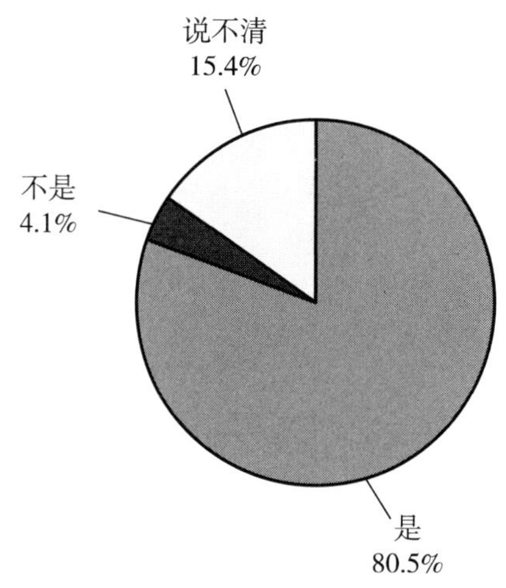

图 4 - 31　消费者忠诚度

三、民宿细分市场研究

（一）对地区民居客栈的总体感受细分

在个人特征与对地区民居客栈总体感受没有相关性的情况下，研究者基于地域的差别、游客对民居客栈的感受差异，对民居客栈的地域差异卡方检验的卡方观测值为 57.208，相应的概率 p 值为 0.000。如果显著性水平 α 为 0.05，由于概率 p 值小于显著性水平 α，所以可认为两者显著相关，即不同地区的民居客栈存在不同的特色。

从图 4 - 32 中，我们可以总结出各个地方民居客栈的不同特色：云南省大理市、丽江市的民居客栈比较具有民族特色；山西省的平遥古城的民居客栈周边环境优美且比较具有地方特色；浙江省的西塘古镇的民居客栈比较具有地方特色且文化氛围浓厚；安徽省宏村镇的民居客栈的突出特点就在于文化氛围浓厚。

而与此相反的是，游客认为河北省北戴河区民居客栈没有突出的特点，江苏省的周庄古镇的民居客栈整体给人商业氛围浓厚的感觉。

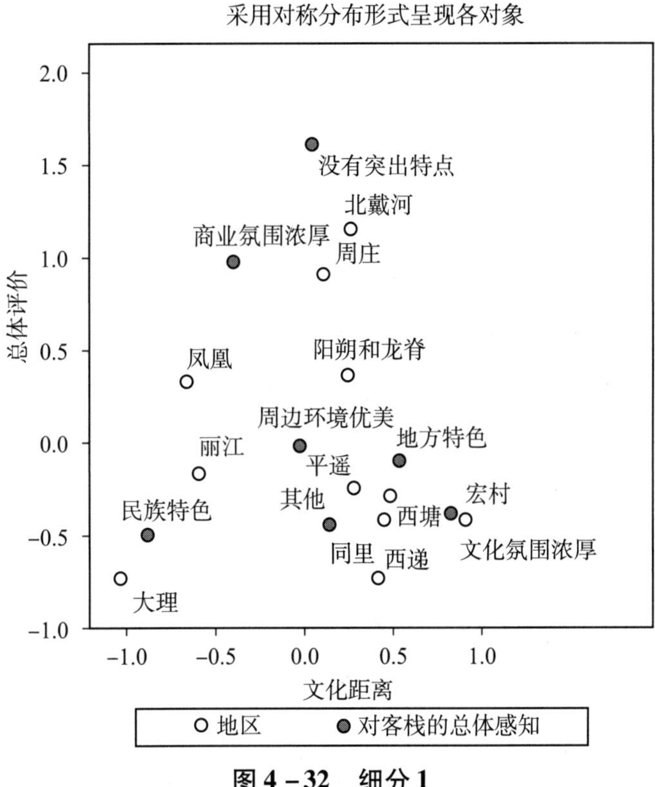

图 4－32　细分 1

从图 4－33 中我们也可以看出游客对不同地区的民居客栈总体评价不同。游客对同里古镇的民居客栈整体印象是整体发展良好；游客对西塘古镇、周庄古镇、北戴河区民居客栈的评价是部分发展良好，整体需要改善；游客对丽江市、平遥古城的民居客栈的评价是整体发展良好，部分需要改善；对大理市的民居客栈的评价比较模糊，认为说不清。

（二）满意度与个人信息的交叉分析

在本次研究中，我们将个人信息与住店客人对客栈设施服务的满意度进行关联性检验，分析过程具体如下：针对住店客人性别特征与其对客栈设施服务的满意度进行独立样本 T 检验；针对游客的年龄、受教育程度、职业以及家庭

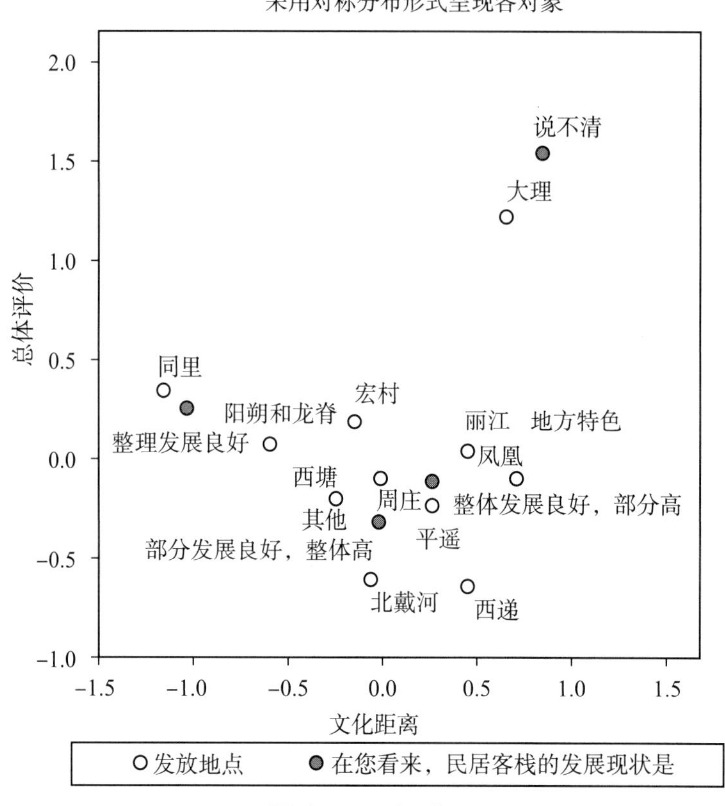

图 4－33　细分 2

月平均收入与对民居客栈设施服务的满意度评价之间进行了一维方差分析。给出显著性水平 α＝0.05，与检验统计量的概率 p 值做比较。如果概率 p 值小于显著性水平，则应拒绝零假设，认为控制变量不同水平下观测变量各总体的均值存在显著差异，控制变量的各个效应不同时为 0，控制变量的不同水平对观测变量产生了显著影响。具体检验结果如下：

1. 不同年龄的住店客人对上网设备、消防安全设备的满意度评价存在差异

（1）青年人对上网设备的满意度最低。从表 4－7 中可以看出，随着年龄段的增长，住店客人对上网设备的平均满意度逐渐增加，其中以 18～25 岁年龄段的住店客人给出的评价最低，为 3.0556。

（2）中年人对消防安全设备的满意度最高。从表 4－7 中可以看出，随年龄段的增长，住店客人对消防安全设备满意程度的增加，以 45～55 岁的满意程度最高，平均满意度为 5.0000。

表 4－7　　住店客人满意评价

年龄	满意状况	上网设备	消防安全设备
18 岁以下	平均满意度	3.3529	4.4444
	参评人数（人）	17	18
18～25 岁	平均满意度	3.0556	3.9690
	参评人数（人）	216	226
25～35 岁	平均满意度	3.5612	4.2577
	参评人数（人）	98	97
35～45 岁	平均满意度	4.8261	5.0851
	参评人数（人）	46	47
45～55 岁	平均满意度	4.3333	6.0000
	参评人数（人）	6	8
55 岁以上	平均满意度	3.0000	5.0000
	参评人数（人）	3	4
总计	平均满意度	3.4275	4.2425
	参评人数（人）	386	400

2. 不同学历的住店客人对店内环境、客房基本用品、卫生间、有线电视、上网设备、消防安全设备、提供附近风景名胜区资料存在满意度差异

高学历客人对各项的满意度较低。从表 4－8 中可以看出，大学本科及以上学历的住店客人对店内环境、客房基本用品、卫生间、有线电视、上网设备、消防安全设备以及提供附近的风景名胜区资料这些方面的满意度相对较低，也可以反映出民居客栈的发展现状不足以满足高学历客人对住宿接待设施的诉求。

表 4－8　　不同学历客人的满意度差异

学历	满意状况	店内环境	客房基本用品	卫生间	有线电视	上网设备	消防安全设备	提供附近的风景名胜区资料
初中及以下	平均满意度	5.5294	4.8235	4.8235	5.4118	3.6667	4.8750	5.0909
	参与人数	17	17	17	17	15	16	11

续表

学历	满意状况	店内环境	客房基本用品	卫生间	有线电视	上网设备	消防安全设备	提供附近的风景名胜区资料
中专及高中	平均满意度	5.5385	4.7846	5.3333	5.6290	3.2727	4.6102	4.9273
	参与人数	65	65	60	62	55	59	55
大学专科	平均满意度	5.5283	5.1604	5.2925	5.4135	4.1443	4.8878	4.8617
	参与人数	106	106	106	104	97	98	94
大学本科及以上	平均满意度	5.1092	4.4534	4.6540	4.9657	3.1598	3.8363	4.3519
	参与人数	238	236	237	233	219	226	216
总计	平均满意度	5.2958	4.6958	4.9190	5.1947	3.4430	4.2506	4.5851
	参与人数	426	424	420	416	386	399	376

3. 不同职业的客人对周边环境、交通便利程度、店内环境、卫生间、有线电视、上网设备、消防安全设备、店主好客、服务态度方面存在满意度差异（见表4-9）

表4-9　　不同职业客人的满意度差异

职业编号	满意状况	周边环境	交通便利程度	店内环境	卫生间	有线电视	上网设备	消防安全设备	店主好客	服务态度
1	平均满意度	5.60	5.60	5.67	4.93	4.47	4.08	4.57	5.87	5.86
	参评人数	15	15	15	15	15	13	14	15	14
2	平均满意度	5.65	5.06	5.84	5.3	5.53	3.74	4.48	6.27	6.17
	参评人数	49	49	49	47	47	46	46	49	48
3	平均满意度	5.21	5.05	5.30	5.00	5.02	4.13	4.30	5.86	6.02
	参评人数	43	43	43	42	42	38	40	43	43
4	平均满意度	5.84	5.20	5.46	5.36	5.63	4.55	4.78	5.91	6.13
	参评人数	25	25	24	25	24	22	23	23	23
5	平均满意度	4.67	5.00	3.67	2.33	3.67	3.00	4.00	4.67	5.67
	参评人数	3	3	3	3	3	3	3	3	3
6	平均满意度	5.38	5.25	5.38	5.50	5.13	3.63	5.13	6.25	5.88
	参评人数	8	8	8	8	8	8	8	8	8
7	平均满意度	2.67	1.50	1.00	1.00	1.50	2.00	1.50	1.00	1.00
	参评人数	3	2	2	2	2	2	2	2	1

续表

职业编号	满意状况	周边环境	交通便利程度	店内环境	卫生间	有线电视	上网设备	消防安全设备	店主好客	服务态度
8	平均满意度	5.50	5.50	5.00	5.00	5.00	4.00	5.00	6.00	6.00
	参评人数	2	2	2	2	2	2	2	2	2
9	平均满意度	5.63	5.41	5.15	4.98	5.18	3.46	4.28	5.90	5.85
	参评人数	40	39	40	40	40	39	36	39	39
10	平均满意度	5.49	5.04	5.17	4.72	5.04	2.85	3.87	5.57	5.66
	参评人数	186	187	188	186	184	171	178	185	185
11	平均满意度	5.90	5.39	5.67	5.48	6.14	3.96	5.48	6.37	6.34
	参评人数	29	28	30	29	29	25	27	30	29
12	平均满意度	5.14	5.29	5.00	5.29	5.86	4.33	4.86	6.43	5.86
	参评人数	7	7	7	7	7	6	7	7	7
13	平均满意度	4.42	3.92	4.75	3.83	4.91	3.80	3.27	4.92	5.55
	参评人数	12	12	12	12	11	10	11	12	11

注：表4-9中数字标注职业分别代表：1=政府工作人员；2=企业管理人员；3=公司职员；4=专业技术人员；5=离退休人员；6=工人；7=农民；8=军人；9=教师；10=学生；11=自由职业者；12=服务业或销售业人员；13=其他。

通过SPSS统计分析，我们发现，部分数据由于样本采集量较少，满意度数据相对较低，不符合实际情况。因此在剔除部分由于样本量小于6不具有代表性的数据后，有效结果如下所示：

（1）专业技术人员以及自由职业者对民居客栈的周边环境满意度最高。由表4-9可以看出，在职业分类中，以专业技术人员和自由职业者对周边环境的满意度最高，分别为5.84和5.9；平均满意度最低的为公司职员和服务业或销售业人员，分别为5.21和5.14。

（2）政府工作人员对交通便利程度的满意度最高。由表4-9可以看出，政府工作人员对交通便利程度的满意度较高，为5.6；企业管理人员和学生对交通便利程度满意度相对较低，为5.06和5.04。

（3）企业管理人员对店内环境的满意度最高。由表4-9可以看出，企业管理人员对客栈店内环境的满意度最高，为5.84；其次为自由职业者，满意度为5.67。相反地，教师、学生和服务业销售业人员平均满意度最低，分别为5.15、

5.17 以及 5.00。

（4）工人和自由职业者对民居客栈卫生间的满意度最高。由表 4－9 可以看出，对民居客栈卫生间的满意度评价均低于前几项，并且以政府工作人员、教师和学生对它的满意度最低，分别为 4.93、4.98 和 4.72。

（5）自由职业者对有线电视的满意度最高。由表 4－9 可以看出，自由职业者对有线电视的满意度最高，为 6.14；其次为服务业、销售业人员，平均满意度为 5.86。相反地，公司职员以及学生对有线电视的满意度最低，分别为 5.02 和 5.04。

（6）对上网设备的满意度整体偏低。由表 4－9 可以看出，对民居客栈上网设备的满意度评价整体偏低，并且以企业工作人员、工人、学生以及教师对它的满意度最低，分别为 3.74、3.63、2.85 和 3.46。

（7）自由职业者对消防设施设备的满意度较高。由表 4－9 可以看出，自由职业者对消防设施设备的满意度较高，为 5.48；学生以及其他类住店客人对消防设备的满意度最低，为 3.87 和 3.27。

（8）自由职业者对店主好客的满意度最高。由表 4－9 可以看出，对店主程度的满意度评价均高于其他类别的满意度评价，并以服务业或销售业人员、自由职业者、企业管理人员、工人对其满意度较高，分别为 6.43、6.37、6.27、6.25。

（9）自由职业者对服务态度的满意度最高。与（8）类似，对服务态度的满意度评价高于其他类别的满意度评价，并以自由职业者对其满意度最高，为 6.34。

4. 家庭月收入的多少与交通便利程度、店内环境、客房基本用品、卫生间、上网设备、消防安全设备、服务态度的满意度存在差异（见表 4－10）

表 4－10　　家庭月收入与其他因素之间的满意度差异

家庭月收入（元）	满意状况	交通便利程度	店内环境	客房基本用品	卫生间	上网设备	消防安全设备	服务态度
1 000 以下	平均满意度	4.46	4.38	3.69	3.76	2.00	3.00	5.22
	参评人数	28	29	29	29	25	28	27
1 000 ~ 3 000	平均满意度	5.29	5.16	4.61	4.88	3.06	4.19	5.69
	参评人数	145	147	147	143	135	139	144
3 000 ~ 5 000	平均满意度	5.11	5.49	4.88	5.11	3.70	4.45	6.05
	参评人数	115	115	112	113	98	103	113

续表

家庭月收入（元）	满意状况	交通便利程度	店内环境	客房基本用品	卫生间	上网设备	消防安全设备	服务态度
5 000～10 000	平均满意度	5.35	5.56	4.95	5.17	3.91	4.65	6.06
	参评人数	57	57	58	58	55	55	54
10 000 以上	平均满意度	4.42	5.23	4.81	4.73	3.78	4.00	6.04
	参评人数	26	26	26	26	23	25	26
总计	平均满意度	5.12	5.26	4.69	4.9	3.36	4.29	5.85
	参评人数	371	374	372	369	336	350	364

（1）中高等收入家庭对交通便利程度最满意。从表 4－10 可以看出，月收入 5 000～10 000 元的家庭对交通便利程度的满意度最高，为 5.35；然后为家庭月收入在 1 000～3 000 元的家庭，平均满意度为 5.29；高收入及低收入家庭对交通便利程度的满意度较低，分别为 4.42 和 4.46。

（2）中高等收入家庭对店内环境最满意。从表 4－10 可以看出，中高等收入家庭对店内环境的满意度最高，为 5.56；相反地，家庭月收入 1 000 元以下的群体对店内环境的满意度最低，为 4.38。

（3）中高等收入群体对客房基本用品的满意度最高。从表 4－10 可以看出，中高等收入家庭对客房基本用品的满意度最高，为 4.95；相反的，家庭月收入 1 000 元以下的群体对店内环境的满意度最低，为 3.69。所以从总体上说，住店客人对客房基本用品的整体满意度较低。

（4）中高等收入群体对卫生间的满意度最高。从表 4－10 我们可以看出，中高等收入家庭对卫生间的满意度最高，为 5.17；相反的，家庭月收入 1 000 元以下的群体对店内环境的满意度最低，为 3.16。从平均满意度中，也可以看出住店客人对卫生间的整体满意度较低。

（5）对上网设备的整体满意度偏低。从表 4－10 可以看出，各收入阶层住店客人对上网设备的整体满意度偏低，并以低收入阶层对上网设备最不满意。

（6）中高等收入人群对消防安全设备的满意度较高。从表 4－10 可以看出，中高收入人群对消防安全设备的满意度最高，为 4.65；而以低收入阶层对其的满意度最低。

（7）中等及高等收入阶层对服务态度的满意度最高。从表 4－10 可以看出，

3 000 ~ 5 000 元、5 000 ~ 10 000 元以及 10 000 元以上家庭月收入阶层的住店客人对服务态度的满意度最高，分别为 6. 05、6. 06 以及 6. 04，而低收入阶层对其满意度最低，为 5. 22。

（8）重要性与个人信息的交叉分析。在这次重要性与个人信息的检验中，我们将 18 项服务的重要性与个人信息中的性别、年龄、学历、职业、家庭月收入进行交叉分析。在卡方检验过程中，均没有出现显著性水平大于 0. 05 的，我们可以认为，游客对 18 项服务选项的重要性选择存在共性，并与游客个人信息没有较大的关联度与交叉。

四、小结

1. 游客在入住民居客栈之前一般会对客栈进行较为详细的比较和筛选

从获取信息途径的统计分析中，我们可以看出游客对民居客栈的选择都是主动获取信息并进行比较筛选的，宣传信息的公布将直接影响游客的选择，因此客栈在营销宣传方面，应借鉴游客获取信息的途径，如互联网、自助游手册等进行针对性的宣传促销，引导游客的消费欲望。

2. 游客消费选择注重民居客栈位置及消费环境

如果将游客选择民居客栈的原因以及游客对周边环境的满意度及重要性结合起来，我们可以看出游客在选择客栈时，会重视民居客栈的周边环境以及与其游览景点的远近程度。因此，地理位置相对较差的民居客栈则要通过价格以及服务特色等方式招徕更多的顾客。

3. 民居客栈基本能满足游客的消费要求，但在硬件设施上还需要进一步的改善

从以上对游客满意度的统计中，我们可以看出，游客对服务态度、店主好客度的满意程度远远高于对民居客栈硬件服务设施的评价。通过对民居未提供设施、设施满意度及重要性的整合分析，我们可以看出，在民居客栈设施设备方面急需解决的问题。

从图 4 – 34 中，综合考虑设施满意度、重要性以及未提供设施设备比例，我们可以看出，上网设备、一次性用品提供两项未提供的比例较高。经过满意度以及重要性分析，我们发现一次性用品的满意度较低，同时重要性较高，因此

一次性用品成为民居客栈急需配备的物品。而上网设备的满意度较低、重要性也较低。独立卫生间以及淋浴这两项设施重要性较高，设施满意度及未提供比例均较低，因此可以认为在某些未提供这类设施的古镇地区应尽量配备这类设施。

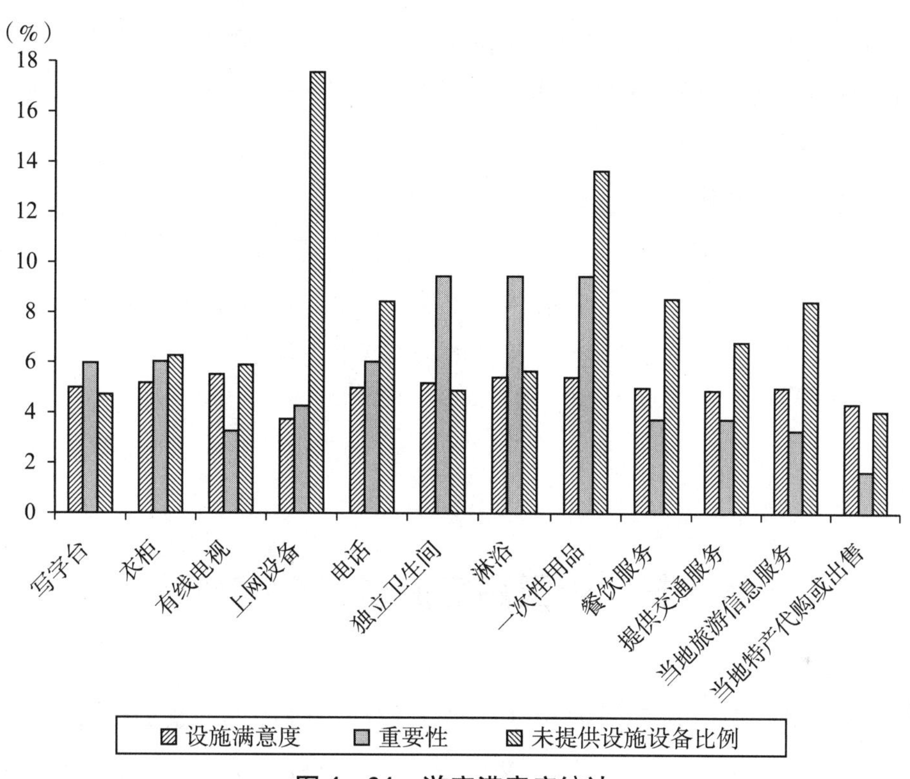

图 4－34　游客满意度统计

4. *游客具有较高忠诚度*

在参与调查的住店客人中，有 80.5% 的人都表示在下次旅游时仍然选择入住民居客栈，只有 4.1% 的人表示不再选择民居客栈，这说明民居客栈基本上能满足旅游者的住宿需求并能以其特色吸引游客的忠诚度。

五、调研局限及其改进

本次调研辐射地区范围较广，基本反映了古村镇内民居客栈住店客人的消费特征，但集中于某一地区的问卷数量较少，无法对某个村镇的民居客栈进行进一步的分析，另外，在这次调研中无法采集到充足的游客对民居客栈设施设备重要性的评定数据。

1. 问卷设计方面

在实地调研中，我们发现前期设计的问卷内容与游客实际关注的问题存在一定偏差，如未提供设施方面，也有游客提到客栈中没有钟表。有部分题目重复造成游客的重复填写，问卷过长造成的信息不准确、格式设计得不合理等都是我们在下次调研中应该避免的。

2. 调研实施方面

在实际调研过程中，我们对住店客人的调研问卷只有在将问卷亲自发放到客人手中才能保证问卷有效回收，问卷发放途径相对比较单一，在今后的调研中，可考虑其他的问卷方式或其他形式的资料采集方法。

第四节　中国民宿旅游区游客分析

对游客的数据分析采用 SPSS 13.0 统计软件，首先通过频数分析得出游客的人口统计特征、出行特征、消费意愿以及对民居客栈的感知；其次将游客的人口统计特征与其消费意愿和对民居客栈的感知进行列联表的卡方检验并对相关变量之间进行交叉分析或对应分析。

一、被调查者特征与出行行为分析

（一）样本的人口统计特征分析

本次调研所涉及的有“性别”“年龄”“学历”“职业”“家庭收入”五个人口统计特征。统计显示，样本中男性游客居多，占 58.67%；在年龄结构方面，年龄在18～35岁的游客居多，将近80%；在学历构成方面，学历在大学本科及以上的游客占了将近一半；在职业分布方面呈现多元化的趋势，但是以学生和公司职员居多，分别占38.23%和14.36%；在收入层次上，家庭月收入在1 000～3 000元的游客占44.8%，如表4－11所示。

表4－11　　　　　　　　　样本的人口统计特征分析

指标		频数	比重（%）	指标		频数	比重（%）
性别	男	545	58.67	年龄	18岁以下	55	5.91
	女	384	41.33		18～25岁	465	49.95
职业	政府工作人员	59	6.37		25～35岁	279	29.97
	企业管理人员	72	7.78		35～45岁	104	11.17
	公司职员	133	14.36		45～55岁	13	1.40
	专业技术人员	64	6.91		55岁以上	15	1.61
	离退休人员	6	0.65	学历	初中及以下	21	2.26
	工人	8	0.86		中专及高中	171	18.43
	农民	3	0.32		大学专科	275	29.63
	军人	8	0.86		大学本科及以上	461	49.68
	教师	95	10.26	家庭月收入	1 000元以下	83	9.58
	学生	354	38.23		1 000～3 000元	388	44.80
	自由职业者	69	7.45		3 000～5 000元	227	26.21
	服务业或销售业人员	31	3.35		5 000～10 000元	110	12.70
	其他	24	2.59		10 000元以上	58	6.70

（二）游客出行特征分析

1. 出行一般选择的住宿设施

2007年大众旅游日益深入，由于经济条件的限制，大部分游客还是会选择档次较低的“招待所或旅馆”（23.38%）、“民居客栈”（22.2%）、“一、二星级酒店”（8.73%），总共约占54%。选择四星级及以上酒店的比例仅为3.34%。新型饭店业态“经济型饭店”获得了越来越多的认同，有两成左右的游客出行时会选择经济型饭店。传统的三星级酒店处于高档和低档之间，由于其性价比较高，仍有两成左右的游客会选择三星级饭店，如图4－35所示。

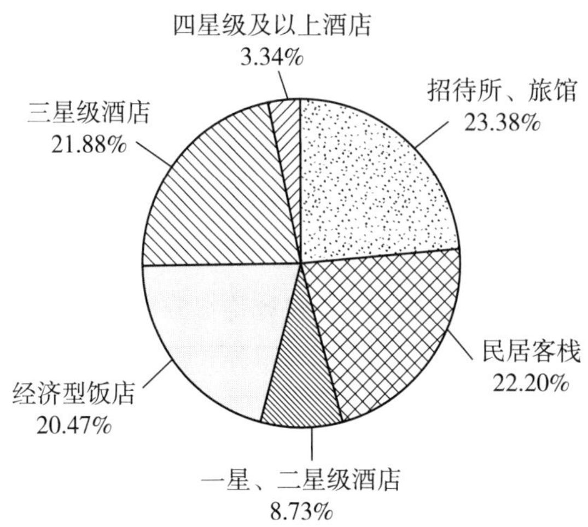

图4－35　出行一般选择的住宿设施分布

2. 出游目的

观光游览依然是大众旅游的主要形式，度假休闲也占有较高的比例。观光游览的游客一般消费水平较低，对民居客栈而言是至关重要的客源，如图4－36所示。

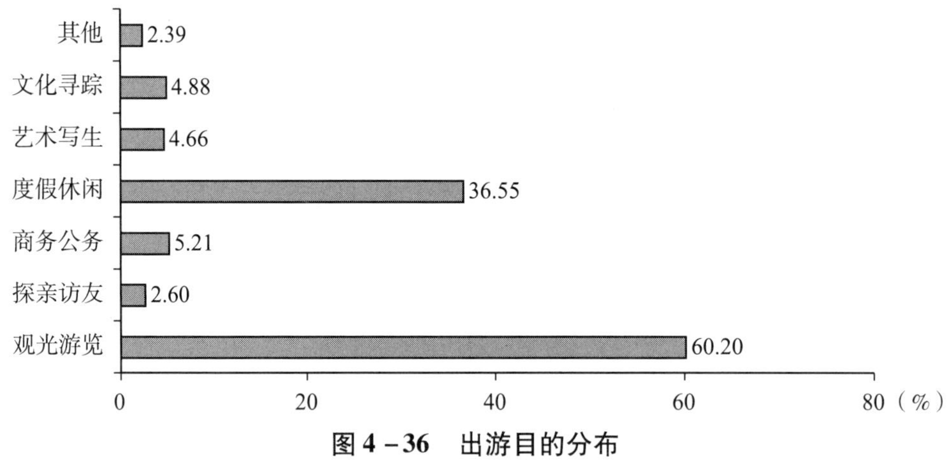

图4－36　出游目的的分布

3. 旅行方式

由图4－37可知，和同学或朋友结伴而行比例最高，然后是与亲戚或家人同行。通过旅行社或单位组织出行的比例约为1/5，可见在长线旅游中，旅行社还是占有一定的市场。民居客栈在争取自由出行游客的基础上如能再获得旅行社

的客源，则对其发展更为有益，如图 4－37 所示。

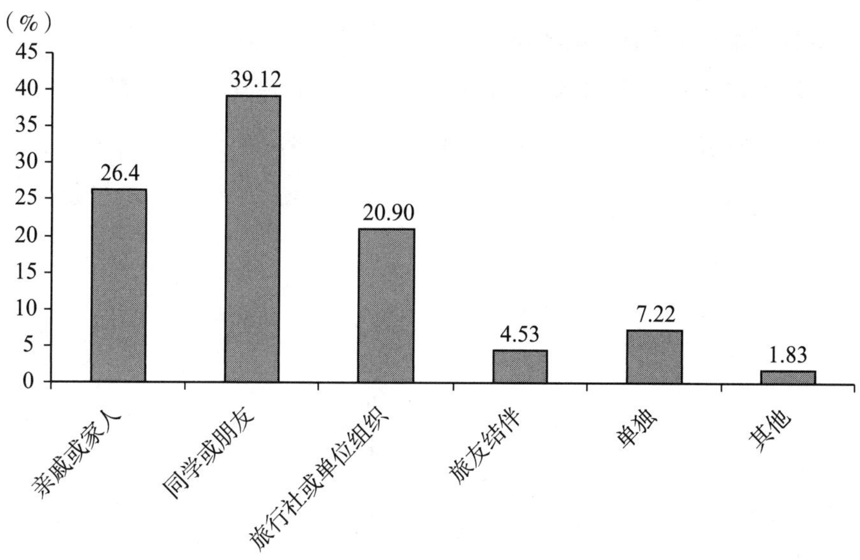

图 4－37　旅游方式分布

4. 停留天数

旅游者在旅游地停留的时间并不长，1～2 天的超过 1/3，3～4 天的超过 1/4，由此可见，旅游者的旅游行为仍然是走马观花阶段。这也印证了前面关于出游目的的结论，如图 4－38 所示。

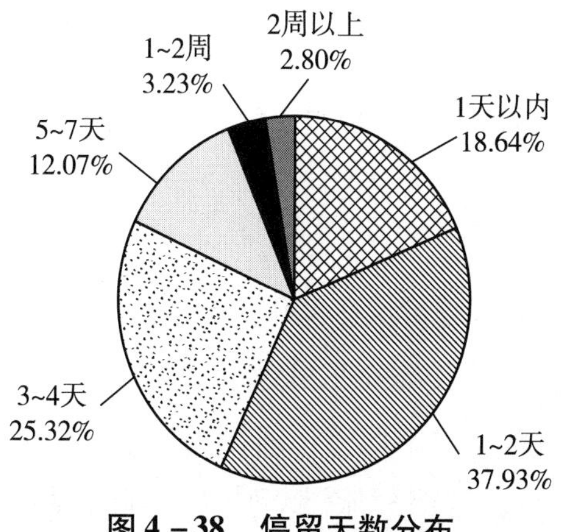

图 4－38　停留天数分布

（三）游客的意愿分析

1. 心目中理想的住宿设施特点

安全卫生和价格合理是旅游者出行时选择住宿设施的两个最主要的因素，此外，环境在旅游者心目中也十分重要。而在交通、服务、文化和当地特色方面的要求则不高。这显示出普通的旅游者对住宿设施并没有过高的要求，如图4－39所示。

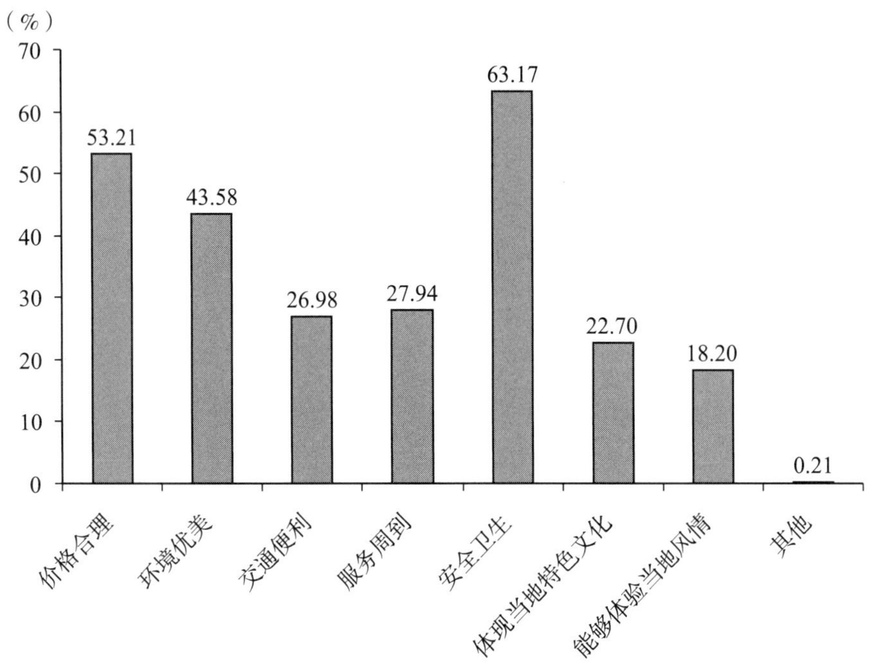

图4－39　理想住宿设施特点分布

2. 能接受的合理价位

普通旅游者能接受的合理价位在100元/天以下的比例超过60%，绝大部分民居客栈、招待所或旅馆以及部分三星级饭店的房价都在此范围内。这从另外一个方面反映了普通旅游者对中低档住宿设施的消费需求。160元/天以上的高端消费者仅占一成左右，这部分旅游者中有人明确表示不能接受民居客栈。100～159元/天区间的旅游者是民居客栈可以争取的客源，有部分高档的民居客栈实际上可以满足他们的需求。根据对店主的调查，大多数民居客栈的房价为

50～99 元/天，和旅游者能接受的价位基本重合，这从消费的角度验证了民居客栈有较好的发展基础，如图 4－40 所示。

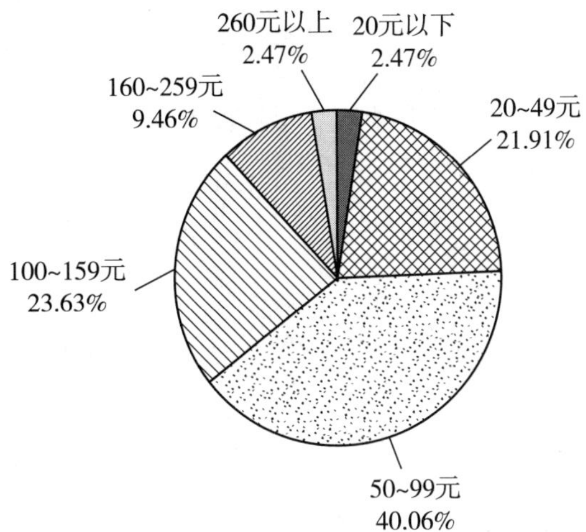

图 4－40　游客能接受的合理价格分布

3. 现代化饭店的影响

如图 4－41 所示，旅游者在现代化饭店对旅游地的影响的态度上较为明确，有超过 70% 的旅游者认为修建现代化的饭店有负面影响，有超过四成的旅游认为有很大的负面影响。

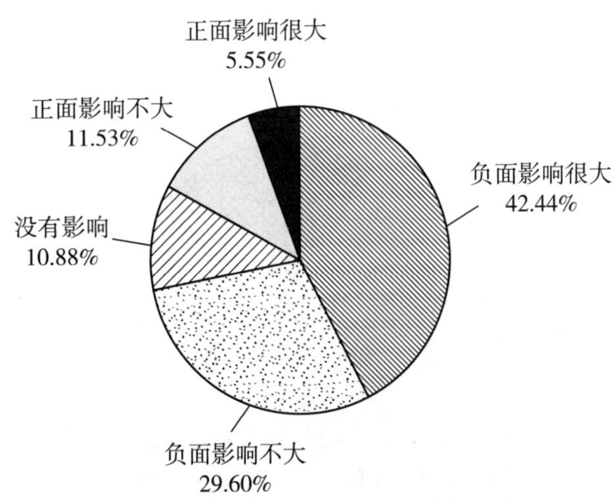

图 4－41　现代化饭店的影响分布

4. 景区内应发展哪种住宿设施

超过一半的游客认为应该发展民居客栈，对新型的经济型饭店也有较高的发展期望。这也从另外一个侧面反映出民居客栈有很好的群众基础，如图4－42所示。

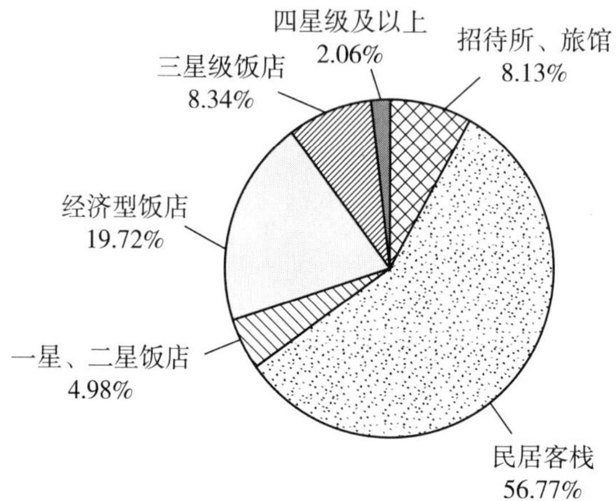

图4－42　景区内应该发展的住宿设施分布

（四）游客对民居客栈的感知分析

1. 对民居客栈的了解程度

旅游者对民居客栈并不陌生，表示在住和曾经住过的所占比例超过一半；完全不了解的不足一成。由此看来，发展民居客栈有很好的现实和潜在的群众基础。对于"仅有所闻"和"未住过但比较了解"的游客可以通过宣传使其接受并消费民居客栈，如图4－43所示。

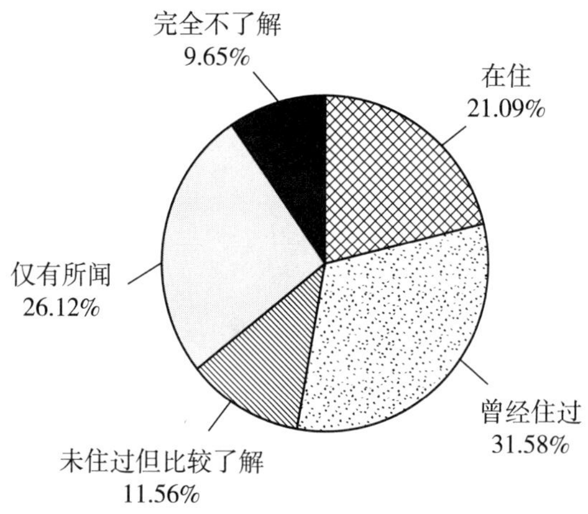

图4－43　游客对客栈的了解程度分布

2. 民居客栈的满足程度

明确表示能满足和不能满足的都约为一成，表示能基本满足的约占3/4。数据表明：一方面，消费民居客栈所带来的满足感一般，在消费过程中可能有不十分满意的部分；另一方面，对民居客栈不甚了解的旅游者的直观感认为民居客栈的档次较低，不确定能否满足他们的需求，如图4－44所示。

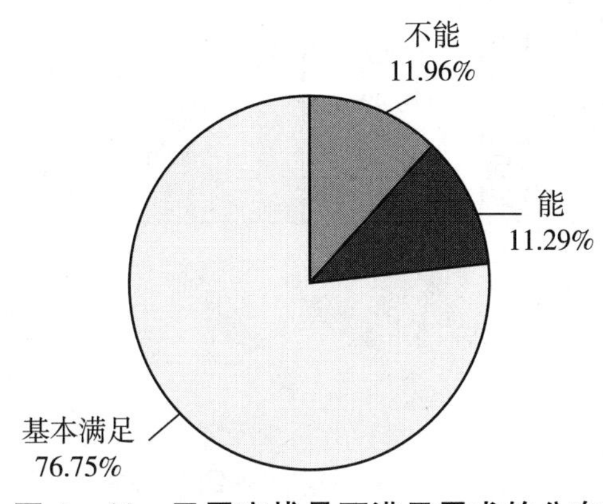

图4－44 民居客栈是否满足需求的分布

3. 民居客栈在心目中的印象

游客认为民居客栈最重要的是要能体验当地的特色生活，这和民居客栈根植于“民”有直接的关系。物美价廉是消费者普遍的追求，对民居客栈也不例外。游客对热情的服务和自由的行动也有较高的期望。另外，设施设备和安全性是旅游者关注的主要方面，如图4－45所示。

（五）游客对旅游地环境的感知分析

游客对丽江市、大理市、阳朔县和凤凰古城的印象主要是风景优美、民族特色强和商业氛围很浓；对宏村古镇的印象主要是风景优美、民族特色强和文化氛围浓；对西塘古镇的印象主要是风景优美、民族特色强和居民热情好客；对周庄古镇的印象主要是商业氛围浓、风景优美和拥挤；对同里古镇的印象主要是风景优美、文化氛围浓和居民热情好客；对北戴河区的印象主要是风景优美、商业氛围浓和居民热情好客；对平遥古城的印象主要是商业氛围浓、民族特色很强和文化氛围浓。

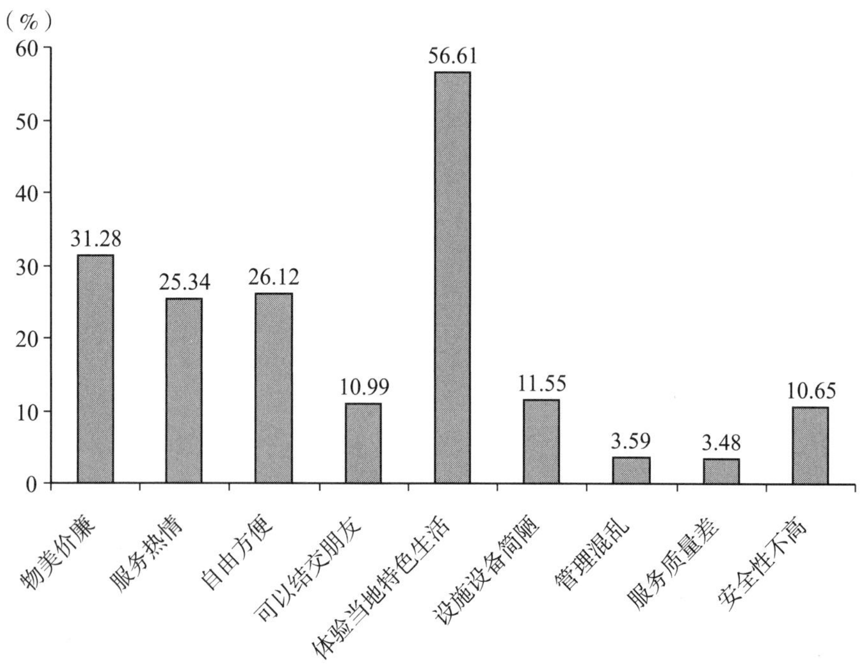

图 4-45　民居客栈印象分布

经过横向比较可以发现，“风景优美”选择率最高的是北戴河区；“民族特色很强”选择率最高的是大理市；“商业氛围很浓”选择率最高的是平遥古城；“居民热情好客”选择率最高的是西塘古镇；“文化氛围很浓”选择率最高的是同里古镇；“没有突出特点”选择率最高的是平遥古城；“拥挤”选择率最高的是周庄古镇，如表 4-12 所示。

表 4-12　对旅游地的印象感知频数分布

对该旅游地的印象	北戴河区	平遥古城	阳朔县	丽江市	宏村古镇	大理市	凤凰古镇	西塘古镇	周庄古镇	同里古镇
风景优美	83.7	13.8	71.1	45.9	67.5	53.2	54.7	58.3	37.4	58.1
民族特色很强	7	41.3	35.5	65.6	45	69.1	45.3	31.5	23.1	22.6
商业氛围很浓	11.6	52.5	35.5	43.2	15	40.4	37.7	22.2	40.1	12.9
居民热情好客	11.6	5	15.8	11.5	5	23.4	15.1	30.6	7.5	29
文化氛围很浓	7	35	17.1	26.8	37.5	13.8	20.8	29.6	22.4	38.7
没有突出特点	9.3	11.3	5.3	3.3	7.5	2.1	7.5	4.6	5.4	6.5
拥挤	2.3	26.3	7.9	18	2.5	4.3	9.4	0.9	32	0

续表

对该旅游地的印象	北戴河区	平遥古城	阳朔县	丽江市	宏村古镇	大理市	凤凰古镇	西塘古镇	周庄古镇	同里古镇
其他	0	0	0	1.1	2.5	1.1	0	2.8	4.1	3.2
总计	100	100	100	100	100	100	100	100	100	100

二、游客特征与其感知的相关分析

经过交叉列联表的卡方检验得出，对于是否接触过民居客栈的选择与游客的个人统计特征没有表现出明显的相关性；对于民居客栈是否能够满足需求的选择与游客的性别和职业相关，与游客的年龄、学历以及家庭月收入没有明显的相关性；在景区内应发展的住宿设施与游客的学历相关。

1. 游客的性别分析

民居客栈是否能够满足需求与游客的性别之间的卡方值为 12.7，概率为 0.002，在显著性水平为 0.05 的条件下，可认为两者显著相关，通过交叉表可以看出，男性游客对民居客栈的满足程度低于女性游客，如表 4－13 所示。

表 4－13　　民居客栈是否满足需求与游客的性别交叉分析

民居客栈是否能满足要求		男	女	合计
能	频数	54	45	99
	比重（%）	10.40	12.30	11.20
不能	频数	79	27	106
	比重（%）	15.30	7.40	12.00
合计	频数	133	72	205
	比重（%）	64.88	35.12	100.00

2. 游客的职业分析

民居客栈是否能够满足需求与游客的职业之间的卡方值为 38.4，概率为 0.016，在显著性水平为 0.05 的条件下，可认为两者相关，通过图 4－46 可以看出，企事业管理人员认为民居客栈不能满足需求，如图 4－46 所示。

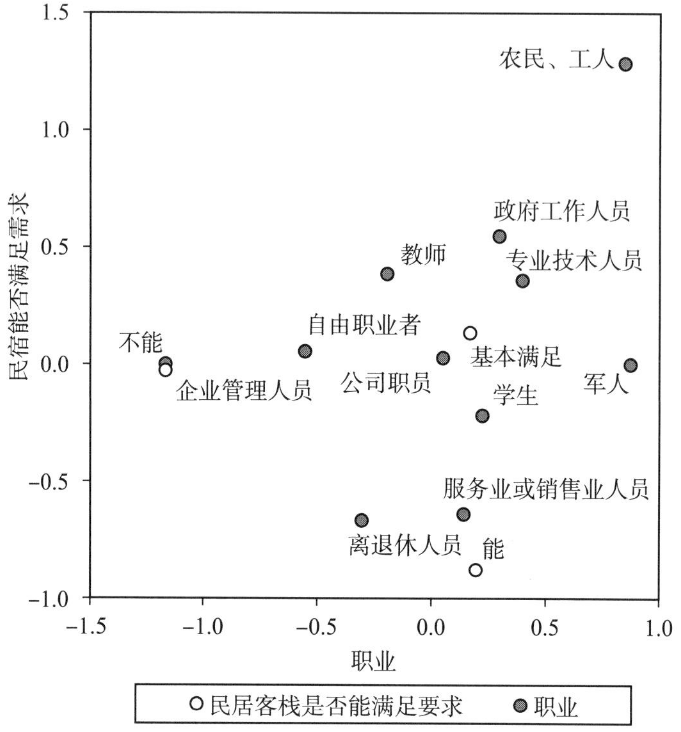

图 4－46　民宿是否满足需求与职业对应分布

三、调研结论与建议

（一）结论

游客主要是与同学朋友或亲戚家人一起出游，多是为了观光游览和度假休闲，停留时间一般较短，选择民居客栈的游客占到了两成以上。

安全卫生、价格合理与环境优美是游客选择住宿设施的主要因素，其能够接受的价格有六成在 100 元/天以下，和民居客栈的现实价位相当。将近六成游客认为在景区内应发展民居客栈，且有七成以上的游客认为在景区内修建现代化酒店有负面影响。

游客对民居客栈的概念并不陌生，表示在住和曾经住过的所占比例超过一半，完全不了解的不足一成。游客对理想住宿设施的期望和民居客栈给游客的印象基本一致，民居客栈“基本满足”要求，但安全性将是民居客栈亟待解决的问题。

（二）发展建议

1. 通过宣传向游客传递民居客栈的真实面貌

一方面，民居客栈应通过一定的渠道向游客传递物美价廉、体验当地特色等特点，吸引众多观光游客和休闲度假花费较低的游客选择民居客栈；另一方面，一些高档的民居客栈应通过宣传让高消费的游客了解到也有能够满足他们需求的民居客栈。

2. 积极拓展各种营销渠道

虽然在出游方式上散客旅游人数大量增加，但仍有相当一部分游客是通过旅行社组织而来。规模稍大的民居客栈应积极开展与旅行社的合作，而不单仅依靠游客的口碑相传和网络传播。

3. 提高安全卫生水平，与景区和谐发展

安全卫生是游客非常关心而且也是满意度较低的一个环节，民居客栈要在这个方面消除游客的后顾之忧。同时，民居客栈是依托景区发展而发展的，具有较好的群众基础，这是因为游客不希望景区的环境受到破坏，所以民居客栈在发展过程中一定要注意与景区的和谐发展。若破坏了景区的整体环境，民居客栈也就失去了发展空间。

第五节　中国民宿典型案例分析

本节分享了民宿发展初期部分典型案例，并结合前文的调研结果，对典型地区民居客栈当时的发展环境以及发展的局限性等内容进行分析，以便更好地理解民宿发展演变的规律。

各地的民居各不相同，小木屋、吊脚楼、四合院、窑洞……与千篇一律的宾馆酒店相比，住民居的感觉完全不一样。

喜欢住进民居，是因为这样才可以把旅途的仓促转化为闲适，舒舒服服地洗去一身尘埃，心也跟着一点点慢下来，搬把小凳静静地坐在庭院里，夕阳的余晖淡淡地洒在身上，那一刻，自己便与当地的空气水乳交融了……

喜欢住进民居，是为了住进童年中的家园，当都市的住宅都只是相似的建筑时，而各地民居则是完全不同的风格，让人仿佛回到童年中的家里，一种久违的亲切在心底荡漾……

喜欢住在民居，还因为民居里的人，我们无法在酒店的大堂里结识一位异地的游客，却总能在民居的小院里结交异乡的朋友……

喜欢住进民居，其实最重要的，是因为，我们总是向往在每一次旅游的途中，都可以住进如同家一般的地方。

走到哪里，都像住在家里，这是我们住进民居客栈的理由。

一、丽江市

案例1　丽江，小桥流水人家

据悉，丽江市将在丽江古城非核心区修复100个纳西族民居庭院，赠送给100位世界名人，形成一座“世界名人文化村”。这里说的丽江古城是指众所周知的大研古镇。古城始建于元代，现存的建筑多属明代，是我国现今保存最完整、规模最大的古代民居群落。它不设围墙，兼有水乡之容、山城之貌，素有“高原水乡”之称。合理的城市规划，巧妙的城市布局，传统的纳西特色，优美的湖光山色，加之温和宜人的气候，造就了丽江极富灵性的地方特色。

丽江古城列入世界文化遗产后，声名鹊起，中外游客纷至沓来。一年四季，古城内总是熙熙攘攘，热闹非凡。小桥流水处、纳西人的院落里、客栈里，到处都是游人。旅游旺季到丽江往往需要预订食宿。每遇五一、十一、春节旅游黄金周，更是人满为患，丽江每年的游客接待量已达300万人次之多，预计今后若干年还将有递增的趋势。

丽江古城人满为患，不免令人担忧。同济大学著名古城保护专家阮仪三教授曾指出，丽江古城的商业氛围过浓，古城氛围和环境有被淹没的危险，如果不从城市总体发展战略的角度对大研古镇采取减负措施，如果不适当分流古城接待量，适当改善古城经营管理模式，丽江古城旅游也有走向衰败的可能。丽江市政府已经感觉到空前的压力，他们意识到，丽江必须扩容。

于是在2003年4月，一个投资70亿元，名为祥和丽城的项目开工。祥和丽城5 000亩地中，除了一部分用来安置从古城中搬迁的企业与原住居民外，1 200亩开发用地将用来招商引资，招商对象一是旅游企业，二是对丽江的环境情有独钟的“小资”人群。丽江市政府此举旨在扩大丽江的城市规模。按照规划，未来5年，丽江的人口数量将从目前的14万人增加至30万人，要大量吸引外来人口，这些外来人口包括停留时间不断延长的游客、大批的休闲度假者以及到丽江搞产业化开发的人员。

把游客分流是另一种选择。例如，距离古城不远，同样是世界文化遗产的束河古镇已在开发当中。束河古镇曾经是古代丽江的经济中心，是茶马古道上的重要集镇，至今保持古老的纳西族村落建筑和文化风俗。这里有古道、清泉，有街市，有田园，居民们亦农亦商，比大研古镇更原始，更自然。

来自昆明市的一家旅游投资公司将投入5亿元巨资，在完整珍存古镇纳西民宅的基础上，建设一个名为茶马驿栈，具有国际水准的旅游休闲地。按照规划和开发商的设想，几年之后，今后到大研古镇的游客绝大部分都会来到束河古镇。专家预计，茶马驿栈开业一年内将吸引200万游客，两年内吸引300万游客。

（资料来源：刘汉华．云南，“中国客栈”［J］．西部大开发，2004（1）．）

（一）丽江市概况

丽江古城由大研古镇、束河古镇、白沙古镇组成，其主体部分为大研古镇。古镇始建于宋末元初，距今有800多年的历史，面积3.8平方公里，居民6 200多户，人口2.5万人。古城是南方丝绸之路和茶马古道上的重镇，是云南、四川、西藏三省区交汇地区重要的商贸中心和物资集散地。

1997年12月4日，在意大利那不勒斯召开的联合国教科文组织世界遗产大会第22次会议上，丽江古城被列入世界文化遗产名录。

2001年，在丽江市召开的联合国教科文组织亚太地区文化遗产管理第五届年会上，联合国专家高度评价了“世界遗产带动旅游发展的‘丽江模式’”，并将其作为亚太地区世界遗产管理的指导思想。

2007年10月8日，联合国教科文组织官员理查德·恩哥哈特在丽江宣布，世界文化遗产丽江古城遗产保护民居修复项目荣获“联合国教科文组织亚太地区 2007 年遗产保护优秀奖”。

（二）丽江市民居客栈发展情况

1. 民居特点

丽江古城民居在布局、结构和造型方面按自身的具体条件和传统生活习惯，有机结合了中原古建筑以及白族、藏族民居的优秀传统，并在房屋抗震、遮阳、防雨、通风、装饰等方面进行了大胆创新发展，形成了独特的风格，其鲜明之处就在于无一统的构成机体，明显显示出依山傍水、穷中出智、拙中藏巧、自然质朴的创造性，在相当长的时间和特定的区域里对纳西民族的发展也产生了巨大的影响。

2. 民居客栈经营情况

1995 年，云南省丽江市出现了第一家民居客栈，1998 年发展到 11 家，1999 年发展到 27 家，客房 364 间，床位 1 048 个（伟涛，1999），到 2001 年，丽江市客栈有 66 家，客房 643 间，床位 1 565 个（宗小莲，2002）。根据我们了解，目前古城内总共约有 350 家客栈，其中 320 家为已注册的客栈（丽江市旅游局，2007）。

作为丽江市旅游中的重要组成部分，丽江市民居客栈在实际的接待中起到了非常大的作用。这与丽江市的旅游知名度高、旅游资源丰富、旅游设施配套齐全等关系密切。在实际的发展中，传统民居得以保护修缮，店主宣传意识强，实际收入较理想。但由于多数经营者为外来有经营管理宣传经验的人员，导致本地经营户意见较大，形成一定的不良影响。并且民居接待服务过程中还存在着无序竞争、各自为政、缺乏管理、服务价格混乱的现象，虽有规定指导价格，但实际操作中，有形同虚设之嫌。

丽江市的民居客栈的知名度较高，其住店客人其中有部分群体为常客，其不以周边旅游资源为主要旅游目的，而以度假休闲体验客栈环境、社交交友为主。这一部分的受众需求也与当地接待服务水平相辅相成，促进了业主对接待设施与软件服务的提升。

3. 政府相关部门管理情况

1983 年，在《丽江纳西族自治县城市总体规划》中明确了保护古城的方略；

1988 年 5 月，颁布实施了《丽江纳西族自治县古城保护管理暂行办法》；

1984 年 6 月和 1995 年 12 月，云南省人大、省政府先后批准通过了《云南省丽江历史文化名城保护管理条例》《丽江纳西族自治县古城消防安全管理暂行办法》；

1998 年设立古城管理所；

1999 年建立古城消防报警指挥系统；

2001 年 5 月，组建古城消防中队；

2002 年成立丽江地区古城保护管理委员会及其办公室；

2005 年，成立了世界文化遗产丽江古城保护管理局；

2005 年，草拟上报了《世界文化遗产丽江古城保护管理条例（草案）》。

在具体的管理措施上，规范商业行为，淡化现代商业气息，突出民族文化特色。对古城内的商业行为实行准入制度，把《准营证》作为进入古城进行商业经营的前置审批条件。把现代特征较浓和没有民族特色的经营项目迁出古城，并规范店内的装潢、招牌、柜台，控制店铺的规模和数量，并严格限制经营范围（如单独一家注册商户不得经营两种以上项目）。积极鼓励经营具有地方民族特色的商品，并定期对外来经商人员进行培训，让他们了解当地民族文化。

（三）存在的问题及建议

1. 改善交通

因为传统布局的特殊性，古城的交通不太方便。除了古城外围一些车辆能到达的客栈，古城内，特别是到达路线比较复杂的一些客栈，交通变成了游客普遍不满意的因素。丽江市应创新性地对交通布局作出规划，以提高游客满意度。

2. 突出客栈特色

游客一般被古城的环境和其特色氛围所吸引，但有不少客栈的房间布置都存在相似之处，要想提高游客的满意度，还应加强客栈的独特之处，在文化、装修设计上突出自身的不同。

3. 提高服务质量

虽然游客对客栈整体比较满意，但还是有大量游客认为客栈的服务质量与酒店相比较低，在规模、服务质量、提高规范化管理上仍存在明显的弱势，服务特色和服务质量是客栈的核心竞争力，客栈应将两者结合发展，吸引游客。

二、阳朔县

案例2　阳朔旅馆，东洋西洋

在阳朔县美丽的山水间有三间旅馆，这三间旅馆有一个共同的特点，就是都沾点洋味，不管是东洋还是西洋……

第一间叫荷兰饭店，听起来就是十足的洋味。老板是个荷兰男人，但旅馆是租用了遇龙河边农民废弃的土砖院子改装而成；第二间叫奥德克培训中心，名字也沾了很多的洋味，据说旅馆是个阳朔人和美国人合开的，旅馆的位置非常的好，在阳朔遇龙河的下游，旅馆前面就是遇龙河，风景极佳；第三间叫老寨山旅馆，建在兴坪佳境的老寨山下，听名字是没什么洋味，但老板却是一个地道的日本人。

三间旅馆都建在阳朔乡间，都伴有美丽的山水风光，都是旅游者休息避世的好去处。

荷兰饭店，中国田园生活

这个饭店的名字很大，叫起来像个星级酒店似的。

当我们骑着单车，沿着遇龙河边的小路，钻村过巷找到它时，却发现它是个平常的农家小院改的。土砖砌的土墙，小院周围满是浓密的植物。要不是院前的两根木柱上挂着中荷两国国旗，很难相信这就是荷兰饭店。

走进院里，老板荷兰人阿卡正躺在躺椅上和一个洋妞低声交谈，小院都铺上了青石板，放着躺椅吊床，非常清静。那个50岁左右的中国农民管家介绍说，他的老板阿卡是个中国通，曾在龙脊待了近一年，喜欢中国田园生活，后来来到阳朔，在这个遇龙河边的小村子开了这家旅馆，喜欢这里的清静、自然，旅馆也为他的朋友来阳朔提供一个落脚处。

小院的两排正房，外观几乎都没做任何改动，只是把里面进行了装修，铺上木地板；有的墙壁被涂成中黄色、房间里都装上有抽水马桶的卫生间，土砖的墙壁上挂上了阿卡从国外带回的油画，房间布置得很有创意，真正的土洋结合。

奥鲁克培训中心，单车旅行者天堂

这个旅馆的位置可谓是绝佳，从大榕树附近的工农桥顺着遇龙河右岸的小道，很快就到了。特别是对单车旅行者来说，这里是骑行遇龙河路线的必经处，这地方是遇龙河的下游，还被称为阳溯胜地，风景绝佳。

旅馆较大，是两层的仿传统建筑的楼房，装修非常传统，一楼是餐厅，二楼是客房。床都是用圆木做成的。旅馆的院子很大，种着草，摆着厚木板做成的桌椅，经常有各色皮肤的单车旅行者在院内休息，欣赏遇龙河风光。

朦胧细雨中，在院子里的红伞下边进餐边欣赏风光，是绝佳的享受。

老寨山旅馆，处处都透着日本民族的"小气"

老板是个日本老人，前几年由于自筹资金在兴坪的老寨山修了中日友好亭、厕所等义举，颇受媒体关注，后来就在山脚下正对着镰刀弯的地方修建了一座两层小楼，和他的中国妻子开了这个老寨山旅馆，他也成了兴坪的居民。

旅馆前临兴坪镰刀湾，背靠老寨山，位置绝佳。小楼的里里外外挂满了各式各样的装饰。有从日本带回的那种很大很大的布画。有写着五颜六色字的木板、石板，还有店老板和各路名人的合影。

老板闲来无事在房前的小空地上用木板做了喝茶聊天的地方，有些地儿小的只能放一个杯子，坐一个人，但也颇具匠心。

（资料来源：节选自阳朔旅馆，东洋西洋［J］. 旅游，2004（12）.）

（一）阳朔县概况

1. 地理

阳朔县位于广西壮族自治区东北部，桂林市区南面，属桂林市管辖。建县始于隋开皇十年（公元590年），距今已1 400余年。全县总面积1 428平方公里，人口30万人，辖6镇3乡，有汉族、壮族、瑶族、回族等17个民族。阳朔县地处北回归线以北，属于亚热带季风区，热量丰富，日照充足，雨量充沛。县境内年平均气温为19.5度，日照1 430小时，年平均降雨量1 560毫米，无霜期310天，冬无严寒，夏无酷暑。

2. 交通

阳朔县城距桂林市仅64公里，有二级公路相连，南至柳州、南宁、北海3

市，东南可达梧州和广州市，阳朔至广州的二级公路全线贯通，桂林至梧州有高速公路相连。县境内交通也十分便利，全部乡（镇）均修通柏油路，与县城相连。全县通车里程达415公里，已建成四通八达的公路网。水路运输上至桂林市、下达平乐县、梧州市、广州市，可常年通航，县内有码头5座；铁路运输可依托桂林市通往全国各地，桂林市铁路北接京广复线，南连黔桂、桂柳动脉，可直达国内主要城市。民航可依托桂林两江机场与国内、国际大中城市相通。

3. 经济

阳朔县三个产业结构比例45∶18∶37，三个产业对经济增长的贡献率分别达30.1%、30.9%和39%。一、二、三产业拉动经济增长分别为2.8、2.9和3.7个百分点（桂林市统计局，2007）。

4. 旅游

阳朔县是世界上典型的喀斯特地貌区域，大的景点约有250处，分布情况可概括为一环、二带、五景区：一环，即沿桂林—雁山—阳朔公路（西线）和桂林—草坪—兴坪—阳朔公路（东线）所构成的环形风景区；二带，即漓江风景带和遇龙河风景带；五景区，即县城风景区、月亮山风景区、兴坪风景区、福利风景区、杨堤—葡萄风景区。各景区景观相对集中，分布地域组合条件较好，具有美丽的自然山水、奇妙的洞穴景观、丰富的人文古迹、秀丽的田园风光、良好的生态环境、独特的小城风情等旅游资源优势，尤以山青、水秀、洞奇、石巧“四绝”而博得“风景甲天下”之美誉，境内著名的景点有浪石风光、九马画山、兴坪佳胜、碧莲叠翠、书童独秀、东岭朝霞、西山晚照、白沙渔火、穿岩古榕、月挂高峰、东郎山等。

在旅游交通方面，县内主要风景点都通了公路，有龙头山内事和阳朔外事两个旅游码头；新建和改建了十几条街道，县城面积由原来的1.9平方公里扩展为5平方公里。对县城西街进行了全面的整治，对老城区进行改建，整治后的房屋建筑更富有民族风格。

得天独厚的山水资源为旅游业的发展提供了良好的契机。按照“旅游立县”方针，对外加大宣传促销力度，对内加强整顿和管理，提高服务质量，多渠道筹集资金加大景区开发和旅游基础设施投资力度，发展多元化旅游产品，旅游业已发展成为全县的主导产业。2003年共接待旅客281万人次，其中境外游客23.2万人次，旅游商品性劳务性收入2.44亿元。阳朔县有全国较大的旅游工艺品市场和书画市场，其中地方特产的工艺品如画扇、民族服装、工艺汗衫、绣球、大理石工艺品、滑石工艺品、竹制工艺品等畅销海内外。

（二）阳朔民居客栈发展现状

1. 阳朔民居客栈现状

家庭旅馆业的发展首先由政府提出，其次由旅游局专门负责管理。阳朔县的民居旅游，自 1996 年就有经营，当时主要还是在阳朔县城的西街，后来才逐步向农村发展，主要分布在县城和月亮山风景区。于 2001 年 4 月 29 日在阳朔县月亮山脚下的历村组建了阳朔县第一家民居旅游企业——阳朔月亮山民居旅游有限公司。公司所属民居旅馆有 11 家，总床位 110 个，开业仅半年就接待游客 3 000 人次，户均收入 1 万多元。

阳朔县的民居客栈是随着“黄金周”制度的实施而逐渐发展起来的。“黄金周”制度的产生催生了大量的国内游客，从而对住宿产生了大量需求，阳朔县的民居客栈就是在这种情况下得到了发展。到 2002 年，该县的民居客栈进入其第一个发展高峰，因为受到“非典”的影响，2003 年成为其发展的低谷期，经过 2004 年 1 年的恢复，2005 ~ 2007 年又进入第二个发展高峰。

旅游局根据旅馆所处的地理位置的不同，将其分为民居客栈和“农家乐”两部分，前者是位于县城的家庭旅馆，后者是地处乡村的家庭旅馆。具体的旅馆数据如表 4 – 14 所示（2006 年数据）。

表 4 – 14　　阳朔县旅馆业基本情况统计

类型	数量（家）	客房数（间）	床位（张）	从业人数（人）
民居客栈	138	1 699	3 439	821
农家乐	70	730	1 586	186
星级酒店	5	—	—	—
非星级酒店	49	—	—	—

在建筑的外观方面，突出桂北民居特色，其特点是小青瓦、白粉墙、木格门窗，斜面房顶。房屋不一定是古时留下的，但是现在建造房子仍按照古时的方式修建。

2. 政府管理

旅游局对客栈的管理主要涉及以下几个方面：首先，旅游局对民居客栈颁发专用的标识，但客栈必须符合旅游局的相关规定才能得到该标识；其次，旅游局和当地的物价局对客栈的价格有联合调控，规定客房必须明码标价，不能随意涨价；最后，客栈的审批虽然不归旅游局管理，但是在旅游局有备案，旅游局对客栈的申报一般采取鼓励的态度，没有相关的限制条件。2006 年 9 月旅游局还颁布了《阳朔县家庭旅馆（店）管理暂行办法》用以规范民居旅游（民居旅馆）的进入和管理。通过访谈，我们了解到，除上述管理办法外，阳朔县旅游局目前还没有制定针对民居客栈的专门的成系统的管理措施，但在未来有对客栈采取星级评定的设想，并希望能以省级为单位对客栈实施标准化的管理。

3. 行业组织方面

在阳朔县，有自发成立的阳朔酒店协会协调和辅助管理酒店和旅馆事宜。截至 2007 年共有 70 多家入会，会费按酒店客房数记，为 10 元/间。行业协会主要是协助酒店和旅馆办理事务，如证照的办理，并不干预酒店或旅馆的管理，但是会协调解决酒店或旅馆之间的一些矛盾。

在市场准入方面和其他地区一样，需要经过工商局、卫生局、消防局、公安局一系列手续，到最后才能取得工商执照，这些手续可以由协会协助办理。

4. 问题与展望

目前阳朔县民居客栈存在的问题：虽然阳朔县对客栈的总体管理比较到位，但单个客栈的管理相对比较松散。主要表现在以下几个方面：规模较小、客栈的内部装饰缺乏地方特色、硬件设施达不到要求，服务人员的素质和服务技能基本上达不到要求；另外，根据客人的投诉内容发现，用水和财物安全保障也存在问题。

整体来说，阳朔县民居客栈发展良好，在淡季其客房入住率有 30% ~40%，在旺季一般达到 60% ~70%。由于客栈基本上是由本地人投资经营，这就为本地居民带来了直接的经济效益，也有外地人和外国人经营，但数量不多。而且随着如“印象刘三姐”等大型夜间娱乐演出的出现，民居客栈也得到了进一步的发展。

三、凤凰古城

案例3　吊脚楼上挥霍光阴

临水的地方，总是特别有灵气。所以，靠水的古镇，也总能撩动人们的心情。

走进水乡或江边古城，一定要住那临水的客栈。倒映着波光粼粼的水面，入住的心情，也总是特别平静。

聆听美妙的山歌

凤凰古城的住宿价格，临江的与不临江的相去甚远，而其中的妙处，也许只有住在其中的人才能明了。

打开临江吊脚楼的窗户，眼前是碧绿的沱江，景观自是简单而柔美。白天的凤凰古城是热闹的，沱江也是热闹的，往来不绝的游船穿行在江上，船上游人的对歌声、嬉笑声不绝于耳，古城变成一个旅游区，热闹和喧嚣的感觉，是难免的。

只有夜幕低垂，才是沱江最美的时候。没有月色也没有星空的夜晚，所有的灯光已熄灭，所有的人都睡去——不，江的对面，似乎传来一阵歌声，是女孩子的声音。没有扩音喇叭，而歌声却飘飘荡荡地飘过江面，传进吊脚楼。那歌声，在夜里听起来，那样柔美、清澈，就如月色般笼罩着全身。向江的对岸望去，只见对岸大树下，影影绰绰有几个身影。是她们在歌唱吗？歌声还在继续，是连续不断的山歌，时而低回独吟，时而欢快地合唱，然后，又渐渐地远去，渐渐地停下……

不知哪里响起一阵掌声，还有人在高声叫喊："好歌！"吓了一跳，才发现，原来在凤凰古城，深夜里却总有人不愿入睡。

即使凤凰古城如今充满着商业气息，但到凤凰古城旅游，最好还是入住古城中。沱江两岸的吊脚楼，是最好的选择。

沱江人家

网上知名的客栈，位置也极好，就位于虹桥边上，是沱江景观的最美之处。

客栈里有餐馆，老板娘很热情，每个入住客栈的人，都亲切地称她“大妈”。闲来与大家拉拉家常，深受游人喜欢，于是也成为网络上的红人。客栈总是在热热闹闹之中，洋溢着浓郁的生活气息。网友评论：氛围不错，只是热闹了些。

玲玲客栈

客栈临江的小木屋，看起来应是新建的，但是由于是按吊脚楼的样式建成，虽然新，却也有本地的特色。主人显然重视细节，客栈里装饰着众多细小的饰物，令其洋溢着浪漫的气息。墙上还有各地游客留下的评论，读来趣味盎然。网友评论：主人心思细密，营造了比较浪漫的氛围。但木制吊脚楼的隔音效果几乎为零，深夜的枕边细语，也有可能变成公开的宣言。

（资料来源：节选自凤凰　吊脚楼上挥霍光阴 [EB/OL].（2012-08-01）. http://fashion.ifeng.com/news/detail_2012_08/01/16451932_0.shtml.）

（一）凤凰县概况

凤凰县地处湖南西部边缘，云贵高原东侧，总面积 1 759 平方公里，由苗族、土家族等 25 个民族组成。凤凰县历史久远，脉络深远，文化积淀深厚，文物古迹众多，有古迹遗址 116 处，历史名村寨（落）30 多个，明清两代特色民居 120 多栋，石板街 20 多条，有唐朝渭阳县城旧址黄丝桥古城和全长 180 余公里的苗疆边墙——中国南方长城，境内县级以上文物保护单位达 85 处。由于凤凰县处于亚热带气候区，光、热、水充沛，动植物资源十分丰富，自然景观非常美丽。凤凰县是一个多民族聚居的地区，少数民族不仅吸收了汉文化的精华，也保留了自身的文化传统、宗教信仰、生活方式和风俗习惯，形成了独具特色的民族风情。凤凰古城曾被新西兰著名作家路易·艾黎称赞为“中国最美的两座小城之一”，在 2001 年 12 月 17 日被国务院列为国家级历史文化名城。

虽然凤凰县旅游业自 1999 年萌芽，2000 年开始起步，发展速度却极快，几年时间内，旅游业发展迅猛，尤其是随着古镇游的兴起，凤凰县更是成为旅游者追逐的对象。

（二）凤凰古城民居客栈发展情况

1. 凤凰古城民居的特点

凤凰古城现有的民居主要集中在沱江的两岸。临江的吊脚楼是凤凰县旅游景点中最有民族特色与吸引力的，体现了苗家建筑的特有风格，是旅游者的向往之地。由于政府的规定，临江的吊脚楼一类建筑不高于三层，不临江的所有建筑不高于五层，且所有建筑的外观具有苗族独特建筑风格的烽火墙式样。

2. 凤凰古城民居客栈发展现状

（1）住宿业整体发展情况。在 2001 年凤凰县旅游发展初期，只有 20 世纪 80 年代末凤凰县雪茄烟厂兴旺时所修的古湘山庄（准三星）、新华宾馆和南华宾馆三家宾馆。随着旅游的发展，新建和改装了几十家宾馆，2007 年有准三星级宾馆 3 家，二星级及准二星级宾馆 12 家，民居客栈 300 多家，全县已形成 7 500 张床位的接待能力。

（2）民居客栈发展现状。凤凰古城现有的民居客栈主要集中在沱江的两岸。古城内一般称为客栈，而新城内一般会称为宾馆。一般来说靠近江边的客栈入住率更高一些。淡旺季的客房价差距较大，旺季时房价一般在 100 元/间以上，淡季的房价有时会低到 20 元/间。由于位置、设施的不同，一般差价也比较大，普通的家庭客栈在 40 元/间左右，一般都有彩电、热水、独立卫生间。而一些有空调，位置较好的客栈则贵一点，一般 60 ~ 80 元/间房。旅游团队一般住宾馆而自助游者大多住客栈。

凤凰古城的民居客栈中以拥有 3 ~ 6 间客房的客栈数量最多，这类的客栈一般是店主自住一楼，客房设在二或三楼，以接待散客为主；比重稍多的是 7 ~ 12 间客房的客栈，主要接待散客，也有部分已与旅行社建立稳定的客源网络，可接待小规模的跟团游客。拥有 12 间以上客房的客栈相对较少，主要分布在新城内。

民居客栈的外形在政府统一规划下采用仿古风格，客房面积在 10 平方米左右，内部配备电视、分体空调及床上用品，没有衣柜；一般都配有独立卫生间，燃气热水器、洗脸盆；不提供牙膏、牙刷、毛巾等一次性生活用品。客栈的内部装修和设施虽然不存在较大的差异，但档次不一。

3. 政府部门对民居客栈的管理

凤凰县的相关管理部门并没有出台专门针对民居客栈的管理措施，但在对整个旅游业的管理中有涉及对客栈的相关管理。

（1）湖南省湘西自治州政府的相关管理。湖南省湘西自治州人民政府在 2007 年 7 月颁布了《湘西自治州旅游行业管理暂行规定》，提出了有关旅游定点管理的规定，这一规定主要是对家庭旅馆接待旅游团队进行管理，规定非定点单位不得接待旅游团队。这一方面可以规范客栈的经营行为；另一方面可以促使客栈改善其服务质量，从而促进客栈整体水平的提高。

（2）凤凰县旅游局的相关管理。价格竞争在民居客栈中一直较为激烈，为规范市场价格，避免价格恶性竞争的出现，凤凰县在2006年9月出台了《关于禁止高额回扣打击哄抬物价行为的通告》，并明确规定：家庭宾馆（带卫生间、空调）最高限价180元/床位，普通客房最高限价80元/床位。同时，政府对客栈的外形有统一的规划，客栈基本呈现出仿古风貌。

4. 凤凰县民居客栈发展特点

（1）凤凰古城的民居客栈的平均规模不大，一方面是由于客栈本身建筑特色的影响；另一方面也是对市场特征的一种适应。但是在新城投资的家庭旅馆若以大型的旅游团队为主要客源市场，则可适量增加规模；

（2）凤凰古城的家庭旅馆以提供住宿产品为主，少量提供餐饮服务，几乎没有娱乐服务；

（3）凤凰居民的自营意识相对比较强，客栈基本上都是祖屋（自建），占到了总数的82%左右，而租赁的仅为18%左右。

5. 凤凰民居客栈发展中存在的问题

（1）政府部门对民居客栈的管理不太到位。在访谈过程中我们发现，还没有专门的部门对凤凰县的客栈进行管理，相关部门并没有明确自身的管理职责；

（2）由于大部分店主不太熟悉经营管理知识，单个客栈的内部管理存在较大问题；

（3）客栈的服务也存在较多欠缺。一方面是客栈基本上没有雇用专业的服务人员，都是店主自己打理，所以很多服务不到位；另一方面客栈的设施设备也不太齐全，需要进行较大改善。

6. 对凤凰古城民居客栈发展的一点建议

（1）政府通过相关的制度和措施引导民居客栈的发展。民居客栈是凤凰古城住宿接待的中坚力量，要整体上提高客栈的接待能力，不仅需要经营者自身的努力，政府的扶持也是关键。政府应制定相应的规范市场行为，为旅游经营者提供一个公平的经营环境，也为旅游者提供一个良好的旅游环境。另外，政府可采取一定的奖惩措施，以促进客栈服务质量的提高和设施设备的完善。

（2）客栈经营者和服务人员要努力提高自身素质，掌握必需的经营管理知识，提高相应的服务技能。管理完善了、服务到位了、才能吸引更多的游客，才能有更多的回头客。

（3）学习其他古镇在客栈发展过程中的成功经验。

四、同里古镇

案例4　金峰民居客栈

金峰民居客栈位于“闹市”之中，“藏”在小巷“深”处。所谓“闹市”之中，是因为出客栈左行百步就是同里古镇的中心景区：三桥；右转百步就可欣赏到同里最著名的古代私家园林——退思园；比邻同里的景点之一嘉荫堂。可谓是百步之内尽芳草。所谓“藏”在小巷深处，是因为这里小巷虽短但曲折，无论是游人如织的旅游高峰，还是曲减人稀的清晨、傍晚，都有着小巷的宁静。这里就是藏于“深处”的“杏帘”，巧的就是，金峰民居客栈也有一副在望的“杏帘”，不过更多了一对大红的灯笼，夜深时，远远的就可以看到，让晚归的客人心底油然而生出几分暖意。

金峰民居客栈坐落在同里古镇著名景点嘉荫堂的西侧，在尤家弄。客栈地处古镇中心。经过主人多年的修缮和经营，目前旧宅已经焕然一新。客栈拥有十间标准客房和一间古香古色的雅居，所有房间都配备有现代化的卫生间和空调设施。具有典型的江南民居特色。东西两侧有两套标准房，住在其中，会有一种回家的感觉。距游玩的景点都非常的近。客栈的周围都是有上百年历史的古房子。就客栈几十步外，就是有名的三桥。在河边还可以一边享受小桥流水，一边吃饭。这意境不错吧？

客栈景色优美，环境幽雅，房间干净整洁。并且已有100多年的历史。客栈除了设施齐全外，还可以免费上网。

客栈的大厅有一种书香门第的感觉，大厅的墙上都零散的挂着一些曾经住在此客栈的文人雅士提笔的字、诗、画。几盏宫灯把大厅装饰得更加具有古朴感。客栈不仅有令人充满遐想的古床，还有使人感到舒适的标准间。

百年古式红木雕花床，只需一眼，就会被它所吸引。在聊斋故事中许多动人的传说就发生在这种雕花大床上，在这里下榻，说不定这只床还会带给你一个百年老梦呢，其中也许会有美丽的狐仙在你的梦乡中出现，也许就是笑生不断的璎宁，又或许是美丽善良的花姑子，总之，在旅途的休息中会给你带来美丽的遐想……

（资料来源：作者根据金峰民居客栈店主提供资料整理而得。）

案例5　正福草堂

同里古镇的民居客栈已形成了自己独特的风格，在国内外游客心中成为一道亮丽的风景，入住的游客通过和主人的交谈，可以了解到当地的一些人文历史、民风民俗，给自己的旅程增添了文化内涵。不管你是哪一类的客人，都能找到自己喜欢的客栈。笔者在这里想说的是堪称江南第一民居客栈，也是同里古镇民居典范的位于明清街上的“正福草堂”，能够与“正福草堂”相媲美的私营民居客栈，那是绝无仅有的。

正福草堂是一个占地约500平方米的庭院。圆形的月洞门，甚是雅致，感觉别有洞天。两幢古典建筑以天桥相连。桥下设有一鱼池，池中放有数尾锦鲤，鱼儿悠闲自得；另外，主人别出心裁用竹片、三曲引水，终日细流不绝，滴入池中，水声清脆悦耳，泛起层层涟漪。犹如山中清泉不知从何而来，使人思绪万千，仿佛置身青山绿水之中。而且上有天桥，下有流水，倒也有几分小桥流水的感觉。当你步入月牙门，迎面便是主人家的厅堂，专门是接待宾客用的。

厅堂的布置是按照古时形式，中间有屏风，屏风上面挂着一幅敦煌石窟里北魏风格的八臂十一面观音菩萨像，画两侧挂有明清时期带万字的杂宝木雕屏条。屏风前有八仙桌，桌子左、右摆放着官帽椅，在古时那是专供主人坐的。在主座左右前方，分别有一对圆梗直背椅和茶几，在主座左前方是贵宾的席位，当然在右侧自然成为一般宾客的席位。不知各位朋友有没有注意到一个有趣的现象，不管在苏州园林，还是在同里古镇的一些堂里，厅堂上陈列的椅子基本上是直背的。后来从主人口中得知，以前古人讲究礼仪，贵宾造访，必须正襟危坐，所以直背椅有利于宾客久坐而不失礼，靠背很直，你想歪斜都不成。左侧与厅堂相连接的是平时主人和宾客用餐、喝茶、聊天的地方。整个厅堂的布置，古朴、雅致、简洁，又不失内涵。出主人家客厅，右侧拐弯直行，通过天桥底层，则是三个客房。门是落地雕花长窗，当你一踏入房间，一股清新、古朴的感觉扑面而来，床罩、窗帘、床靠背都是江南特有的蓝印花布。房间里所用的全是一些明式家具，感觉清秀、明快；每个房间墙上都挂有不同的饰品，有苏州刺绣、瓷屏画，有上百年的窗格子和木雕；洗手间干净、整洁，所用洗刷物品一应俱全，窗帘是一幅江南水乡粉彩画，细微之处无不体现了主人不同常人的素养。如果出厅堂右拐是直通二楼，楼上房间也有3个（客栈总共6个房间）。在楼梯转角处的墙上有一八角形漏窗，主人在窗下摆放着一对清末时期的文旦椅和茶几，茶几上摆着主人亲自种养的盆栽，情趣盎然。上到二楼，你便会看到走廊上摆着一幅小桌椅，可供入住客人晚上喝茶、聊天、听琴之用。右拐通过“飞虹小筑”靠东有一房间，布置的跟楼下是截然不同。房中央是1张百年以上的雕花床，据主人介绍，床上雕有童子闹春、和合二仙、福禄寿星、状元回乡图等，雕刻甚是精美，只是木料一般，否则主人一定会珍藏不用。床前有一踏板，踏板前是一对跟楼梯转弯处一样的清末文旦椅，那绝对是真品，是主人收集而来（哦，对了，用这种床和家具布置客房的，正福草堂在同里是首创，后来其余几家客栈也竞相仿效，但形似而神非，缺少些韵味）。楼梯左拐有两个房间，其中略小的一个和刚才所说的大致相同；而另一个则是和式风格，在榻榻米上放着一张矮桌，旁边有两个坐垫，屈膝而坐，低声细语、品茶、聊天，倒也别有一番情趣。楼上除了3间客房外，还有主人的卧室和佛堂，主人居然专辟一个房间作为佛堂，由此可见主人绝非急功近利之辈。

整个草堂到了晚上那就更是典雅美丽。上下走廊、院中回廊和凉亭挂满了灯笼。黄昏之际，华灯初上，灯月交辉，再加上悠悠古琴声，那种使人身心清净，超凡脱俗之感，只有你亲自去体味才能领略。

说到草堂不得不说说草堂的主人姓陆，30岁，是一位居士，常年素食，比较清瘦儒雅，气宇不凡，主人的思维方式与常人不尽相同，说不定你与他喝茶、聊天之际，还能领悟到一些别样的东西。

（资料来源：作者根据正福草堂店主提供资料整理而得）

（一）同里古镇旅游发展状况

同里古镇位于江苏省吴江市（现苏州市吴江区）城区的东部，北离苏州市

18 公里，东距上海市 80 公里，同里古镇因水而建，因水而兴，因水成镇（同里，原名“富土”，唐初因其名太侈，改为铜里，至宋代，又将“富土”两字相叠，上去点，中横断，拆字为“同里”沿用至今）。同里古镇自宋代建镇距今已有 1300 多年历史，现辖镇域面积一百多平方公里，其中古镇保护区约 1 平方公里，总人口 5.8 万人。

同里古镇的特色集中在“小桥、流水、人家”的水乡景致，“质朴、儒雅、聪慧”的水乡文化，是同里古镇的关键魅力所在。到目前为止，已修复形成了以“一遗一街、二故二园、三堂三桥”为格局的旅游景点 14 处，主要包括世界文化遗产退思园、明清一条街、陈去病故居和计成故居、珍珠塔景园和古风园、嘉荫堂、崇本堂、耕乐堂、古三桥以及罗星洲、南园茶馆等。

改革开放以来，同里古镇充分发挥千年古镇的文化资源优势和交通便捷的区位优势，以旅游业为主带动全镇经济社会发展的双赢。依靠旅游发展带动三产发展，扩大劳动就业。围绕旅游“六要素”，与旅游相配套的三产服务业得到快速发展。2007 年已拥有同里湖大饭店等星级以上的宾馆 3 家、各类旅馆 15 家、民居客栈 17 家；拥有各类餐饮店 42 家，旅游工艺品商店 90 家，旅游食品店 28 家。2005 年，实现国内生产总值 20.53 亿元，比上年增长 20.38%，其中旅游三产增加值 10.42 亿元，占全镇 GDP 的比重为 50.75%。年旅游接待人次保持 20% ~30% 以上的增幅，2005 年超过 220 万人次。

在同里镇旅游业发展的历史中，曾在 1994 年，同里镇被列入首批“江苏省历史文化名镇”；2000 年，退思园被列为苏州古典园林世界文化遗产；2001 年，同里镇通过国家 AAAA 级景区验收；2003 年，同里镇被国家建设部和国家文物局列为首批全国十大历史文化名镇之一。

（二）民居客栈发展及现状

2001 年 4 月，同里古镇旅游公司成立民居客栈管理服务中心，并于同年颁发经营执照，15 间民居客栈成为第一批具有营业执照的民居客栈，到 2007 年为止，具有营业执照的民居客栈在 17 间左右。

1. 管理部门——民居客栈管理服务中心

民居客栈管理服务中心隶属于同里旅游公司，对民居客栈的管理主要体现在以下几点：

（1）宏观方向的管理，指导民居客栈的未来走向；

（2）消防安全监督，消防安全由服务中心统一管理，具体体现在每周三、周六专门的巡视以及停电期间对禁用蜡烛的检查；

（3）为客栈输送客源；

（4）防止恶性竞争，规定淡季下浮率不能超过50%，避免影响景区形象；

（5）对民居客栈的档次进行引导，高档次客栈必须有相应配套服务设施；

（6）对一切不利于民居客栈发展的不良行为进行制止。

2. 民居客栈发展现状

经过6年的发展，2007年同里古镇民居客栈扩张至40间左右，其中25间处于未审批状态，民居客栈的发展特征体现在以下几点：

（1）经营指标上，合法的15间民居客栈全年平均上客率在40%左右；

（2）民居客栈的房型包括传统的古床房以及现代型的标间床，并以古床房居多，受到游客尤其是新婚游客的青睐；

（3）民居客栈的住店客人主要为北方游客及国外散客，以体验古镇民居的特色；

（4）民居客栈的客源主要是通过口碑宣传以及网上宣传两个重要的途径，中国古镇网、中国旅馆网成为其主要的网上宣传手段，在旺季时游客来古镇前通常需要电话订房确认房态，另外，客栈店主间关系融洽，也会相互介绍客源；

（5）客栈发展状况参差不齐，有经营意识，懂得通过网上、报纸杂志宣传的客栈经营状况较好，有的客栈年收入可以达20万元，一些因下岗失业而开民居客栈的村民由于没有良好的经营意识、宣传意识，经营状况较差；

（6）民居客栈的连锁经营。在同里古镇的调研中，我们发现一个最具特色的民居客栈——正福草堂。正福草堂打出“精致客栈”的口号，主人以草堂、古琴会友，每间客房或融入江南旧时风俗，或源自诗词典故，分为蕉窗得雨、幽兰静室、江南人家、耕读传家、明清遗韵、红妆、唐风以及水乡双人并且价格在400～500元/天不等。经过了解，店主已经将精致客栈推广至丽江市束河古镇，通过购买房屋产权的方式在当地开了5间民居客栈，并有独立的宣传手册和预定网站，并衍生出草堂素食、草堂陶艺等产品。我们认为这种多布点的民居客栈属于民居客栈的连锁经营模式。

3. 出现的问题及今后发展方向

通过走访民居客栈管理服务中心以及与店主的访谈，我们将集中出现的问题总结出以下几点：

（1）客栈数目相对较少。对比其他古镇，如丽江市束河古镇，同里古镇的40间的民居客栈只相当于束河古镇民居客栈数量的1/5，数量远远不足且在旺季时不能满足游客住宿的需求。一方面，数量较少带来的竞争相对较少，也阻碍了同里民居客栈整体的档次、服务的提升；另一方面，从管理者的角度也没有及时倡导居民空出自己的房间为游客提供住宿服务。

（2）较大部分客人为周边一日游，住宿客人相对较少。据同里古镇旅游公司统计，同里古镇的游客中大部分为上海市、杭州市等周边城市的游客，行程多为一日游的线路，没有住宿需求；同时，民居客栈住店客人多为北方城市或国外散客、背包客，目的是体验不同于自己生活环境的古镇特色。客源的局限也限制了民居客栈数量的扩张以及未来的发展。

（3）不予审批新客栈与“灰色客栈”的泛滥。对新客栈不予审批的规定源于消防条例的改革。新的消防条例增加了消防终身制的规定，而同里古镇区内的居民古宅都是木结构的房屋且距离很近，存在很大的消防隐患。当地政府为了规避这种消防隐患便不再审批新开设的民居客栈，从管理的角度限制了民居客栈的发展。另外，在6年的发展过程中，也逐渐有新的民居客栈开设，这类的民居客栈没有正规的执照，便是我们所说的“灰色客栈”。“灰色客栈”的开设也是古镇居民分享古镇旅游发展的一种手段，不用缴纳各种管理费用，且没有任何部门对其进行处罚和管理。从长期来看，同里古镇的民居客栈的数量扩张将继续以“灰色客栈”泛滥的形式进行，但这种发展的形式直接影响了合法经营的民居客栈的利益。

（4）游客减少带来的民居客栈收益的下降。游客减少的现状可以从两个方面进行理解：一方面，游客的减少是由于同里古镇旅游公司与香港世贸集团合资的失败。一是同里古镇旅游公司出让了世界文化遗产退思园的经营管理权，违反了国家建设部、国家文物局有关世界文化遗产的管理规定导致同里古镇没有入围世界文化遗产备忘录，影响了其对外宣传。二是香港世茂集团以51%的股份享有同里古镇的管理权，而缺乏古镇经营管理经验致使同里古镇在广告宣传、促销方面相对滞后，客源被分散。另一方面，部分店主反映古镇通票制度的施行使游客数量大幅减少，民居客栈收益大不如前。这两方面的原因导致古镇游客的减少，进而导致民居客栈收益下降。

（5）对外籍游客的接待障碍。国外散客一般通过邮件与客栈店主联系，计算机与语言的障碍成为民居客栈接待国外游客的主要障碍。在客栈管理服务中心方面，也没有相应的基础培训指导，店主只能通过自己的方式与国外游客进行沟通，如委托住店客人与国外游客进行沟通等。

（6）消防隐患导致的民居客栈发展空间较小。在与民居客栈管理服务中心总监采访过程中，总监多次提到了消防隐患对民居客栈的发展制约，民居客栈的安全问题直接影响景区的对外形象。因此，同里古镇的民居客栈的发展也倾向于对现有民居客栈的维护和管理，不会大范围组织村民开设民居客栈。

五、周庄古镇

案例6 夜宿民居客栈

到周庄古镇旅游，最好是住在老镇子的旅馆里，镇子里旅馆虽然条件不如外边的酒店好，但是住在镇子里可以更好地体验水乡的美丽夜色。

走在深深的窄巷里，当视线投向几盏灯笼时，我的双眸突然一亮：“呵，这就是民居客栈!”兴奋得几乎叫出声来。这是一座典型的宅院式民居客栈，木质结构，三进二天井的老式二层小楼，高墙花窗，粉墙黛瓦，古色古香，别具风格。虽陈旧却古朴，虽是小筑却分外精致。门楼古朴典雅，引得我驻足研究半天，忍不住伸手摸了摸它的沧桑。步入客栈，安顿下来，便在房东大妈的热情引领下，把客栈的楼上楼下、左左右右全都打量了一番。这座在古镇区向游客开放、可以投宿、独具神韵的民居客栈，从外表看是气势不凡的大户人家。

第一进是不很宽敞，但很舒适的大厅，过门厅是亮堂堂的天井；天井内条石铺地，满目盆花。从天井向上仰望，便是楼上一排木质门窗，精雕细刻，丝丝入扣，颇为精细。步入第二进，便是客房了。房间很大，楼梯狭小，走起路来“咯吱、咯吱”地作响，别有一番情趣在心头。我选择住在楼上，一个过去的绣女阁楼。房间虽然已被装修一新，但格局大都保持着原来的模样，木制的门、木制的推窗和中式家具，加了一些现代设施，阴湿的空气中依然散发着我记忆中的温馨，使我依然有种如梦感，给了我最大的安慰与难以言喻的心悦。

这是一间不算太窄的两人间，好像是专门为我准备的。古老的红木雕花床，精雕细刻的床檐，土土的蓝底白花蜡染床单，茶几、椅子也是油亮的红木家具，皆为家具中的精品，堪称上乘。床上绣花被子、麻布蚊帐、蚊帐钩都是古色古香，再配上头顶八角宫廷灯的红丝绳，在昏暗的灯光下，依旧般配不已，显得分外精致。门插销与我小时候住的姥姥家里的一样，其实是门后的一根隐藏得很好的活动木条，掩上门后，将木条横亘出来就算锁上了。房间干净整洁，新增的卫生间，24 小时热水，空调电视俱全，价格便宜得意外。可见周庄人骨子里是纯朴的，房东大妈热情朴实，一口夹着软软吴语的普通话，透着亲切。

客栈地处小桥流水、富有诗情画意的闹市之中，面街临河，环境幽雅。这正是我梦里的小居：小镇人依水而居，街坊临河而筑。距桥近，于河更近。透过房间窗户，看古桥驳岸，看渔火人家，看南湖怡人的风景，游客的兴奋表情全部映入我的眼帘。酒客把杯临风，窗外波光桥影，舟楫往来，飞燕呢喃入轩窗，鹭鸶搏鱼生妙趣……这一切都让我在追思一个九百年前江南水乡的小家碧玉站在窗口远望的情景。微风撩起窗帘的一角，阁楼的温馨、现代电视的歌声，一时间，我忘了自己置身何地，正是“酒不醉人人自醉，风景宜人更迷人”。

推开小小雕花木窗，清风徐徐吹来，琴声悠扬悦耳，伴随其间的还有船桨摇动和软语渔歌以及静静的夜里有人走过的说话声。此时，我喃喃自语：“清风明月本无价，远山近水皆有情”，我陶醉于如诗似画的水乡之夜。

暮色里的水乡渐次安静，远方飘着几许炊烟，婀娜袅袅的，风一吹就全散了。临河的窗户上挂着大红灯笼，红红的大方桌旁谈笑风生的顾客，有的在品茶、有的在聊天、有的在购物，饶有神韵。对岸楼窗开着，一位少女探身朝外张望，皮蛋青的衣衫，一双圆润的手臂伸出楼窗，挑起一枝竹竿，把湿漉漉的衣服收进去。少女挺起胸脯，美目晶亮，那种细巧专注的神情，微微蹙眉又微微一笑，留下一剪倩影。稍顷，木格子窗轻轻掩上，蒙蒙细雨飘走红情绿意，依然是雨中冷寂的周庄、冷落的天空。

我打开行李，简单地一番洗漱，将一头扎进踏花被里。我满以为趴一下就可以了，却不曾想这一趴便已扎进了江南的春梦里。直至轰鸣的春雷将我从梦中愣拽了出来，不觉已是夜灯闪闪了。

窗下窄窄的街道，临街有水，船都摇走了，偶尔有过路者的脚步踏碎安静的水面，接下来则是更深的宁静。水乡的气息从窗缝里悠游而来，耳朵不由自主捕捉着些微动静，有风推水拍打河边的青石，雨细密地落在樟树叶和青石板上。几声模糊的狗吠遥不可晰，“嘀嗒、嘀嗒……”，楼下主人家的座钟规律地响着，声音顺着窗沿一层层推了出去，不知落到了谁人的梦里。

酒足饭饱，我独自走出客栈，朝夜幕中的“小桥、流水、人家”走去。雨夜中的周庄朦胧迷人，仿佛一朵出水芙蓉，扑面而来的是深浓古意和悠然气氛，眼前晃动的是斑驳的木屋和古桥，使人恍若走进了人间仙境。静谧而狭长的石板小巷纵横交错，能一眼望到头，踩着那精心铺成花样的青石板漫步，就如同从遥远的世纪中走来。镇上人家的屋子大多临水而建，低矮的木结构房屋一家接着一家，紧挨在一起，皆是青瓦白墙的明清建筑。小巷最窄处对街的屋檐几乎碰到了一起，巷子显得阴暗而狭长，只有正午的太阳才会光顾。屋顶一条脊瓦，两头翘起，小小的窗户。那一片片清黝黝的瓦片，如同凝重的历史，从檐角开始，一层层斜斜地向屋脊延伸和展开，尤其是上翘的檐头，仿佛就像中国传统书法中的捺，它是流动的，那翻卷的姿态，具有一种灵动的美。雨打在砖瓦上，“滴答”作响。是谁说过“事如春梦了无痕”，那沉沉的多少年之前的暮霭，依旧笼罩在古老而又有灵气的小窗上。不知是暮色让它变得更加生动，还是小窗的本色依然显示着古典的柔美，这景致让人越来越怀有一种说不清的怀旧情感。它们与旷野中的自然和谐地组合着，让人不知今夕是何夕，今年是何年，蕴含着一种暂且的忘却之美。

青砖灰墙上面竟也能丛生出簇簇的青草，墙角泥径上的青苔也不知厚了多少年，车前草默默地生长着，给人一份古意盎然的沉静气和一种淡泊宁静的感觉。因日晒雨淋的关系，有些房屋老墙有的已脱秃，有的已有裂缝，有的外表变色脱落，斑斑驳驳，倒有些沧桑的意味。用眼瞧瞧，它是黑色的精灵，用手摸摸，能感觉它的朴实与厚重。它是一位千岁老人，托起古瓦，给人们撑出一片清凉，在清凉中在万卷古今中在一窗昏晓中送流年，错落有致地凝敛着一份质朴和端庄，在水边、在静谧的街巷中流泻着悠扬古风，清淳幽静，诗情画意，令人陶醉。一棵棵翠色欲流的杨柳伫立于青砖房旁，柳树拖着纤纤的柳条，不时亲吻着河水，像一位寄情于河水的多情少女。柳条随风摆动，似乎也比在别处舞得安然而飘逸。

在人们的心目中，水是古镇的灵魂，古是水乡的神韵。而古桥、古塔、古街、古宅中，水乡人家民居无疑是古中之古的瑰宝了。周庄的明、清民居很多，留下深刻记忆的是“富可敌国”的沈万三之宅邸——沈厅，七进五门楼，气势恢宏。整个建筑房屋百余间，相互连接，形成江南特色建筑——走马楼。沈厅是江南民居之最，也是明清建筑的杰出代表。高高的门槛、深幽的庭院、古色古香的家居摆设、雕梁画栋的阁廊设计、修葺整齐鲜花怒放的后花园、屋檐上栩栩如生的飞禽走兽，无比古朴、明洁。沈厅经年月的风霜显得陈旧古老，但每个细部都能体现出当年的威赫与富贵，豪门世家的威严顿然让人起敬。摸着朱红油漆的窗棂，端详雕花的窗檐，不禁掉进历史的沉思里。置身其中，不由得想起“庭院深深深几许”的词句。

与沈厅的豪华不同，张厅更精巧、更具人文精神和审美情趣。厅堂、幽弄、河埠、楼榭，布局得宜，把江南园林的精神和风格融入其中，有一种浓厚的文化气息。张厅历经五百年沧桑，风貌依旧，具有明朝风格，由砖雕门厅、小巧的天井、明敞的大厅、幽长的陪弄和闲静的后花园组成。走过门厅，穿过轿厅，便是天井，天井两侧为厢房楼。楼前设雕刻精细的花格栅栏，栅栏两端雄狮踞立，威严壮观。过正厅，便有建筑匠心独具成“品”字形的四进前后堂楼和厅屋，均为当年主人生活起居之处。后花园位于其间，假山、梅、兰、竹、蕉隐现于窗前屋后，与粉墙相衬，精致典雅。前堂楼尚存明代遗风，古朴简洁。而最具特色的是，一条小河贴着墙根悄然流来，在后院正中围拥出一泓清水，然后又穿越水阁而去，形成“轿从前门进、船从家中过”的景象，使人真正领略到江南建筑的神奇魅力。然而无论是沈厅，还是张厅，如今都已被列入了旅游景点，是不能入住的。而较为有名的典型的江南水乡家居型客栈是教育家沈体兰先生的故居——贞固堂。

（资料来源：高巧林．悠悠周庄情［M］．西安：西安地图出版社，1999.）

（一）周庄古镇旅游发展状况

史载于1086年的周庄古镇，位于上海市、苏州市、杭州市之间。镇为泽国，四面环水，咫尺往来，皆须舟楫。全镇依河成街，桥街相连，深宅大院，重脊高檐，河埠廊坊，过街骑楼，穿竹石栏，临河水阁，一派古朴幽静，是江南典型的小桥流水人家。

作为中国优秀传统文化杰出代表的周庄古镇，成为吴地文化的摇篮，江南水乡的典范。被联合国教科文组织列入世界文化遗产预备清单，荣获迪拜国际改善居住环境最佳范例奖，联合国亚太地区世界文化遗产保护杰出成就奖、美国政府奖、世界最具魅力水乡和中国首批十大历史文化名镇、中华环境奖、国家卫生镇、全国环境优美乡镇等殊荣。

周庄旅游股份有限公司不断致力于优秀传统文化的挖掘、弘扬和传承，积极探索文化旅游，全力塑造“民俗周庄、生活周庄、文化周庄”，正日益成为向世界展示中国文化的窗口，更是受到了中外游客的青睐，每年吸引了超过250万人次的游人前来观光、休闲、度假，2006年全古镇旅游收入达8亿元。同时，白天观光，晚上休闲娱乐模式也使周庄从“一日游模式”转变为“多日游模式”，加快了其向休闲娱乐古镇转变的步伐，直接带动了食、住、行、游、购、娱这六方面的收入水平。

同时加大招商引资力度，富贵园、江南人家、钱龙盛市等适宜现代休闲体验型旅游配套项目的相继推出和完善，扩大了旅游规模，做大了旅游盘子，使周庄古镇旅游逐步向休闲度假型旅游发展。2007年5月，又以“国际画家村项目”吸引国内外文化公司参与周庄旅游的发展。

经过1987～2007年的10年保护、10年发展，周庄古镇跨入十年提升时期，提出了打造“国际周庄”的构想。借助经典的江南水乡文化来展示优秀的中华文明，以文化的交融为切入点，把周庄古镇推向国际。通过资源的整合，推出适宜现代体验式旅游的精品线路和项目，加大投入完善旅游配套设施和提高国际接待能力，努力把周庄古镇建设成为国际休闲度假基地。

（二）民居客栈发展现状

1. 民居客栈发展特点

伴随周庄古镇发展旅游产业，周庄古镇村民开始开设民居客栈，分享周庄古镇发展旅游所带来的收益。到2007年为止，周庄古镇共有民居客栈104间，分布在景区内及景区外，并以镇外客栈居多。其发展现状集中在以下几点：

（1）周庄古镇的民居客栈以客房的形式为主，类似于城市的招待所、旅馆。具有江南古镇特色的古床房的客栈占较少数，并集中在周庄景区内。

（2）从客栈管理上划分，周庄古镇的民居客栈可以分为四类。第一类为“社会客房”，这类客栈占了周庄古镇客栈中的绝大多数。作为经营性质的经济实体，主要由公安部门定期对其进行检查；第二类为周庄古镇万家庄家庭旅社服务中心下属的15家家庭旅社，并具有特种行业许可证，从事旅游接待工作；第三类为周庄古镇旅游公司下属的特色民居客栈，2007年有两家，为贞丰人家和贞固堂。民居房产归集体所有，旅游公司下派经理对其进行管理；第四类为台商在周庄古镇投资所开办的精品民宿，目前有两间，分别为富贵园和香草园。此类客栈价格较高，并分别在各自的民宿附近开发了度假村，吸引高端顾客；第四类为我们所说的“黑店”，证照不齐全的客栈，在周庄客栈中也不算少数。

（3）民居客栈的客源主要是通过口碑宣传以及网上宣传两个重要的途径，中国古镇网、中国旅馆网成为其主要的网上宣传手段，在旺季时游客来古镇前通常需要电话订房确认房态。部分店主也会通过将客栈在地图上标识的方法进行宣传。

2. 民居客栈的发展问题

（1）对民居客栈的重视程度不够。通过对周庄旅游公司的走访，我们发现在周庄古镇的旅游发展规划中没有将居民开设客栈作为其旅游发展的一个方面，除15家连锁家庭旅社外，对其余民居客栈没有进行统一管理的部门。在旺季时解决游客住宿，民居客栈发挥了较大的作用但政府对其发展一直是不予理会的。从长期来看，不利于周庄地区整体住宿接待条件的改善和提升。

（2）客栈经营的商业化。周庄古镇客栈更多体现出的是经营的特点，一方面，居民通过客栈获利，市场意识、宣传意识较强；另一方面，商业化也体现出“黄金周”供不应求，非“黄金周”恶性竞争、生意惨淡的现状。客栈经营的商业化也与景区的过度商业化有关。

（3）散客减少导致的客栈经营惨淡。周庄古镇旅游发展呈现散客过渡到团队游客的状况，即散客减少团队游客逐渐增多。散客的减少使定位于接待散客的民居客栈生意逐渐减少。同时，大多客栈的规模都无法满足接待团队客人的客房规模，客栈生意的逐渐减少就成为必然的结果。

六、平遥古城

案例7　星级民俗客栈，浮躁世界的另一方清凉

5月中旬的平遥古城，天气挺热。城外正在大片拆迁，晒蔫的树下，马路也

散着热气。城内，石板路上的游人悠闲地走着。左右看看，发现几乎没有树，越发觉着热，赶紧跑进路旁的一家看上去不起眼的叫“云锦成”的客店的门厅，只感到一下子就凉快了。仔细一打量，大厅里有民俗的彩塑、虎头鞋等工艺品，还有一个酒吧，纯粹的中式格调，好像孔乙己刚走去……邻街的窗下，摆放着宽大的红木榻，两个一组用雕花木窗隔开，中间的长案可以写字、看书，也能用餐。或者什么都不干，就是呆坐着半躺着看窗外的风景和游人。大厅有两个门通往后院，进去一看，原来是客房。这是连在一起的两所老宅子，每间客房门外都有一块嵌在墙上的石牌，都是当年著名票号的简介。青砖的房内垂着纱帘，让人不由得想里面也许躺着紫丁香一样的姑娘。最后一进院子是两层小楼，这里已变成了复式客房，木楼梯一尘不染，踩在上面的感觉似乎就像旧时的大家闺秀一般。太师椅上坐过，金鱼缸里观鱼，浮躁的心情沉静下来。再回到大厅，才知道原来我一头撞进的是现在平遥城投资最多，规模最大的民俗客栈。

旅游催生民俗客栈

民俗客栈在平遥的发展，经历了从无到有，从小到大，从粗放到精致的设施设备、经营管理、服务、价格等全由老板自己琢磨，水平参差不齐，有时还会发生纠纷，影响客源。为了进一步提升民俗客栈的管理和服务档次，平遥县旅游局、县质监局按照标准化、规范化的原则，起草、制定了《山西省平遥古城民俗客栈服务质量等级划分》地方标准，以整体提升旅游服务的质量和水平。这个标准把民俗客栈作为特殊的住宿餐饮接待场所，参照旅店业卫生标准、文化娱乐场所卫生标准、商业服务业经营场所传染性疾病预防措施、标志用公共信息图形符号等相关标准，对民俗客栈内的设施配备档次及管理、服务进行了详细规定。符合条件的客栈，经过评审后得到相应的民俗客栈星级，共分五级，星星越多越好。到2006年，最高级别的是三星级，还有二星级的。也听说有的民俗客栈认为自己各方面不错，想争四星和五星级，可是目前还没有这么高的星级，暂且等着，先紧锣密鼓地完善自己的软硬件。2004年9月13日，在平遥古城“信诚号”民俗客栈里，《山西省平遥古城民俗客栈服务质量等级划分》地方标准由山西省质监局正式发布。信诚号、德升源、裕丰恒等6家客栈通过评审并正式挂牌运营。

客栈里面其乐融融

旅居德国16年的白女士和丈夫巴特尔麦司及一些纽伦堡的朋友正在院子里

的石桌上打牌。民俗客栈上“星”时，记者在“信诚号”客栈遇见了她。白女士告诉记者，他们很喜欢平遥，这里的人很淳朴、很自然，认认真真地过着自己的日子。在街上转，喜欢哪里就进哪里，不买东西也无妨。即使不小心进了别人家，也是被笑脸相迎，就像到了邻居家。平遥人不功利也不势利，没人拉住围住你要求买东西。在平遥，居民很放松，游客也很放松，有一种现在很少还有的中国式从容。这，正是外国人想看到、感受到的中国人真正的生活生存状态，是真实的中国。

生意一年比一年旺

民俗客栈上星后，地方政府很扶持，旅游部门把星级客栈向旅行社和游客重点推荐，县里的网络和宣传资料上也免费宣传星级客栈。客栈不愁没有生意，现在是发愁地方太小。据调查，入住民俗客栈的游客，慕名而来的占30%，通过网上预订的占20%，由外地旅行社考察后介绍入住或朋友介绍、当地旅行社推荐的占到50%。同时，民俗客栈也得到了实惠：6个民俗星级客栈的近300张床位在2004年国庆节及2005年五一“黄金周”期间全部爆满；在其他旅游时间内客栈入住率平均达65%以上。自2004年10月至2005年5月，共接待游客3万余人次，比上个周期增长30%。游客投诉率明显下降，根据旅游部门和工商（12315）、物价（12358）部门统计，民俗客栈的投诉率几乎为零。2005年夏天，又有郑家客栈、云阳驿客栈、长生客栈等5家客栈相继提出申请，要求进行指导整改，企盼挂星。到了2006年，民俗客栈更火了，要求挂星的又增加了几家。上述的“云锦成”，虽然还处在试营业阶段，但已经接待了4个国家的大使。时任平遥旅游局的侯世俊副局长告诉记者，现在，周末要住民俗客栈要提前半个月预订。2005年星级客栈的平均入住率是60%～70%，一般的客栈有40%～50%就不错了。时任平遥旅行社协会副会长的刘世昌自己也经营旅行社，他说“2007年6月10日前的房子都定完了。我们本县的都定不上。有个三星级的‘天元奎’民居，里面80%是外国人，都是从网上定的房子。”“信诚号”客栈老板陈平2006年更高兴了，运转两年来，客栈已经步入良性循环轨道。2006年客流量比以前多了30%～40%，经济效益提高了30%左右，虽然团队价格低些，但是整体房价有了提高。而且，为了禁止恶性竞争，旅游局和旅行社协会限定了最低报价，保护了客栈的整体利益，尤其是星级客栈的利益。

龙头带动各业发展

旅游事业的发展会带动相关一大批事业的发展。星级民俗客栈的发展，带动的也是一批行业。就拿旅行社来说，以前本地旅行社都是二道、三道贩子，接大旅行社转来的客人。现在是第一接待。刘世昌的旅行社和其他的本地旅行社60%以上都是直接接团，相当部分是网上联系的，也都想住民俗客栈。作为旅行社，当然希望客人的吃、住、玩都能满意，同时为了客人利益，一般也都安排入住星级民俗客栈。即使有了小矛盾，旅游局和旅行社协会都会积极帮助解决。从目前情况来看，90%以上的旅行社客人比较满意。同时，通过这些五湖四海游客的宣传，民俗客栈和星级民俗客栈的名声也走向了世界。星级民俗客栈的兴起，还带动了一个行业——地方文化和民间文艺的发展。星级民俗客栈评审之前，平遥的民间艺人们大多靠红白喜事帮忙吹打弹唱谋生。星级民俗客栈的标准中要求提供文娱服务项目，不少客栈就预约民间艺人表演。现在全县的100余个民间艺人都有了相对固定的表演机会，报酬也远比走村串户时多了，有了琢磨的时间，节目也就更丰富了。

挑战更是机会

民俗客栈都是由传统民居改造修缮而成的，有着独特的韵味：客房里的炕上铺着大花床单，炕桌旁是碎布头缝的靠垫和布老虎，地上是两把圈椅。院子里的夹竹桃开着粉花，石榴有了红色，葡萄和丝瓜吊在棚下，大红的灯笼高高挂，八仙桌边摆着条凳，厨房传来小米稀饭的香味儿，转累的游客边等饭边交流……一切都是那么惬意，但是也有遗憾，主要集中在软件建设方面。例如，服务质量和服务能力还是不够高，表现在外语服务能力稍差等。目前最大的不足是规模太小，来一个80~90人的团队就得分住两家客栈，旅游者颇感不便。老城的地盘又有限，这个矛盾看来暂时难以解决。

（资料来源：红梅，晓农．星级民俗客栈　浮躁世界的另一方清凉［J］．大众标准化，2006（5）．）

（一）平遥古城概况

平遥古城位于山西省中部，距太原市100公里。是一座具有2700多年历史的古城，是我国现存最完整的明清县城，是中国汉民族中原地区古县城的典型代表。平遥古城1986年由国务院公布为第二批国家历史文化名城。目前全县境内拥有全国重点文物保护单位3处、省级重点文物保护单位6处、县级文物保护单位90处。其文物古迹之多，价值之高，内容之丰富，为全国县级城市中所罕见。迄今为止，这座城市的城墙、街道、民居、店铺、庙宇等建筑，仍然基本完好，原来的建筑格局与风貌特色大体未动。城内及近郊古建筑中的珍品，也大多保存完好，它们同属平遥古城现存历史文物的有机组成部分，它们同为研究中国政治、经济、文化、军事、建筑、艺术等方面历史发展的活标本。1997年12月3日被联合国教科文组织正式确定为“世界文化遗产”，列入《世界遗产名录》。

平遥古城地理位置优越，交通便利，位于黄河中游、黄土高原东部的太原盆地西南，汾河和南同蒲铁路、108国道、大运高速穿境而过。距首都北京616公里，距天津港口758公里，距广州海岸2 390公里，距古都西安市543公里，距省会太原市94公里，距太原飞机场仅90公里。

（二）平遥古城民居客栈发展情况

自从1997年平遥古城申报世界文化遗产成功以来，民俗客栈的数量逐渐壮大，由申报时的一两家发展到数十家，民俗客栈业的快速发展使得当地旅游部门认识到规范管理的必要性，于是在2004年9月13日，颁布了《山西省平遥古城民俗客栈服务质量等级划分》地方标准。该标准根据国家标准、行业标准和现行有关法律法规的规定，结合平遥古城民俗客栈的自身特点而定，适用于平遥古城内民俗客栈及省内的其他民俗客栈。旨在进一步提升旅游客栈业的管理和服务档次，体现和发扬平遥古城的地方特色，与国际发展趋势相接轨，按照标准化、规范化的原则，提升旅游服务的质量和水平。

为了能使客人入住客栈后感受到浓郁的民俗氛围，县旅游局与古城书画院、民间民乐表演团等取得联系，给各个民俗客栈牵线搭桥，使得各个民俗客栈都推出了表演参与性活动，使客人更深入地了解古城文化。逢节假日期间，协调组织县衙、城隍庙等旅游景点的演职人员，推出“县太爷拜年”“财神爷送元宝”活动，增加与客人的互动，丰富客人的住店感受。

1. 平遥古城民居客栈业的发展特点

（1）旅游业的发展带动民居客栈的快速发展。随着县委、县政府对古城环境的整治，大量民居被改造成为了民俗客栈，从 2006 年 10 月的 49 家增长到 2007 年 5 月的 68 家，且很多民居也在加紧改造中。其开发规模和硬件设施的配备档次也比较高。

（2）旅游部门对民居客栈的发展重视程度很高，管理措施也较完善。当地旅游部门制定了《山西省平遥古城民俗客栈服务质量等级划分》地方标准，结合古城自身的特点，在标准中突出了对平遥古城的保护，在建筑以及客房设计方面凸现当地特色，在选择项目上突出当地的民俗类内容。

（3）客栈提供服务较为全面，多为餐饮与住宿功能一体。平遥古城的客栈多是提供餐饮服务，一般进门的大厅即是餐厅，提供的也多是当地的特色食品，这不仅方便了客人，也增加了民居客栈的收入。

2. 平遥民居客栈发展中存在的问题

（1）民居开发过程中的破坏现象。调查中发现，在民居客栈的开发过程中，开发者为增加客房数、增加客栈的功能，出现了对原有建筑的破坏现象，这一方面需要相关部门的监管，另一方面需要进行适当的引导，调整投资方向。

（2）业主经营管理知识欠缺，服务意识淡薄。客栈的业主多是当地居民，他们看到了民居客栈的广阔前景，但是其对于经营管理的知识相对欠缺；在软件服务上，除了个别的业主从事过服务行业外，大多数客栈业主从未从事过服务行业，这就造成了服务质量的低下。

（3）旅游旺季无证民居客栈进入市场。在旅游的旺季，很多居民为获取经济收入在自己门口挂上住宿的招牌进行营业，这虽然可以缓解部分房源紧缺，但这种无证经营的做法扰乱了市场的正常秩序，而且其接待质量也不能保证，长远来看将对平遥古城的旅游形象产生不利影响。

第五章
研究Ⅱ：中国民宿管理体系横向比较研究

第一节　问题由来与研究设计

随着大众旅游的深入和假日旅游的兴起，景区民宿应运而生，成为旅游景区住宿新的补充，大大提高了景区接待能力。而在中国多数景区，住宿、景区接待能力的管理与控制都离不开政府主管部门。这里，政府主管部门便是民宿发展的另一个重要的利益主体。民宿与旅游主管部门的关系如何？决定了民宿的生存与发展，这种关系外显为管理体系。

民宿的管理体系是客栈经营绩效的重要决定因素，它关系着客栈住宿业态的成长，也影响着景区的发展与完善。一方面，社区及政府是民宿的直接管理方，是民宿要联系与服务的目标之一（见图5－1）；另一方面，政府通过管理体系影响着民宿的其他利益主体，如股东和供应商等。研究民宿的管理体系是民宿发展的要求，也对政府制定相应政策具有现实意义。

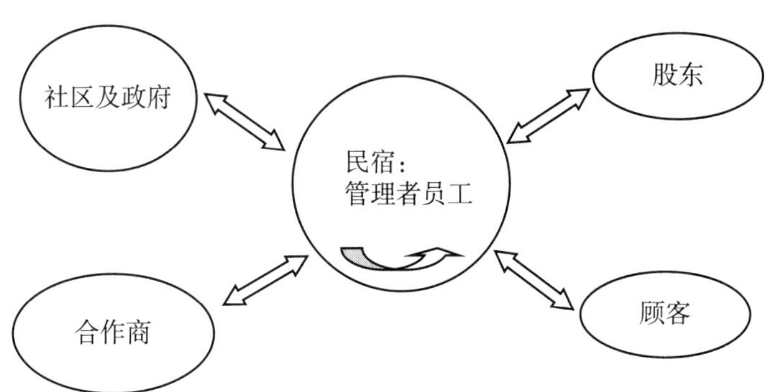

图5－1　民宿的目标要求

因此，本书以江南民宿集中地——同里古镇、乌镇、西塘古镇、宏村古镇四大古镇为例，比较分析其管理状况，以期对景区民宿管理体系的构建提供借鉴与启示。

第二节　景区民宿行政管理体系与案例

一、民宿管理体系

管理体系包括管理主体、管理客体、管理内容和管理手段。管理主体是指民宿由谁来管，它与管理客体是一个相对的概念，而管理内容则涉及民宿的准入、退出、价格管制等一系列问题，它在一定程度上决定了民宿的管理手段，同时又受管理手段的影响，如图5－2所示。

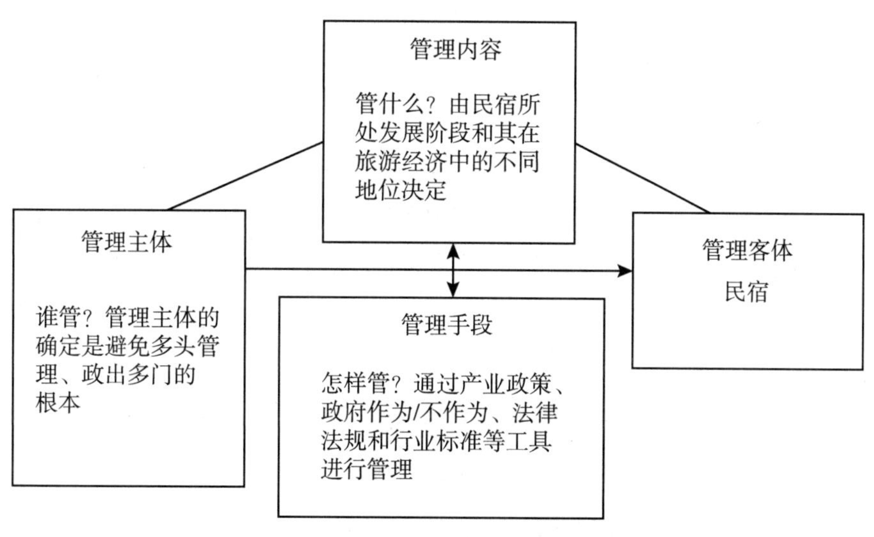

图5－2　景区民宿的管理体系

管理体系对于景区民宿的发展具有重要的意义。与西方国家同类的“住宿＋早餐”（bed and breakfast，B&B）或家庭旅馆（Guesthouse）相比，我国民宿发展尚处于初级阶段。然而，随着大众旅游的深入和假日旅游的兴起，我国民宿迅速发展起来，此时，建立完善而科学的管理体系可以大大提高民宿的经营绩效，为民宿的发展提供有利的条件，这对于产业的成长、景区的发展和居民的富裕都是大有裨益的。因而，本书试图以江苏省的同里古镇、浙江省乌镇和西塘古镇、安徽省的宏村古镇的民宿为例，对比分析其管理体系，以期对景区民宿的管理体系提供借鉴与启示。

二、同里古镇民宿：政府宏观管理，居民微观经营

同里古镇位于江苏省苏州市吴江区，是我国十佳魅力名镇之一，内有以世界文化遗产退思园为代表的著名景点。同里开发较晚，但发展较快，其民宿也随着景区的发展而成长起来，目前已有政府批准的民宿 15 家，同里古镇民宿的管理体系呈现出政府宏观管理、居民微观经营的特点。

同里古镇早期的民宿是在政府的旅游规划影响下产生的。2000 年 9 月 28 日，同里镇政府、同里古镇旅游公司号召有条件的居民开设客栈，以接待不断增多的游客，发展同里古镇旅游。抱着试一试的心态，17 户居民提出申请，政府经过审核，批准了 12 家民宿，这样，以“敬仪堂”“恩泽堂”为代表的首批民宿由此产生。此后，管理公司下设“民宿管理中心”（以下简称“管理中心”），负责民宿的申办、核查工作，配合公安消防部门的安全检查工作，同时，管理中心给客栈的店主提供培训与指导，如组织客栈店主前往其他古镇学习与考察。此外，管理中心与同里古镇的公安、消防部门合作，出台了民宿行业规范，以约束店主的行为，从而保障游客的利益。同里古镇在旅游规划中将民宿视为景区景点的一部分，因而管理中心也对民宿做了整体的宣传。可以说，在宏观管理层面上，政府给予了足够的支持与重视。

在微观经营方面，同里古镇本地居民是民宿的所有者，同时自主经营自家客栈，即店主在客栈的设计、宣传、服务等方面进行自主管理。因而，店主除缴纳部分税收之外，享受客栈的全部收益。

在居民客栈发展的初期，由于居民缺乏相关经验与知识，政府给予申办、培训、税收优惠等政策支持有利于民宿的发展与成熟，同时，同里古镇的居民在民宿的发展中起主体作用，他们受益于同里旅游发展，因而具有较高的积极

性。经过短短几年的发展，同里古镇民宿各店主的经营意识和能力大为提高，民宿与同里古镇景区处于一种和谐发展的关系中。

三、乌镇民宿：旅游开发公司主导

与同里古镇不同的是，由于乌镇景区采取了“先规划，后发展”的开发思路，民宿作为旅游规划的一部分，其管理自始至终以乌镇旅游开发公司（属于中国旅行社子公司）为主导。

乌镇景区分为东栅和西栅两个部分。东栅景区原有自发式的民宿，但是随着西栅景区的开发，东栅不再允许居民开客栈，政府对居民接待游客采取比较严厉的惩罚措施，因而，乌镇的民宿已经集中于西栅。

西栅景区是在统一规划下发展起来的。其民宿经历了以下的发展历程：自发式的接待外来游客——政府统一规划，在西栅外建立新居住区——旅游开发公司将民居全部买下，居民迁至新区居住——居民申请返回原来的客栈（也可能原来不是客栈），为游客提供住宿与餐饮服务。这样，民宿便出现了所有权与经营权相分离的状况，乌镇旅游开发公司拥有民宿的所有权，对原有民居进行全面的改造，选择“具备条件”的居民提供相关服务，并对客栈做整体的宣传。而乌镇本地居民（只是其中的一部分），则行使客栈的经营权，由于西栅的所有民宿采取统一的管理（包括预订、入住等），因而更确切地说，乌镇居民只是拥有客栈经营权的一小部分。居民在为顾客提供住宿服务的同时提供餐饮服务，客栈住宿的收益归乌镇旅游开发公司所有，而餐饮收入则是由居民所得。因此，乌镇民宿的管理属于企业组织内部的行政管理，具有高度统一与集中的特点。

乌镇旅游开发公司对景区的民宿进行统一化的设计与管理，以迎合城市度假旅游者的需要，这在一定程度上改变了民宿条件参差不齐的状况，有利于民宿集群式发展，乌镇西栅景区的民居也在实行统一化管理后开始显现出生机。但追求“舞台化的真实”往往容易失去民居的原真性，结果可能与管理者本身的意愿相违。笔者在乌镇民宿调研中发现，许多游客来古镇住民居就是为了体会当地生活，而乌镇的民居却并没有给他们太多“家”的感觉，这必然降低了乌镇民宿的顾客满意度。另外，乌镇的居民在旅游开发、民居开发中处于被动地位，使许多居民无法享受旅游带来的收益，游客已有所不满，这对民宿和景区的长期发展是不利的。

四、西塘古镇民宿：市场推动下的居民主导

如果说同里古镇的民宿最初是在政府的推动下产生与发展的，那么西塘古镇的民宿则表现为市场发展的产物。西塘古镇的民宿是随着西塘旅游的发展、住宿游客增多，居民自发筹建的。西塘古镇居民在民宿管理中处于绝对主导地位。

西塘古镇民宿中政府管理的空缺。由于西塘古镇民宿的消防与安全不能达到住宿业标准，西塘镇政府并不批准民宿的申办。西塘景区管理委员会相关领导表示，西塘景区内原则上是不允许开民宿的，这是出于保护古镇的需要，这也是为游客着想……游客可以到景区外面的宾馆、社会旅馆住。但事实上，由于西塘古镇作为“生活着的千年古镇”，居民住宅全部在景区内，景区外的宾馆、旅馆无法满足广大游客的需要，因而景区的民宿有较广的客源基础，成为西塘古镇旅游住宿接待业的主力。虽然西塘古镇的 120 多家民宿都是“非法无照经营”的，但是政府并未对其采取管制措施，实际上是默认了民宿的存在。当然，政府对西塘民宿并非完全自由放任，西塘景区管理委员会下设“安全保障部”，是旅游部门与公安部门合作的结果，安全保障部定期对民宿进行安全检查，并组织居民进行消防安全学习。

在民宿的微观运营上，西塘古镇的民宿与同里古镇的民宿相似，不同的是，西塘古镇的民宿发展相对成熟，已经出现了以“姚宅”“廊桥梦”等为代表的连锁经营品牌，这在所有江南古镇中也是比较少见的。

市场主导下的西塘古镇民宿发展已较为成熟，但其合法地位却未得到承认。西塘古镇民宿松散的管理体系虽然在成长初期给了其自由发展的空间，但在行业成长到一定程度，管理和规范对于客栈的竞争、持续发展将变得重要。很显然，民宿由于价格低廉和具有生活气息，在接待外来游客、增强顾客体验、维护古镇景观等方面具有宾馆或星级饭店不可替代的作用，因而，西塘镇政府应将模棱两可的态度改变为支持态度，并对其加以规范管理，促使其发展，以维护旅游者的利益。

五、宏村民宿：松散的管理

宏村民宿的政府管理介于同里古镇与西塘古镇之间。在宏村旅游发展初期，政府鼓励居民开客栈，作为其就业、致富的一种手段，当然，政府的管理主要在民宿的准入上，同时相关部门也对客栈进行安全和食品卫生等方面的检查与管理。

2000 年 11 月 30 日，宏村古镇与同在安徽黟县的另一古村落西递古镇一同被联合国教科文组织列入世界文化遗产名录，从此，宏村古镇的遗产保护被提上议程。之后，宏村镇政府表示不再审批民宿。但是，原有的民宿无法满足不断增长的旅游需求，于是宏村景区的民宿不断涌现，而这些客栈属于无照经营。镇政府虽然不允许非法经营客栈的存在，但当地居民顺应市场需求而开设客栈，无照经营并非自身主观原因（如不想办证）所致，政府对此也无可奈何。于是宏村出现了有照与无照民宿交织混杂的局面，以“南湖东楼”“居善堂”“宏安客栈”等为代表的持证经营的 14 家客栈是早期成立的，与宏村古镇旅游发展几乎同步，而后来出现的客栈约有 20 家，它们无须缴纳税收和高价电费，因而在竞争中压力相对较小，许多经营效益反而更好，如“湖沁楼”“南湖艺苑”等每年平均入住率达 80% 以上。同时，由于宏村镇政府的管理政策不稳定，许多持照经营客栈的店主表现出既想退还营业执照，又怕政策改变，下次申办困难的矛盾心态。

宏村古镇的民宿有证与无证经营的混杂造成了不正当竞争，竞争的加剧也促使有的村民到村口拉客和互相诋毁竞争对手，从而影响民宿的和谐、持续发展，因此宏村镇政府需要统一标准，对客栈加强规范管理，正确处理好民宿发展与古民居保护的关系，实现文化遗产地的可持续发展。

第三节　案例启示与建议

经上文的比较分析，可以发现，民宿的管理主体主要有景区政府、旅游开发公司和居民本身，管理内容涉及民宿的申办、消防管理、安全检查、对店主的培训、对客栈的宣传等，而管理手段则表现为法律法规、行业规范和行政措施等。不同的景区应根据自身情况的不同建立不同的民宿管理体系，但景区民宿的管理有其相通之处，上述四大古镇在一定程度上反映了景区民宿发展初期的状况，经过对四个案例的比较，我们可得出对景区民宿发展有益的启示与建议。

第一，政府重视民宿的管理，使民宿的地位合法化，并实行统一的管理标准，对民宿进行规范的管理。以宏村古镇为例，政府为改变目前民宿有照与无照经营混杂的局面，建议可开辟宏村新区，将无证经营的民宿逐步迁至新区，并明确其合法地位，进行规范化的管理。

第二，设立专门的管理机构，对民宿进行统一管理。在这方面，同里古镇做得比较成功。其“民宿管理中心”是民宿的协调机构和中介，避免了民宿多头管理的现象，提高了管理效率。

第三，正确处理好外来旅游开发公司与居民的关系，景区开发要以社区为主导，旅游发展应让利于民。居民及其所拥有的民居是景区的重要组成部分，理应在旅游开发中发挥其主导作用。尤其是对主要吸引力在古朴风貌的古城古镇而言，民居本身就是景点，居民的生活方式本身也是吸引游客前来的关键要素，因而更应保持古民居的原真性，强调本地居民的主导性，以实现景区旅游的和谐与持续发展。

第六章
研究Ⅲ：中国民宿的业态演化与空间布局

目前，随着国内旅游大众化，旅游人数不断增加，自助游和散客游的比例日渐提高，旅游者的消费需求也日渐多样化。住宿业作为旅游业不可缺少的组成部分，其发展与旅游业的发展在某种程度上是一致的，住宿业的种种变化在很大程度上反映出旅游者消费需求的变化。住宿业的发展从最早的客栈时期到大饭店时期，从大饭店时期到商业饭店时期，然后进入现代饭店时期，住宿业一直处于不断发展中，通过不同的经营理念和独特的经营方式等诞生了许多不同的饭店新型业态，民居客栈就是其中的一种。在风景优美的景区、风情浓郁的民族聚集地、独具特色的古镇村落等，民居客栈悄然兴起，并迅速赢得游客的青睐，游客可以在感受风景的同时品味地道的民风民俗并享受充分的自由舒适。然而这毕竟是一种新型业态，其发展的过程中还存在着一系列的问题，各地政府对待民居客栈发展的态度不一，各地民居客栈的发展情况也不相同，同时政府、企业、理论界和社会公众对这一领域的关注相对较弱，这就导致民居客栈在发展过程中出现一种盲目的状态。

从 2007 年到现在，随着中国经济的发展，民宿的发展潜力逐渐凸显。但是，由于缺少理论界的研究，该业态的前景如何，与当地经济、社会、环境的关系，对客栈业主、旅游者和当地居民的影响等这些问题都缺少明确的答案，那么政府也就难以对此业态的发展作出正确的决策并制定相应的政策给予管理；另外，哪些因素催生了民居客栈的发展、它的发展又会带来怎样的效应、哪些地方适合发展民居客栈、具体发展的模式又是什么等问题也困惑着客栈的投资方。

本书的研究意义在于，通过对民居客栈的空间布局和成长模式进行实证分析和规范研究，探索民居客栈的催生因素及其产生的影响，构建民居客栈发展的成长模型，为政府政策的制定提供依据；同时通过对游客、住店客人、客栈业主与政府部门的调研，为民居客栈业的具体发展提供思路，达到需求与供给的平衡，以求对该业态进行优化。上述目标的达成，有利于我国民居客栈业健康有序地发展，促进整个住宿业结构更加合理，同时为缺少理论指导的民居客栈业发展提供一定经营思路，使政府相关管理部门获得理论支撑去制定合适的政策引导其发展。

第一节　中国民宿的业态演化

业态演化是多种催生因素导致的结果，本书主要从催生因素、限制因素、成长机制三个方面分析中国民宿的业态演化过程。由于我国民居客栈的发展尚处于成长阶段，许多规律特征的表现还需要时间，因而理论界学者往往以实际案例为依托，分析我国民居客栈发展的形势。其中，民居客栈发展得较好的旅游景区，如广西壮族自治区桂林市阳朔县和龙脊镇、云南省的丽江市、河北省的北戴河区等地，其民居客栈往往成为实证研究的对象。

一、催生因素

政治环境、经济环境、旅游业结构等特点随着时代的发展也在不断改变，这些因素是促进中国民宿演化的重要动力。

（一）政治环境

不管是民宿发展的初期还是现在，一旦各地政府意识到民居客栈在旅游发展过程中的重要作用，都会逐渐采取各种措施来推动和促进民居客栈的发展。最典型的就是云南省民居客栈的发展。在 1999 年世博会期间，为缓解游客大增的压力，云南省政府动员有接待能力的古城民居开办家庭旅馆，并提供一些优惠条件，从而促进家庭旅馆的迅速发展；2000 年杭州市政府专门发文规定，凡有条件的杭州市民，在经有关部门核准以后，可以将自家住房开设成家庭旅馆，接待节假日期间来杭州游玩的游客住宿。这一规定的颁布对杭州市家庭旅馆的发展起到了较大的推动作用，为了提升古民居客栈的服务质量和水平，四川省南充市阆中市制定了《古民居客栈星级划分与评定标准》。这部具有鲜明地方特色的旅游标准，突出了古民居客栈的特殊性，对古民居客栈的设计、改造、服务、环境、设施等都作了具体规定和要求，还明确了星级划分与评定的条件，阆中市会按照这一标准，对古城区内的所有古民居客栈进行星级评定。

据介绍，丽江市的民居客栈曾出现过发展过快、部分区域密度过大、相互间削价竞争、员工素质参差不齐、管理不规范、游客投诉较多等问题。2006 年以来，丽江市政府采取强硬的管理措施，标本兼治，要求客栈加入市旅游结算体系，实行“一卡通”旅游，并对客栈进行旅游服务等级评定和制定质量保证制度，并与主管部门签订《旅游企业服务质量责任书》《家庭旅馆反不正当竞争公约》等；2005 年吉林省集安市也颁布了相应的旅游推荐社会旅馆和家庭旅馆管理办法；从三亚市有关部门获悉，为确保家庭旅馆业与旅游产业良性互动发展，三亚市政府组织有关人员经过几个月的专项考察、论证，制定了《三亚市家庭旅馆管理办法》。

2015 年，在国家的政策性文件中首次出现了“客栈民宿”。《关于加快发展生活性服务业促进消费结构升级的指导意见》指出，要积极发展客栈民宿、短租公寓、长租公寓等满足广大人民群众消费需求的细分业态，并将其定性为生活性服务业。《关于促进绿色消费的指导意见》进一步将民宿短租作为国家支持发展分享经济的重要组成部分。上海市在 2018 年出台《关于促进本市乡村民宿发展的指导意见》，鼓励利用农村依法建造的宅基地农民房屋、村集体用房、闲置农房、闲置集体建设用地等资源，为旅游者提供住宿、餐饮等服务。在政策支持与推动下，民宿业态近年来呈爆发增长态势。

（二）经济环境

由表 6－1 和图 6－1 中数据也可以看出，不论是城镇还是农村居民，人均可支配收入都在逐渐增高。相应地，人民对旅游的需求增大，随着我国经济的发展，人民有更多的资金用于生活以外的消费，旅游支出占比逐渐增大，这也与我国不断掀起旅游热潮的现状相符合。

表 6－1　　2001～2007 年城镇与农村人均相关数据

指标	2001 年	2002 年	2003 年	2004 年	2005 年	2006 年	2007 年
城镇居民人均可支配收入（元）	6 255.7	6 824.0	7 652.4	8 405.5	9 334.8	10 382.3	11 619.7

续表

指标	2001 年	2002 年	2003 年	2004 年	2005 年	2006 年	2007 年
农村居民人均可支配收入（元）	2 282. 1	2 406. 9	2 528. 9	2 690. 3	3 026. 6	3 370. 2	3 731. 0
城镇居民人均旅游花费（元）	678. 6	708. 3	739. 7	684. 9	731. 8	737. 1	766. 4
农村居民人均旅游花费（元）	226. 6	212. 7	209. 1	200. 0	210. 2	227. 6	221. 9

资料来源：《中国统计年鉴》（2008）。

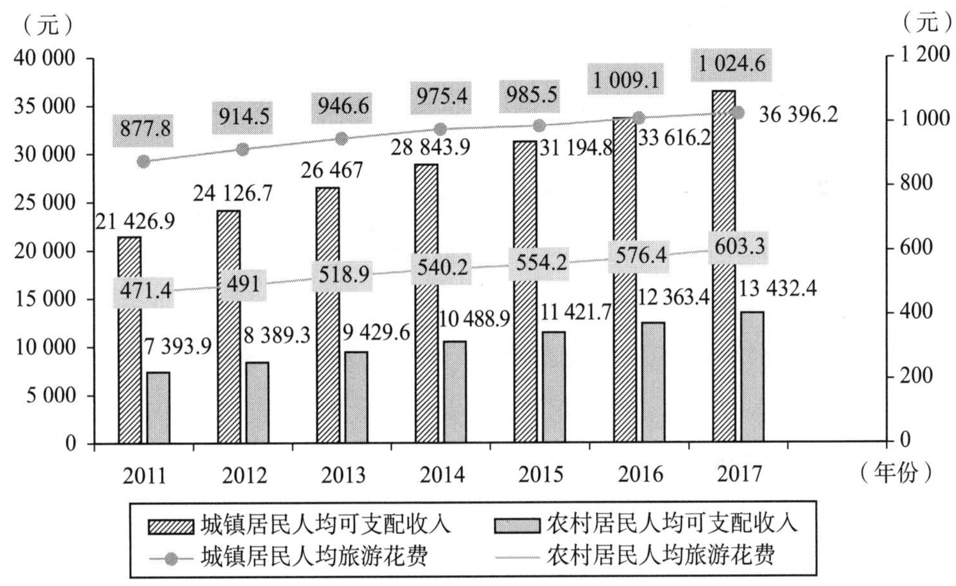

图 6－1　2011～2017 年城镇与农村居民相关数据

资料来源：《中国统计年鉴》（2018）。

旅游市场不断成熟，游客对旅游的需求不断升高，更加追求轻松、愉悦的旅游体验，这也是他们选择旅游的初衷。游客们倾向于选择自由、无拘束、体验感佳、性价比高的住宿场所，星级酒店的环境、布置比较符合游客的需求，但是价格偏高，特色并不突出，对部分游客的吸引力并不强。因此，随着假日经济时代的到来，实惠、温馨、颇具地方风情的民居客栈更容易受到一些游客青睐。游客的需求也在逐渐引导着行业的改变。

另外，随着一些旅游景区的发展，生活在景区中的居民也开始有了极强的市场意识，他们针对许多旅游者不愿花太多钱住宾馆的特点，利用自己多余的住房开设家庭旅馆，不仅缓解了当地旅游高峰期住宿难的问题，为不同层次游客提供了方便，而且也增加了自己的收入，许多山野郊外旅游区的民居客栈都在假日“狠狠地火了一把”。由此，会激发更多的居民利用自己的房屋开设民居客栈，获取收入。

（三）旅游业结构

游客在旅游期间的住宿是游客最关心的问题之一，也是影响游客体验的重要因素。节假日甚至日常工作日各大景点客流量爆满的事实限制了游客对目的地的选择，酒店住宿提供量有限，很多地区酒店甚至在节假日出现乱涨价的现象。对于旅行团来说也是巨大的压力，因为这意味着要增加游客的住宿、伙食费用，显然容易引起游客的不满。供给跟不上需求的步伐、无法满足日益增长的顾客需求、酒店与游客之间的需求矛盾日益突出等问题对整个行业的声誉和形象都是极其不利的。正因为如此，民居客栈以其灵活的经营方式、无可替代的个性化服务被推向了旅游市场，催生了民居客栈，这个“我国旅游业的新兴行业”。

近几年来，我国旅游业发展迅速，以浙江省为例，2011～2017 年的国内旅游人次分别为：34 295 万人次、39 124 万人次、43 439 万人次、47 875 万人次、52 532 万人次、57 300 万人次、62 868 万人次。特别是“黄金周”假日旅游业的蓬勃兴起，对各旅游接待地的承载能力是个巨大的考验，以 2007～2012 年为例，图 6－2 为 2007～2012 年春节“黄金周”旅游情况统计。

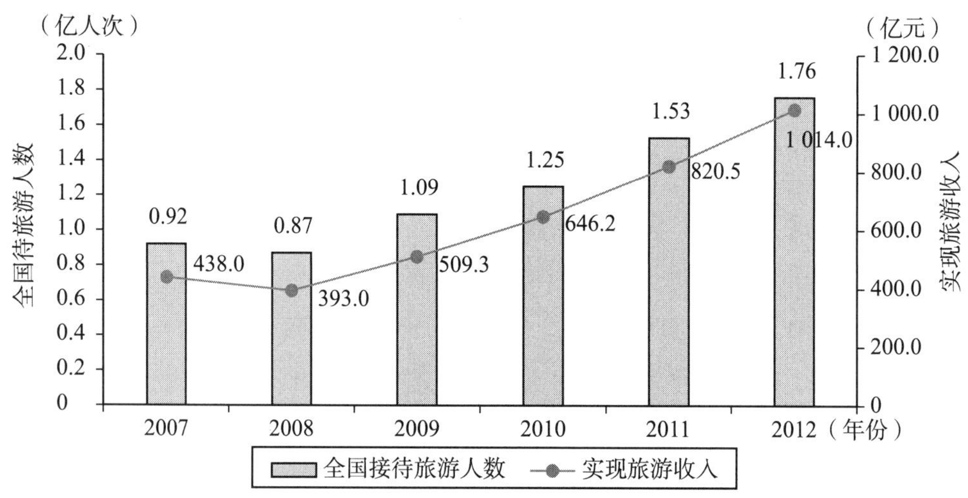

图 6－2　2007～2012 年春节“黄金周”旅游情况统计

资料来源：中商产业研究院。

旅游业的发展形式也在不断演变，越来越顺应时代的潮流。乡村旅游是一项新事物，但是其发展速度极快。乡村旅游也是催生民居客栈的重要因素，依靠乡村特色的旅游资源带动当地民宿的发展，提高当地人民的收入。如在广西壮族自治区桂林市阳朔地区。阳朔县以“山青、水秀、峰奇、洞巧”而甲天下，更以优美绝伦的乡村田园风光著称于世。游客常被阳朔县美景吸引而驻足于此，流连忘返于山水之间，探胜寻幽于山村古居之旁。游客可在当地农民家中入住，体验当地的生活习惯、乡土人情。还可听到当地特色歌声，看到当地少数民族特色舞蹈，处处是休闲、安宁的田园味道，不禁让游客想多住几宿。

乡村旅游的发展潜力使得乡村特色更加广泛地得以利用，民居客栈应运而生，发展形势良好。在乡村旅游如火如荼发展的背景下，乡村民居旅馆可满足城市居民“住农家屋、吃农家饭、干农家活、享农家乐”的需求，也可缓解各地酒店住宿的压力。前文的调研也对阳朔县乡村民居旅馆进行了实地调查与了解，旅馆多在风景秀丽的地方而建，游客在安静的旅馆中可欣赏到原始的自然风光，大多数客栈由原始建筑改造，充满地方特色，整体呈现出一片祥和景色，让游客身心都能得到放松。乡村民宿随着旅游业结构的不断更新，为旅游业注入了新鲜活力。

（四）住宿业结构

时代不同，市场环境风云变幻。共享经济传入中国，经过几年的融入与发展，民宿短租成为后起之秀，几乎遍布了现代生活的各个领域。共享经济传入中国以来，房屋共享的在线短租形式一出现就站在酒店的对立面，成为分羹住宿市场的最大竞品。由于种种原因，民宿开始在中国的发展并不顺利，但是近几年来，市场环境变化为民宿发展提供了各种利好条件，民宿经济迅速发展。

旅游行业快速增长带动了住宿行业持续发展，数据显示，从2012～2016年，住宿业法人企业数量不断增加，从2012年的17 109家发展至2016年的19 496家，5年间增加了2 387家，增速达14%，如图6－3所示。虽然住宿业企业整体增速逐渐变缓，但是随着新的经营主体不断进入，住宿行业规模持续扩张。

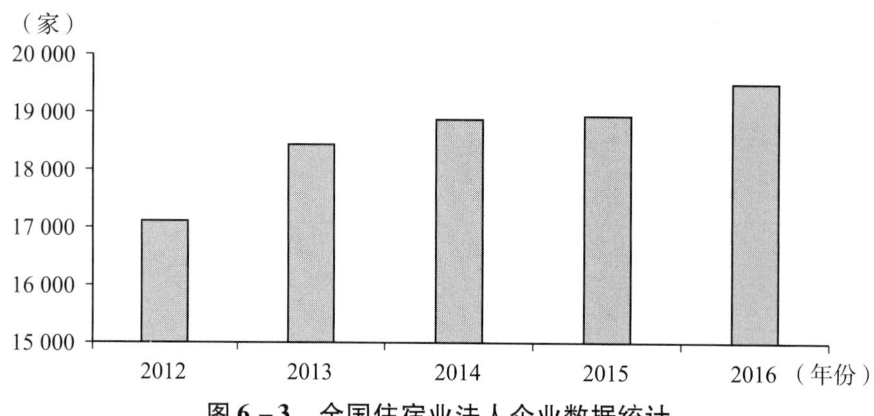

图 6－3　全国住宿业法人企业数据统计

资料来源：根据中商产业研究院数据整理而得。

住宿业的发展规模一直在不断扩大，在国民经济中的作用也越来越突出。根据 2016 年数据显示，住宿行业企业的房租和人力成本加剧。如表 6－2 所示，住宿业人均劳效达 26.3 万元，较上年增长 6.5%，客房收入仍是住宿业营业额的主要来源，占 47.5%。从各项成本和费用来看，三项费用占营业额的平均比重为66.3%，较上年增长3.8%；应付职工薪酬占营业额的27.2%，较上年增长 13.3%；房租占营业额的 10.7%，较上年增长 42.7%；这三项成本的上涨大大降低了营业额的上涨空间，总体来看，住宿业负担较重，利润率仅为 1.0%，较上年下降 9.1%。

表 6－2　　2016 年住宿业线上企业基本情况统计

指标	2016 年	同比增长（%）
人均劳效	26.3 万元	6.5
客房收入占营业额比重	47.5%	3.7
三项费用占营业额的平均比重	66.3%	3.8
税金占营业额的平均比重	6.4%	－13.5
能源费用占营业额的比重	6.1%	－11.7
房租占营业额比重	10.7%	42.7
应付职工薪酬占营业额比重	27.2%	13.3
主营业务收入占营业额比重	94.9%	－1.9
主营业务利润占营业额比重	54.4%	0.7
利润率	1.0%	－9.1

资料来源：根据商务部商贸服务典型企业统计系统数据测算。

由表6-2可以看出住宿业发展存在成本高、利润率低的困境，但转型升级的趋势也日益明显，只有这样低成本、经营灵活的优势才会凸显，民宿业才能适应市场发展的需要。按照中央工作部署，住宿业需要拓宽供给渠道，降低无效的供给。首先，从市场结构来看，住宿业供给需要更加符合当前消费升级下大众市场的消费需求；从细分业态来看，住宿业供给需要更加丰富，产品更加多样化。从这个角度来看，民宿业是一种积极响应供给侧结构性改革、满足市场需求的新兴住宿业态。

（五）市场效益

1. 价格优势

民居客栈的发展为店主和当地居民带来了收益，有巨大的市场潜力，市场的良好发展形势推动越来越多的人投资民居客栈。

通过前文的调研也可了解到，大多数游客期望的民居客栈价格在50~99元/天之间，占比48.1%。

由于经济方面的限制原因，大多数游客还是倾向于选择中低档次的住宿条件，由图6-4中调研数据结果我们可以看出，2007年大多数民居客栈将价格定在50~99元/天之间，占比最多为57%，说明大多数居民客栈的价格是合理的，游客可以接受。游客的需求与民居客栈的价格定位相符，可以吸引游客消费，无疑可为店主带来收益，对于当地居民来说是低成本、高效益的经营方式，可为当地经济发展谋思路。据前瞻产业研究院报告表明2017年国内民宿平均价格为401元/天，8~10月均价最高，7月均价最低，高峰期比淡季上涨幅度高达76%。30.7%的住客认为民居客栈性价比高而选择民居客栈。2018年，境内民宿中，300元以下的经济型民宿占比高达57%（中国日报网，2018）。从2018年第一季度各地区星级酒店经营情况看，全国共有3个省份平均房价在500元/天以上，10省份房价超300元/天，平均房价高于全国平均水平343.13元/天的有8个省份。其中位居全国前5位的为上海市（平均房价710.65元/天）、北京市（609.54元/天）、海南省（582.72元/天）、广东省（391.98元/天）和天津市（384.58元/天），其中上海市最高为710.65元/天，比第二名的北京市房价高出100元/天（中商情报网，2018）。经过数十年的发展，民居客栈的价格随着其发展需求也在不断上升，但民宿价格普遍还是略低于相对应档次的星级酒店价格，

而高于酒店价格的民宿则因其个性化设计风格具有一定的竞争优势。

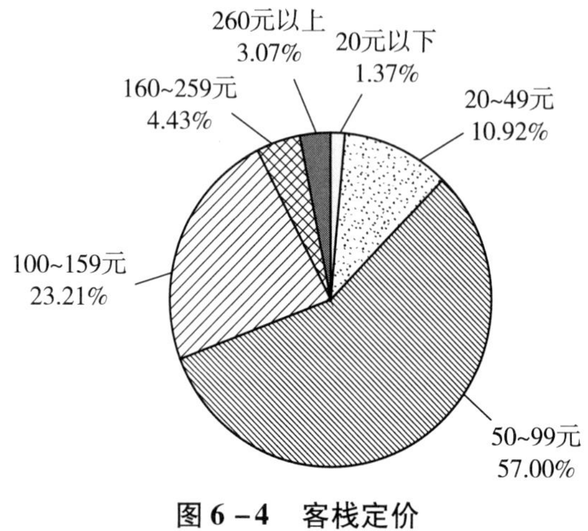

图 6-4　客栈定价

2. 市场优势

传统的旅游已经不能满足游客的需要，更多的游客希望体验到当地的文化特色，切身体会他方的魅力。而一般酒店并不能充分满足这类游客的需求，对于这类游客来说，一般酒店仅仅提供了住宿功能，不能让自己充分体验到参与当地生活的感受。现在的游客不再参观式旅游，对体验感的需求越来越强烈，而居民客栈能在一定程度上弥补传统酒店在这方面的不足。从前文的调研数据分析可知，民居客栈除了为游客提供留宿功能，还有文化传递功能。有 66% 的居住客人认为民居客栈具有当地的文化特色，可以让他们尝试到不同环境的生活体验，带来新鲜的感受。

民居客栈的服务更像是一种亲切、朴实的待客之道，有 63.5% 的客人被民居客栈的服务特色所吸引，也有 30% 的客人认为在民居客栈的感受更像是待在家里，舒服自然。除此之外，地地道道的当地美食也给游客留下了深刻的印象，这也是相比传统酒店的优势之一。酒店往往给人一种格调单一的感受，即使将地域的吃、住、娱乐活动照搬到酒店，依然无法吸引游客，因为，地道、传统、真实的风格才是游客真正的追求。2017 年我国民宿调研数据报告显示，民宿能体验当地民俗风情（56.2%）和远离喧嚣、亲近自然（54.2%）被认为是民宿两个最大特色，民宿其他吸引人之处还有：提供贴心的个性化服务（43.2%）、建筑风格和装饰有特色（42.9%）、性价比高（30.7%）以及兼具住宿、娱乐、交友功能（20.0%）等（前瞻产业研究院，2017）。

民居客栈是住宿业的新兴业态，面临着挑战和机遇。浓郁的当地特色、地道的菜肴、富有韵味的当地建筑等对游客来说都是新鲜有趣的事物，较低的成本也为民宿吸引了较多的消费群体，民居客栈的市场效益显而易见。不论投资方、游客还是当地居民都对其产生了浓厚的兴趣，想要挖掘其市场潜力，为自身谋利。

（六）乘数效应

游客在当地留宿，更有可能在吃、行、游、购、娱方面消费，提高当地旅游收入。因此各地采取多种营销策略来吸引游客在本地留宿，住宿的收入能为旅游收入带来乘数效应，除了经济方面的效应，对就业的贡献也不容忽视，如前文对民居客栈店主的调研可发现，民居客栈的经营者属于当地居民的占80%以上，为当地人提供了大量的就业机会。另外，据中国青年网报告显示，截至2017年底浙江省民宿超过1.6万家，带动了近10万农民创业、就业。

因此，为了促进当地经济、旅游等方面的发展，最大力度地发挥民居客栈的乘数效应，各地想尽办法留住游客。前文调查数据显示，民居客栈开业5年以上的所占比重最大，为36%；开业1～3年的次之，为31%；此外，开业3～5年、1年以内的比重分别占15%、18%。也说明了民居客栈呈现出加速发展的态势，各地的酒店、居民客栈的数量逐年增加，星级酒店的数量也呈现每年递增的趋势。通过中国统计年鉴的数据可了解到，国内旅游收入从2000～2007年翻了10倍之多，从2000年的5.39亿元增长到2007年的53.26亿元，当然，除了住宿业，还有其他方面的因素促进了旅游总收入的增长，但不可否认，住宿业的发展是促进旅游收入的重要因素。

要想游客留宿，必须有明显的特点，才能吸引和挽留游客留宿本地。前文调研数据显示有超过50%的游客在当地民居客栈的留宿时间为1～2天，可知大部分游客都是短期游客，5～7天的只有约14%的顾客，超过两周以上的更是只有约2%的顾客。途家2018年数据也显示，境外民宿入住平均间夜数为2.5天，高于境内的1.8天。留住游客，如何将短期游客发展成长期游客，仍是民居客栈努力的方向。

二、成长机制

在前文所调查的民居客栈中，大部分店主属于本地居民，占总体样本的81.3%，店主不是本地居民的占比18.7%。同时71.1%的被调查店主拥有客栈的产权，然而，也有28.9%的店主是不拥有客栈产权的，这反映了当地政府或外来资本已对民居客栈有所介入。另外，调研还发现，外来经营者与投资者的民宿占比呈上升趋势，所引发的潜在社会矛盾，需要政府进行更规范的管理。

事实上，民居客栈作为一种还未完全规范化管理的业态，其形成方式多样化，有市场推动形成的，有政府主导的形式，当然也有一部分发自内心的喜爱，自发开展居民客栈的运营。

（一）市场推动

许多民居客栈的形成是由于市场的推动，接受调研的民居客栈的店主中有56.8%的人是为了获得经济收入而经营民居客栈。民居客栈是应运而生，是为了满足市场的需求。如湖南省张家界市2000年平均每天可接待游客为6万人次，而全市所有宾馆的接待能力总和也不超过5万人次，这远远不能满足市场的需求。游客在游玩过程中无地留宿的尴尬情景使人们不得不思考如何解决这个问题，而很多游客因为无地方住宿而跑到较远的酒店寻找床位，甚至有游客直接在景区过夜。

因此，景区附近的居民顺势为游客提供住宿，在获得经济收入的同时，也解决了旅游发展过程中出现的供需不平衡的问题，同时通过有效的分流，减少节假日的客流量拥堵的可能。而第一批形成的民居客栈，往往有较敏感的市场意识，是较早一批的出现者，在民居客栈的初始探索阶段。往往由个人经营，缺乏专业的指导，更多的目的是为了自身获得经济收入。在提供服务、定价等方面还未形成规范，各家的管理不统一，但也因为是早期的探索者、竞争者较少以及新兴住宿形式的魅力，为店主带来了较多的经济收入。

（二）政府主导

在民居客栈不断发展的形势下，其逐渐凸显出自身优势，政府开始介入民居客栈的管理。政府在宏观上指导当地民居客栈的发展，并制定一定的政策规范和管理民居客栈，如为了避免民居客栈出现恶性竞争的情形，政府对景区的民居客栈数量进行限制，政府的介入是为了保证游客的需求与当地的供给相平衡，相比独立经营而言，更能体现出系统性、计划性、稳定性。

政府主导的目的不仅是为了避免恶意竞争，更是为促进当地的整体发展。前文调研数据显示，有将近 30% 的店主对经营民居客栈是不熟悉的，有超过 60% 的店主未接受过相应的培训，因此，整体而言，很多经营者欠缺这方面的管理知识，缺乏专业的指导。而政府不仅可以在宏观层面上掌控当地民居客栈的发展，把握发展的大方向，还可在微观上为经营店主提供培训和指导，提高店主的经营和管理能力，提升经营效益。而店主因客栈收益而获得收入，收入多少与民居客栈的经济效益高低挂钩。

这样的经营方式避免了许多问题，如民居客栈接待能力弱、经营市场不规范、恶意竞争等情况。在民居客栈不断发展期间，各地政府为了指导当地旅游有计划的发展而介入的情形也不断增多，如河北省的北戴河区，政府对民居客栈的管理相对全面，也相应出台了一些行业规范，这也是保证民居客栈健康发展的必然要求。而对于大多数地区而言，如江苏省的周庄古镇，认为政府对民居客栈的管理度不高，前文提到的调研中有近 40% 的店主认为当地政府对此地民居客栈的发展管理程度一般，只是侧重于安全、税务等方面。政府与当地民居客栈的发展关系如何加强，这需要在行业发展中逐步摸索出合适的方案。

（三）自发形成

还有一小部分群体是由于自身的喜爱，对宁静、安逸的“采菊东篱下，悠然见南山”的生活的追求而自发地经营民居客栈，他们更多的是在追求自身喜爱的诗和远方。在前文调研的店主中只有约 4% 的店主不属于当地居民，却拥有客栈产权，约占 10% 的店主是因为个人兴趣而经营客栈。虽然调研并没有将此类店主再次进行清晰的划分，但通过访谈可知，有一部分店主对民居客栈有着独特的情怀，并非仅仅为了经济收入，他们有的因为喜爱简单的生活方式而开了一家属于自己的客栈，并按照喜爱的风格装饰，在客栈中与有缘人同饮，享受欢乐的自然时光；也有店主因对某地的特殊情感，定居此地经营客栈，一方面通过经营客栈维持生活开支，另一方面通过招待客人无形中向游客传递了当地的文化。

这类民居客栈平静而安逸的经营着，利益已不是驱动他们的首要因素，他们对外有着高冷却又亲近、自然、温婉的特点，吸引游客前往，此时目的地也许不再是游客的第一追求，而是希望在此客栈过上几日脱离世俗的生活，给心灵一片宁静。这类自发形成的民居客栈也为当地住宿业态注入新的活力，吸引了更多游客。民居客栈的经营目的多样，经营形式也层出不穷，没有特定的规定限制民居客栈的表现形式，才会有那么多新鲜的方式和形象涌入，这也是民居客栈的独特之处之一。

三、优化路径

通过对业态优化因素的分析，我们提出中国民居客栈业态优化的路径选择，即从总量优化和结构优化两方面实现。由于民居客栈经营主体的特殊性和消费群体多样性，客栈的类型可以多样化，不用拘泥于固定的形态和标准。业态优化的研究能够让我们系统的了解中国民居客栈整体的发展历程，并且对以后的发展方向从微观层面做了具体建议。

（一）总量优化

根据前面提到的调研结果来看，调研的民居客栈中拥有 5 间以下的客栈为 15%，5 ~ 10 间客房的客栈约为 36%，拥有 10 ~ 15 间的约为 31%，15 ~ 20 间以及 20 间以上的都约为 9%。10 间以上的客房容量才使得这些客栈拥有接待小型团队住宿的能力。2018 年数据显示，我国大陆民宿总数达 42 658 家，11 个省份民宿数量在 1 000 家以上。目前来讲，民宿有巨大的市场和发展空间。在总量上，还有提升的趋势。市场形势为民居客栈的发展提供了机会，民居客栈可以通过扩大房间数量提升接待能力。

途家网在 2018 年上半年公布的民宿发展报告显示，途家网全球房源超过

120 万套，其中国内房源超过 80 万套。截至 2018 年上半年，途家境外在线房源约 40 万套。途家已经成为中国最大的民宿流量入口，打通了携程、艺龙、去哪儿、蚂蚁短租、58 赶集、微信酒店、芝麻信用 8 个平台的房屋库存共享，形成流量 8 合 1，成为中国最大的民宿流量入口。民宿的发展热潮扩大了住宿业的供给总量。

1. 抓住机遇

从需求方面看，随着假日经济的兴起，尤其是在“黄金周”，旅游景区游客数量暴增，旅游行业需要解决旅游高峰期住宿难题，化解了旅游饭店“忙闲不均”现象。景区居民利用自己多余的住房开设居民客栈，可以有效地缓解当地旅游高峰期住宿难的问题。另外，乡村旅游的发展也给民居客栈带来了机遇，乡村旅游促进了民居客栈的改革，给当地特色旅游带来大量客源，为旅游者提供了住宿保证。同时，旅游者的大众化和旅游需求的个性化，要求景区内有“质优价廉、富有情趣的旅馆”。民居客栈是满足旅游者探求异地文化的需要；是解决国家供需矛盾的需要，民居客栈有其发展的价值，应通过国家引导，发挥其优势，促进旅游行业的健康、可持续发展，为国家和人民带来收益。

2. 明确定位

2017 年前瞻产业研究院数据报道提出居民客栈的总量在呈上升趋势，这也是近几年可预料到的趋势，民居客栈的增多是需要也是必然，但总量增加并不意味着一定有利于旅游业发展，整个行业有效、规范的运营才是解决旅游难题的关键。民居客栈的定位直接影响着目标游客群体，如何扩大民居客栈的目标群体？如何通过民居客栈为当地带来游客？如何实现民居客栈的效益最大化？首先，应该思考我国民居客栈的定位是什么，是住宿？是文化载体？还是经济酒店替代品？由于我国民居客栈发展并未成熟，没有成熟的行业规范，甚至还未形成明显的行业特点，对其定位十分模糊，还都在摸索中寻找答案。找准定位，这也是这一新兴业态想要持久发展必须明确的一个答案。

（二）结构优化

居民客栈最初兴起的原因是低价、便捷、民居客栈经营方式灵活，可随着这一业态的发展，游客对民居客栈的期望也越来越高。吸引游客入住的原因可能是店主独特的人格魅力、客栈附近的秀丽风景、客栈精致的装修风格、也可能是当地的人文情怀。各家客栈应在保证服务质量的前提下，找到自己的特点，以此丰富整个行业的民居客栈经营形式。2018 年途家网对民宿进行了豪华、精品、舒适、经济等级划分，并制定了高端、中高端、中端、经济或平价房屋的评定标准，根据等级标准，用户对不同类型民宿的评价也不同：豪华民宿的体验评价点评达 4.9 分（满分 5 分），略高于精品（4.88 分）、舒适（4.86 分）和经济型民宿（4.73 分）。在结构优化方面，民居客栈主要从两个方面加以改善。

1. 提高经营质量

民居客栈价格普遍略低于星级酒店，与酒店相比，服务质量上确实不足。除了提高最基本的卫生水平，民居客栈应借鉴酒店的服务功能，为游客设立独立卫生间、提供早餐服务，民居客栈虽不同于酒店的房间构造，但要保证给游客一定的私密空间。另外，除服务功能，民居客栈应突出自己的不同之处，家庭旅馆在装修布置上应尽量体现温馨，让游客感到亲切；简约、清新风格的居民客栈应在细节上做到极致，让游客感到舒适、眼前一亮；具有年代特色的民居客栈应尽量保留古建筑原始样貌，重在宣扬和传承当地文化，如湖南省湘西土家族苗族自治州凤凰县的凤凰古城和江苏省苏州市昆山市的周庄古镇。

2. 丰富经营形式

随着民居客栈的发展，经营形式不再单一，衍生出各种新的形式，如个体、政府主导、企业投资等。借助当地的旅游资源，一部分居民可参与到居民客栈的建设中，而有一部分居民却只能观望，这不利于社会公平。有序、公平的经营资格评估工作是十分必要的。政府可听取当地居民的意见，呼吁居民参与到当地旅游发展中，为他们普及民居客栈发展的重要性以及他们各自的职责和角色。对想要参与的居民房屋进行评估和筛选，还可对一些居民提供经济支援和理论指导，维护居民的参与性，保证客栈的经营质量。

企业是推动民居客栈经营的重要力量，要通过可持续发展理念来引导企业的经营方式，保护当地生态环境，减少对民俗民风的破坏，促进居民客栈的健康发展。企业可开发与保护理念相结合的旅游产品，以绿色营销的理念为当地环境保护助力。另外，政府可以鼓励企业与农户结合的经营方式，为居民减少成本风险，为企业提供创业保障，通过“企业 + 居民”的合作模式扩大经营效益。对于自发形成的个体经营者，应当给予鼓励，他们大多数抱有对某种情怀的追求，会在装修设计上大花心思，这类经营者的初衷最为纯粹与浓烈，也往往能形成一批忠实粉丝，吸引游客前往。

四、限制因素

当然，民居客栈的发展存在着地区差异性，一些有独特建筑风格、重要历史价值、深厚文化积淀的古镇和乡村，如凤凰古城、水乡周庄、丽江市等地的民居客栈发展已初具规模，而一些旅游城市，如杭州市却在发展民居客栈的过程中一再受挫。对于其他地区而言，由于民居客栈还未发展成熟，在不断演化过程中也遇到了许多问题和困难。

（一）同质化严重

随着民居客栈的兴起，不少经营者从中获得利益，其他居民也争相进入这个行业，以获得经济收入，这就容易造成当地资源过分商业化。居民争相改造房屋出租，甚至使用新建房屋经营客栈，以及由此引发的恶性竞争造成旅游产品单一、同质化严重等问题会严重影响当地的自然环境和人文氛围。

（二）服务质量不规范

民居客栈目前在卫生、安全等问题上难以做到规范管理。传统酒店和旅馆最基本的要求是做到安全保障，客人需要进行身份登记才能入住，这是对客人身份的验证，也是对其他客人安全负责的行为。而民居客栈定位处于“家”与宾馆之间，有很多客栈并不会对客人进行身份登记，与民居客栈的待客理念相符，回到自己“家”里需要身份验证在某些程度上会影响顾客的情感体验，而这恰恰也是民居客栈的缺点，在追求淳朴的待客之道的同时，无法像酒店那样为顾客提供安全保障。

另外，民居客栈的低成本也暴露了服务的缺陷，如许多民居客栈不会像星级酒店那样提供一次性消毒工具、不会雇用长期的员工、很少主动制定并施行规范的制度，如每天打扫卫生、换洗毛巾、茶具等，这容易产生疾病传播问题。

（三）定价不科学

民居客栈的定价相比于酒店更加灵活，给予了游客更多的“讨价还价”的空间，许多民居客栈的店主对于价位的掌控十分灵活，甚至针对不同顾客，出现同一房间多个价位的现象。这种灵活的定价是吸引游客的一个重要因素，但也侧面反映了现在民居客栈在定价方面的不完善。目前，很少有地方出台方案限制或管理当地民居客栈的定价，他们仍属于一类自由度较高的行业群体。

而且，在定价方面，他们无法通过规模经济降低成本，机会成本偏高。最重要的是，面对越来越多的中低档旅馆，民居客栈的定价优势并不明显。

（四）监管力度不够

政府方面对客栈的管理相对宽松，且主要倾向于消防方面。而对于其他诸如定价等问题没有太多干预，除江苏省的同里古镇等少数地方由旅游公司对房价作出相应规定外，各地基本上也没有政府指导价格，完全由居民自己作主。在旺季价格高得离谱，有损旅游地在旅游者心目中的形象，在淡季则无限制地相互压价恶性竞争。在这方面，政府应该发挥其宏观指导的作用。从目前的情况看，不少地区，如安徽省的宏村古镇，政府在民居客栈管理中的漠视已经造成了许多问题：许多客栈无证经营、逃税漏税、竞相拉客、诋毁竞争对手等，这已经引起了许多民居客栈店主的不满。虽然许多客栈店主对政府管理不甚满意，但它们对标准化管理却持保留态度，因而政府的管理应该侧重于宏观指导方面，给予客栈充分的经营自由。

五、优化建议

解决这些问题，是民居客栈进一步发展的关键。为此，需要发挥政府和行业组织的作用。

（一）政府监管

加强政府指导，出台相关的管理措施与规范、标准，促进民居客栈持续、健康发展。民居客栈的发展是与景区旅游发展息息相关的，受景区发展的制约，因而我国政府主导景区管理的现状也必然要求民居客栈发展由政府主导。这是由我国民居客栈发展的现实条件决定的：景区内的居民在经济实力、能力、素质等方面尚无法与外来投资者、开发商相比，而景区的长期发展却不能不依靠居民的支持与建设，因而政府采取相关的（优惠）措施鼓励、支持民居客栈的发展，不仅是出于解决居民就业的考虑，也是基于景区长期发展的需要。当然，政府对民居客栈的指导不应是粗暴命令式地管理，而是制定相关的法规、标准来实现宏观层面的监控。

（二）重新定位民居客栈的功能与角色

明确民居客栈究竟在景区发展中扮演一个什么样的角色十分重要。显然，民居客栈首先是一种住宿设施，它是原先景区的接待设施的一个有利补充，更重要的是，民居客栈是旅游景区不可缺少的一部分，这在古城镇地区尤其如此。以江苏省的同里古镇为例，许多客栈（如敬仪堂）本来就是景点。民居客栈不仅是景区建筑、风貌的组成部分，更是当地文化的传承载体和展示舞台，因此，民居客栈本身就是景区景点的一个组成部分，而这一点，应该在景区旅游规划中体现出来。

（三）加强民居客栈的营销

目前，民居客栈的营销渠道比较单一，且大部分客栈的客源主要是主动找上门的游客，处于一种接近“自生自灭”的生存状态。解决此问题可行的办法是政府对客栈的整体营销与客栈的自主营销相结合。因为客栈的发展严重依赖于景区旅游，景区旅游构成了客栈经营的外在公共产品，作为私人所有者的客栈店主是不愿意进行全面营销的（这种营销的外部性极大）。因而政府应发挥作用，进行整体营销，在这方面，河北省的北戴河区是典型。另外，受个人经济条件的限制，民居客栈店主可以联合起来共同构建适当的营销网络。值得指出的是，一个半官方性质的中介商“中国古镇网”在民居客栈的营销方面起了巨大的作用，我们应鼓励类似机构、单位的发展，以拓宽民居客栈的营销渠道。

（四）规范管理、公平竞争

由于历史的原因，不少地区的民居客栈存在着“双轨制”，部分民居客栈营业执照、特种行业许可证、卫生许可证等一应俱全，而其余的客栈则没有任何合法手续，有的甚至仅限于“黄金周”期间开业几天。造成这种局面的原因是多方面的，有的是因为老宅的消防不过关，政府不能批；有的则是由于景区性质发生了变化，如安徽省黄山市黟县的宏村镇成为世界文化遗产以后，按照规定就不能再进行景区内的新客栈开业审批。由于这种“双轨制”，使得有无执照的民居客栈经营者在经营成本上存在着巨大的差异，如正规审批下来的客栈每年要缴纳相应的管理和检查费用，而且作为商业经营，电费价格等方面也比普通居民用电翻倍，而未审批的客栈则没有此类负担，可以将房价大幅度下调，这显然不能维护合法经营者的利益，不利于客栈的良性发展。

（五）减少对环境的破坏

适于居民客栈发展的地方往往是空气清新的郊区、风景秀丽的乡村以及具有特色建筑的古村落，居民客栈的开发者、经营者以及当地政府应当注意到环境保护对民居客栈发展的重要性。

如果不加强当地环境保护，游客的大量进入会对当地环境造成破坏。民居客栈最主要的一个依托就是空气清新的景象，一旦失去自然美丽的风景，被破坏的环境包围，民居客栈将失去其生存的基础，变得毫无吸引力，并且会严重破坏当地的旅游形象。如古建筑是周庄古镇发展的重要资源，但是周庄景区内河水污染严重，已经影响到当地的旅游发展，违规的建筑也会破坏当地特色建筑的形象。环境质量一旦下降，周庄古镇对游客的吸引力也会降低。因此，政府应当采取措施进行污水处理，制定环境保护以及破坏环境的惩罚政策，还可以通过限制旅游人次以避免客流量过大造成的环境破坏。

（六）丰富文化内涵

吸引游客入住民居客栈除了合理的价格以外，游客“求新求异”的需求也驱动着游客尝试新鲜的生活方式。只有充分挖掘当地的饮食、生活方式等文化魅力、丰富文化内涵，才能使当地民居客栈的吸引力得以维持。

如位于广西壮族自治区桂林市阳朔县山水田园风光核心区的蔽龙阁，是继承和发扬传统居住文化的乡村民居旅馆的典范。游客可以身临其境的体验当地的生活民俗、参与当地人的日常起居饮食、感受他们的价值观念等。主人亲切、和蔼的招待方式，让游客感受关怀的同时，可自由自在地享受当地的生活。这样的文化特色不断丰富着阳朔县居民客栈的内涵，以赋予其强大的生命力。

第二节　中国民宿的空间布局

前文的调研对江苏省苏州市吴江区的同里古镇、江苏省苏州市昆山市的周庄古镇、浙江省嘉兴市嘉善县的西塘古镇和桐乡市的乌镇、安徽省黄山市黟县的宏村古镇和西递古镇、云南省的大理市和丽江市、广西壮族自治区桂林市的阳朔县和龙脊镇、湖南省湘西土家族苗族自治州凤凰县的凤凰古城、河北省秦皇岛市的北戴河区、山西省晋中市平遥县的平遥古城的民居客栈进行了全面的调研，并以此为基础，结合现有的研究，分析和总结中国民宿的空间分布特点。

一、民宿空间布局特点

（一）依托旅游资源

1. 不同区域旅游资源分布不均

本次调研共分为两个组，江南和西南组（出于分析方便考虑，将湖南省划分在西南组）。从整体调研情况可知，西南地区居民客栈发展情况要好于江南地区，这与云南省、湖南省等地区在旅游资源方面的优势密不可分。我国各地环境资源各异，地理位置是旅游资源的一个重要决定因素，不同区域在旅游资源上存在分布不均的特点。由于地理位置不同，我国旅游资源不仅在东西部产生差异，南北方也有显著不同。

目前，我国民宿主要集中于北京市、浙江省等东部地区；福建省、广东省等东南部地区以及云南省、四川省等西南部地区。西北地区以及东北地区数量偏少。这一分布特征与我国旅游业的整体发展现状相吻合，民宿的分布集中于旅游业比较发达的区域。

据数据显示，截止到2016年，我国民宿总数达53 852家，民宿最多的地方为云南省，有6 466家，浙江省则以5 669家的数量紧随其后，北京市、四川省的民宿客栈数量超过3 000家，而山东省、福建省、河北省、广东省等地的民宿数量则已超过2 000家，此外江西、广西、湖南等地的客栈民宿数量也已超过1 000家，如图6－5所示。

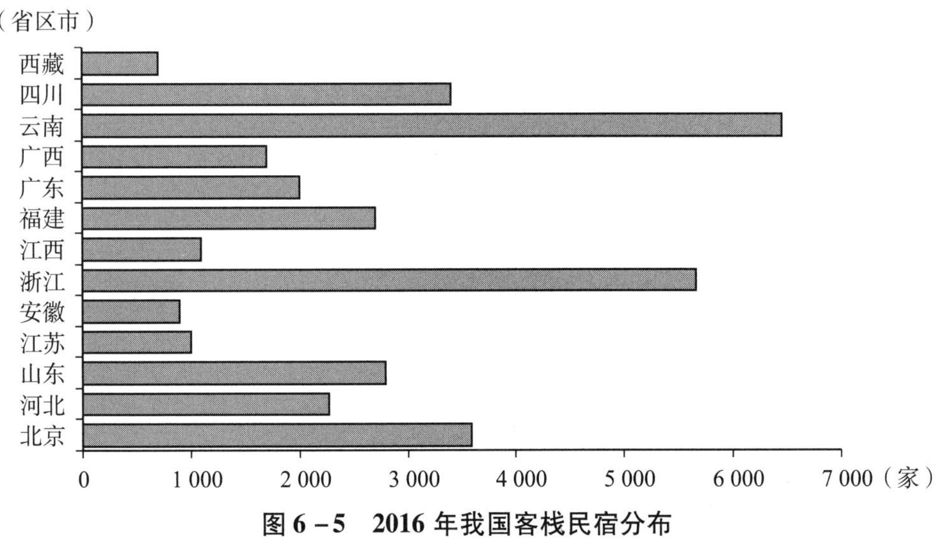

图6－5　2016年我国客栈民宿分布

资料来源：鹿豹座大数据研究院。

2. 区域内旅游资源分布不均

根据前文的调研数据可发现，不同省份也明显出现旅游效应方面的差距。如在云南省的丽江古城内有民居客栈350家，其中已经注册的有320家，相比于大理市的古城而言，民居客栈发展更为繁荣。这主要因为丽江市的旅游资源丰富，地理位置占有优势，而大理市作为中转站，商业氛围较弱，停留游客较少，在一定程度上限制了民居客栈的发展。广西壮族自治区桂林市的阳朔县商业气氛同样浓厚，客栈遍布整个县城，从其与广西壮族自治区桂林市龙脊镇的客栈发展情况对比可以看出，居民客栈的发展与景区的发展密不可分，居民客栈在很大程度上依赖该景区内的旅游资源。同省份的不同区域内仍然存在居民客栈发展差异较大的现象，这与各城市自身的旅游资源紧密相关。图 6－6 为中国重点城市的客栈数量：

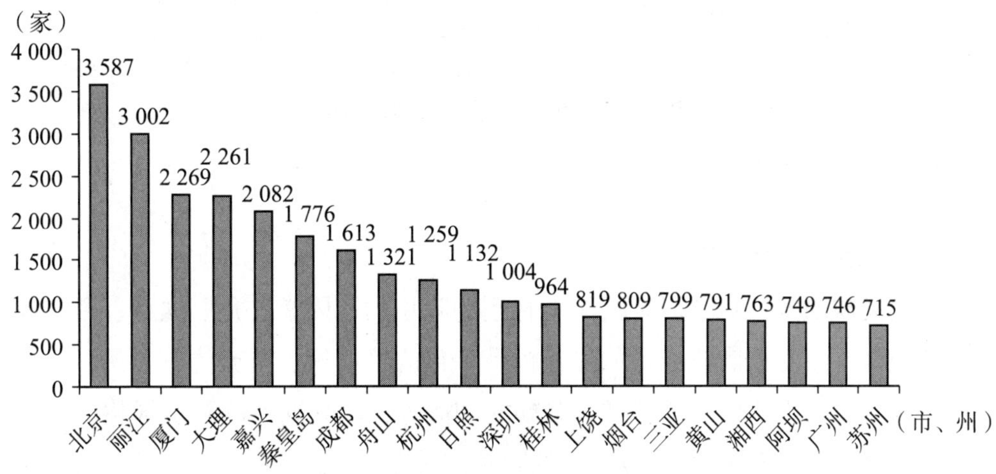

图 6－6　中国重点城市民宿数量（前 20 位）

资料来源：根据民宿招商与投资、中商产业研究院数据整理。

3. 古城古镇旅游区较集中

如丽江市、大理市、嘉兴市等地区的古城、古镇民宿数量相对较多。古城、古镇本身所拥有的文化底蕴以及文艺气息，与民宿所要展现的情怀不谋而合，因此，古城古镇被大多数的民宿主人所青睐，成为民宿选址的热门地区，使民宿在古城、古镇区域迅速生根并得以发展。

如图 6－7 所示，截止到 2018 年 4 月，我国民宿总数达 42 658 家，11 个省区市民宿客栈数量在 1 000 家以上，我国各省区市民宿数量前十名分别为：云南省、浙江省、北京市、四川省、山东省、福建省、河北省、广东省、广西壮族自治区、湖南省。其中云南省以 6 466 家民宿的数量位居全国第一，浙江省和北京市以 5 669 家和 3 587 家民宿分别排在第二、第三位。

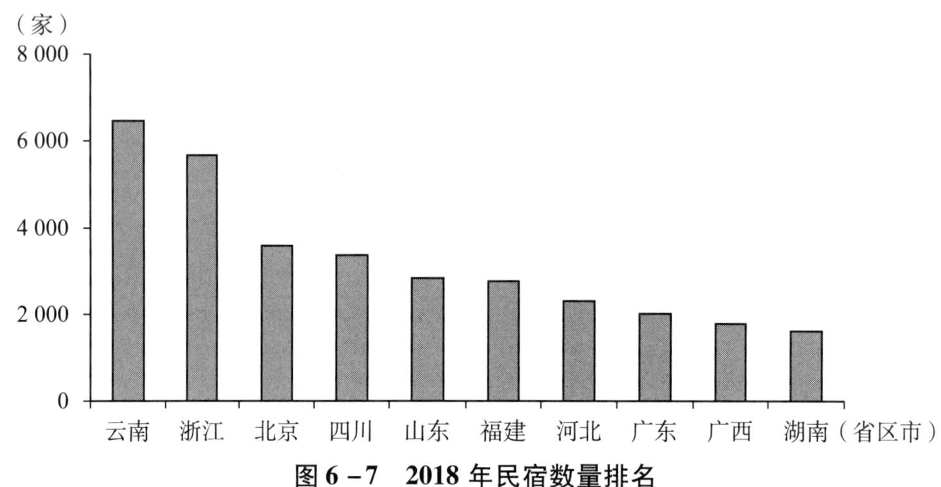

图6－7　2018年民宿数量排名

资料来源：中商产业研究院。

4. 少数民族文化优势

少数民族地区经营民居客栈具有特别的吸引力，因在文化、饮食、习俗等方面的与众不同而充满魅力。如傣族极具特色的竹筒饭、苗族的打油茶；土家族的吊脚楼、傣族的杆栏式竹楼、藏族的碉房等，以其独特的建筑风格带给游客“新鲜感”，在保护少数民族文化的同时，促进民族之间的交流，这一思想引导着游客去探究和了解我们的少数民族文化，加强不同民族之间的友谊。多数游客抱有亲近、参与、体验异族民风民俗的强烈愿望。

少数民族的文化活动，如蒙古族的那达慕、傣族的泼水节、傈僳族的刀杆节、彝族的火把节、白族的三月节、哈尼族的扎勒特、藏族的酥油花灯节、景颇族的目瑙纵歌、拉祜族的月亮节、苗族的花山节等，这都是各少数民族独有的文化旅游资源。少数民族的优势还体现在其代表了某种理想的生活方式，如过着“逐水草而迁徙”游牧生活的蒙古族，能让游客欣赏到壮阔的景象、博大宽广一望无垠的草原，身心得到洁净，灵魂得到释放，令游客向往。

5. 城乡地区差异

民居客栈因城镇和乡村的差异分为两类，主要因为城乡之间可依托开发的民宿资源不同。就城镇而言，顾客在选择民宿时，从小猪网站的评论中可以看出顾客主要从便捷、干净、齐全、舒适、性价比等方面考虑。游客主要关心房间内设施、布置、装修与设计的质量，对于主题民宿，如小清新风格、简约风格、浪漫风格、东南亚风格、日式风格等，顾客追求的是“精致的一日体验”，但是又不乏星级酒店的干净、规范、服务效率。另外，城镇民居客栈也可依现代热门景点而建，为自身增光添彩。

而乡村旅馆更多的以乡村的旅游资源为依托，如以风土习俗、自然风光、民居客栈店主等为主要承载体，突出“自然、地道、土味”等，乡村民居客栈的核心生命力是自然美。在乡间小住数日，为顾客带来的是身体舒畅、心情愉悦，享受漫食、漫游的生活，是田园之旅亦是心灵之旅。

所以，城乡在开发民宿时会结合资源、地理、生活节奏、历史文化等多方面的因素，因此城乡居民客栈拥有各自竞争优势。

（二）受政治环境的影响

1. 宏观政策指导不充分

由于政策扶持、消费升级、共享经济、创客返乡等多种因素的作用，经过数十年的发展，民宿从无到有，受到各方的追捧。各地政府实施不同程度的支持政策，希望发挥其惠民的功能，为展示乡村文化、建设美丽乡村、维护生态文明助力。近几年来，民宿增长率一直保持在60%左右，据2017年行业数据分析报告显示，民宿市场交易规模突破120亿元。但是，民宿的繁荣并不能掩盖民宿仍是新生事物的事实，不管是学者还是政府、投资者，只能尽可能根据市场现状预测未来的发展趋势，但对其自然发展规律、如何与不同产业实现耦合发展、产业影响如何等缺乏概括和总结。国家宏观上对这一新生行业的政策指导不够充分，各地政府的实施情况也具有差异。

国家相关文件中有关民宿的有2017年出台的《旅游民宿基本要求与评价》《旅游绿皮书：2016～2017年中国旅游发展分析与预测》等。各省区市也采取了不同的管理方案，如浙江省宁波市出台的《特色客栈等级划分规范》、安徽省在《如何促进乡村旅游业发展扶持奖励暂行办法》中也有提到如何管理民宿的发展，以及海南省出台的《海南省特色风情小镇建设指导意见》，都在努力引导当地民宿的健康发展。

2. 各地政府管理力度不同

浙江省嘉兴市嘉善县西塘古镇、湖南省湘西土家族苗族自治州凤凰县凤凰古城等景区由于政府和当地部门监督程度低，景区内客栈数量也逐渐增多；安徽省黄山市黟县的宏村镇相比西递古镇而言，管理政策松散，景区内客栈数量较多，而西递景区内明令禁止违规搭建，经营客栈的数量明显较少，气氛较冷清。这是因为各地政府部门对民居客栈的发展态度并未统一。有的地区为了带动当地旅游业发展，虽然向外宣称禁止，但私下并不反对景区内进行客栈经营，这在一定程度上促进了当地民居客栈的繁荣。而有的景区，如西塘古镇，因为担心安全问题，严格禁止在景区内经营客栈，更重要的是政府非常重视对西塘古镇资源的保护，因而一定程度上限制了该景区附近民居客栈的发展。

二、民宿与各方的关系

民居客栈作为新兴的业态，并不独立生存于市场，而是需要借助甚至依赖各方行业，大环境的变化会影响这一业态的生存和发展。以下主要从宏观角度分析民居客栈与国民经济、当地社区、乡村旅游、饭店业、行业管理部门等方面的关系。

（一）民居客栈与国民经济的关系

1998～2008 年，我国住宿业发展迅速，2008 年全国住宿网点达 28.2 万个，比 1978 年相比增长约 10 倍。2008 年住宿营业额达 4 619.28 亿元，占社会消费品零售总额的 4.02%，占当年 GDP 31.4 万亿元比重的 1.47%，成为国民经济不可缺少的重要行业。随着时代的发展，住宿业的结构慢慢开始变化，行业业态进入了多元并举的状态。形成了公寓式酒店、温泉饭店、经济型酒店、商务酒店等多种形式共存的住宿业态，“农家乐”、家庭旅馆、乡村旅馆、青年旅舍也逐渐发展起来。

2016 年，全国限额以上住宿业 2016 年营业收入 3 811.1 亿元，国内生产总值（GDP）74.4 万亿元（见表 6－3），社会消费品零售总额 33.2 万亿元。通过对数据的回归分析可知星级饭店数对第三产业从业人员的解释率为 0.74，星级饭店数对 GDP 的解释率为 0.94，星级饭店数对住宿和餐饮的营业额解释率为 0.81。可知住宿业在促进国民经济、提升就业人员数量方面作出了贡献。民居客栈作为住宿业的一种业态，丰富了住宿业的经营形式，扩大了住宿供给，对国民经济的发展起到了促进作用。

表 6-3　　2007~2016 年星级饭店数及相关数据

年份	星级饭店数（家）	第三产业从业人员数（万人）	GDP（亿元）	住宿和餐饮业营业额（万元）
2007	24 404	13 583	270 232.3	37 115 000
2008	25 087	14 099	319 515.5	48 244 000
2009	25 857	14 237	349 081.4	49 471 000
2010	26 332	13 991	413 030.3	59 930 000
2011	27 282	13 513	489 300.6	70 709 000
2012	27 690	12 807	540 367.4	79 543 000
2013	29 636	13 293	595 244.4	80 613 000
2014	31 364	12 803	643 974.0	81 506 000
2015	32 839	10 550	689 052.1	85 122 000
2016	33 757	11 685	743 585.5	89 382 000

资料来源：国家统计局。

（二）居民客栈与社区的关系

政府或旅游规划公司与居民的关系影响着当地产业的可持续发展程度，已有不少地区出现因规划公司不听取居民意见而致使两者矛盾重重的局面。

1. 积极促进双方沟通

云南省丽江市就曾出现多起当地社区不满旅游开发公司规划方案的事件，因未提前征求各社区的意见，在规划各社区经营范围上未能达到各社区的要求，加剧了规划公司与各社区的矛盾，这必定降低了其后期的工作效率。不论是政府、企业还是社区居民，积极有效的沟通是促进当地产业发展的前提，社区居民虽不是投资方，但作为当地的活动主体，是当地人文文化的载体，企业在当地开展经营活动必会影响他们的生活。

对于民居客栈的经营，企业更要借助社区居民的“土生土长”的优势，在开展经营项目和设计旅游产品之前，应广泛听取社区居民的意见，避免盲目实施策划方案，纠正设计思路中的不足，有利于促进双方和谐关系的建立。给予社区居民最大的尊重，保证社区居民的知情权。当社区居民能够较大程度上参与政策制定、与企业达成共识，并签订彼此认同的协议之后，才更有可能全心全意的执行策划方案。因此应当鼓励企业给予社区一定权力，引导社区居民积极参与，以达到企业与社区居民双赢的目标。

2. 提升社区综合能力

在云南省曾出现居民客栈为了迎合市场的需要，随意改造房屋内部的装修风格的事例，从而失去云南省当地的特色。社区综合能力意味着居民对发展方案有着较强的执行能力、对环境有较强的保护意识、对游客有较高的接待能力、对客栈有较强的管理能力。社区居民应以身作则，介绍相关培训，维护当地的旅游形象，保护当地生态环境，避免给游客留下不好的印象。更重要的是，社区居民应服从当地政府或规划企业的管理，执行已定的营销方案，禁止因个人利益对客栈随意改造，破坏民居客栈的发展秩序。

社区在经营民居客栈时应当注意到风格设计与旅游产品要符合当地旅游形象的定位。另外，为了提升社区整体的综合经营能力，应当给予处于劣势的社区扶持，如有计划的培训内容以及经营优惠政策等，提升社区整体竞争能力，推动当地的可持续发展。

（三）民居客栈与乡村旅游的关系

1. 民居客栈推动乡村旅游的发展

早就已经闻名的广西桂林市阳朔县，因住宿问题难以解决，游客无法欣赏到更深层次的景点，浪费了处处皆画的桂林市旅游资源。而民居客栈的出现极大程度上解决了游客们的住宿难题，游客不必因着急赶回市区而放弃欣赏部分景点的机会，民居客栈非常接地气的待客方式让游客疲惫的身心得到放松，为阳朔县挽留了游客，带动了当地旅游经济的收入。

由于首要问题的住宿问题得以解决，才加快了研学游、休闲游、攀岩游等多种方式的形成。可想而知，如果没有民居客栈，乡村旅游的发展会很大程度上受到限制。

2. 民居客栈是乡村旅游资源的组成部分

乡村旅游的吸引力在于轻松的田野风光、淳朴的乡土风情、浓郁的地域风格等，而民居客栈大多由当地居民经营，他们本身就是当地形象的代表。这些独特的旅游资源需要依靠当地居民来保护和传承。随着时间的流逝，一些地域的传统风格，乡村风貌已经很少得以保留，越来越受到现代发展方式的影响，民居客栈作为这些传统文化的载体，其角色和作用不容忽视。

当地居民和客栈无须大肆改动以迎合市场，他们自身的风格、最原始的样貌对游客来说就是一种魅力，可吸引游客前往参观、体验。当地只有保留住其原始特点，才能维持乡村旅游的发展，否则，失去原味的旅游资源将失去乡村旅游的魅力。从这一角度来讲，民居客栈这一新兴的业态已经构成乡村旅游的组成部分，为当地注入新鲜生命力，同时民居客栈担负着重要的传承责任，承担着促进当地旅游发展的角色和功能。

3. 缓解乡村旅游利益者之间的矛盾

民居客栈的另一大特色——原生态、真性情。这依赖于当地健康、绿色的竞争市场环境，如果投资方与居民出现矛盾，为了利益产生冲突，会极大地影响当地人文形象。民居客栈可以担当缓解各方利益者矛盾的角色，投资方与居民并不是针锋相对的关系，而是可以互惠互利。乡村旅游的利益者主要有当地居民、投资方、政府等，协调好三者之间的关系至关重要。

对于有资金实力的居民可开展经营客栈业务，提高居民的积极性以更加良好的面貌接待游客；对于经济实力弱的居民，可通过与投资方合作，如为投资方经营的客栈提供农产品供应，增强客栈的原真性，这样双方都可以从中获利。通过营造和谐、和平的氛围促进两者和睦相处，避免矛盾的产生。

（四）民居客栈与酒店业的关系

据国家统计局资料显示，2016 年，全国限额以上住宿企业营业收入为 3 791 亿元，比上年增长 4.0%。据商务部商贸服务典型企业统计测算，2016 年，全行业经营单位达 58.8 万家，比上年增长 2.5%；从业人数 510.1 万人，同比增长 2.1%；总收入 5 307.5 亿元，同比增长 4.0%，与上一年度相比，增速有所放缓。主要原因是住宿业新业态经过上一年爆发式增长后进入稳步增长期。

从行业构成来看，住宿业在规模和档次上保持着金字塔形的市场结构，以 2016 年为例，高档饭店占 7.4%，中档饭店占 28.6%，经济型连锁饭店占 21.1%，其他旅店占 41.9%。由图 6－8 可以看出，住宿业业态丰富、细分业态进一步明晰，市场布局进一步优化。继星级饭店、经济型饭店、客栈民宿、租赁式公寓、中档连锁酒店等业态逐步发展成熟之后，新业态不断涌现和发展，住宿业的结构将逐步成熟完善。

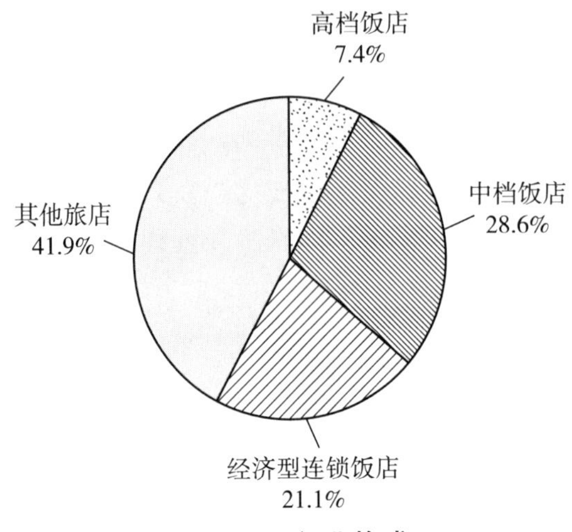

图 6 –8　行业构成

资料来源：国家统计局。

民居客栈作为传统酒店的补充角色诞生，后者是民居客栈的催生因素之一。因为饭店业的供给速度无法满足市场需要的增长速度，民居客栈以低成本、便捷性高等特点进入消费者视野。饭店业作为最原始和传统的接待方式，在服务质量和方式上应不断更新，其与民居客栈存在明显的不同之处，彼此各有优势与不足，但可以共存，并且两者的效应之和远大于各自单独的市场接待力量。

特别是旅游高峰期间，民居客栈相比传统酒店建筑成本低、创业风险低、失败损失低，如果仅为了解决高峰期间的客流量问题而大力修建酒店，不仅耗费时间长、成本高，在客流量少的季节，酒店还要在人力、酒店日常维护、清洁等方面支付不少的资金。因此，对游客来说，民居客栈使他们多了一个住宿的选择；对酒店业来说，民居客栈不仅是他们的竞争者，也是合作者，共同为当地旅游发展助力；对整个旅游行业来讲，其既是结构多样化的体现，也是旅游业发展的必然要求。

（五）民居客栈与行业管理部门的关系

民居客栈作为旅游业的新生业态，在整个行业，还未形成充分的管理政策对其进行约束和治理。对于这种新事物形态，需要相关部门合理地制定管理政策。对其进行正确的引导，可以参考相关行业的管理思想，针对民居客栈的发展特点和未来形势，制定和出台相关法律法规、管理指南。

为了避免民居客栈在未来期间出现发展混乱的现象，相关管理部门在思考如何管理这一业态方面既不可盲目严苛，又不可放松警惕。从发挥效用、角色功能、未来方向等方面综合考虑民居客栈的发展前景，每一业态有其形成的需要，也有其发展规律，不可能在短时间形成指导方案，只有依靠时间的推移以及市场的发展趋势，从历史的视角，以可持续发展的角度，对这一业态的发展进行动态指导，才能在不断摸索与修正中找到适合的发展方向。

第七章
研究Ⅳ：中国民宿服务一致性、主题化及差异化

第一节　调研背景、设计与过程

民宿的发展历史较短，但发展迅速，它作为住宿业新型业态，以灵活的经营方式，无可替代的个性化服务，获得了游客的广泛青睐。然而，它在发展与管理中仍然存在不少问题。首先，我国民宿的发展极不平衡，集中于地方文化气息浓郁的古城古镇，例如，江苏省同里古镇的民宿。在景色迷人的同里古镇中，林立着一些充满特色的民宿（如恩泽堂、吕家客栈等），民宿经营者无须做什么广告，自会有热爱自由、酷爱探险、崇尚民俗文化的旅游者前来，在这里寻求不一样的生活情调和浪漫。与之对比，在其他类型旅游景区中的民宿，由于缺乏文化底蕴，民宿难以构筑主题特色；在设施、服务等方面又比酒店差，欠缺诸多发展条件，导致此类民宿发展较慢。其次，民宿竞争手段比较单一，最典型的就是价格竞争，一般饭店存在的价格竞争问题民宿中也多有存在。在云南省丽江古城，旅游淡季许多民宿入住率很低，地理位置较差的民宿甚至没有住客，为了抢夺客源，各家民宿主要就是降价策略。民宿运营费用低，店主们可无限制压价，按规定 50～60 元每张的床位，可以降至 35 元左右，甚至更低。而旅游旺季时的抬价问题也同样严重。例如，不少丽江民宿“五一”期间，原本普通间床位每张 80 元左右，标准间 260 元/天左右，但在旅游旺季时，各民宿经营者普遍将价格提得更高（最高的几天，每个房间收费 460 元甚至 500 元）。纯粹的价格竞争容易导致价格战，最终将损害多方利益。最后，从民宿管理上看，民宿缺乏规范化服务。目前的民宿在设施、服务等各方面都不具统一性、规范性。一方面，民宿的独特性、差异性、多样性正是游客的吸引点。许多体验过安徽省宏村古镇民宿服务的游客反映，非规范化的民宿有生活的感觉，没有职业微笑的老板娘就像是邻家的大嫂，这是追求民风、民俗、传统文化体验的游客所欢迎的；另一方面，适当的规范服务是必要的，许多民宿存在服务质量问题和安全隐患，这将不利于民宿的长远发展。针对民宿发展参差不齐的状况，不少地方政府颁布民宿管理标准，正是应对上述问题的一种方法，但民宿真正的服务与管理仍取决于民宿企业自身。

基于上述情况，本书认为民宿服务一致性、主题化及差异化是民宿发展的根本出路。功能一致性是指旅游者对产品实用属性的感知与旅游者对这些属性的渴望之间相符合（克莱斯曼等，2006）。例如，在选择民宿时，游客可能会考虑其距离目标旅游景点的远近、价格范围、设施和服务质量，这些评价标准在本质上是实用的或功能性的。传统上功能一致性通过多属性态度指数来获取，其属性包括财务成本和效益的功能性（Sirgy et al.，1991；2005）。功能一致性理论广泛应用于消费者行为学，对于顾客的评价反馈、营销推广意义重大。例如，授吉等（2005）认为，购房者在选择住房时可能会考虑功能和象征方面；在对商场的评价研究中，马西科特等（Massicotte et al.，2011）发现商场氛围对功能一致性产生积极影响，而自我一致性和功能一致性积极影响着成年和青少年购物者对商场的评价；在旅游情境中，洪（Hung）和彼得里克（Petrick，2011）认为功能一致性对漫游意愿有积极影响，功能一致性的维度包括服务、空间和活动。在目的地选择方面，安等（Ahn et al.，2013）以367名英国居民为样本，发现旅游者的目的地选择受功能一致性而非自我一致性的影响。功能一致性包括五个因素，即旅游设施与舒适度、食物质量、文化遗产、旅游休闲活动、自然资源质量。主题化是一种被构建出来的机制，即通过充分的感官输入与顾客进行沟通，最大限度地减少干扰，并提供重要纪念品，最大限度地提高感官体验，并征求客户反馈意见以求改进，使之能在整个营销界传播，拥有支撑材料和公司的内部沟通，形成一种单一的声音（Botha，2016）。以特定的主题来设计与管理的住宿场所为广义的民宿，而各住宿企业又可根据实际情况进行主题设计，这个过程即为主题化。民宿在主题化方面具有一定的优势，其经营需要考虑四个方面的因素：定位（position）、区位（location）、市场（market）和管理（management）（Hung et al.，2015）。主题化是带来民宿价值的关键，主题定位取决于市场、顾客群体、文化环境等因素；区位则在很大程度上决定了民宿所处地的文化生态；市场是由顾客决定的，其价值主要来源于顾客，而文化是民宿吸引顾客的核心要素；民宿的内部管理的外在体现主要是员工服务，良好的管理和服务依赖于优秀的企业文化，民宿内部文化一致性越强，其价值越明显（侯兵等，2016）。因此，民宿的主题化中，分析其文化价值因素十分必要。

因此，我们将从三个方面来深入探讨民宿服务/产品的管理问题：（1）开发民宿服务功能一致性的量表。如果顾客期望与行业服务之间的一致性得到了检验，那么顾客的住宿体验和效用就可以得到充分的提升。然而，过去的期望研究模糊地定义了客户期望（Hung et al.，2015）。现有文献中明确了两种类型的顾客期望，即规范期望和预测期望，前者是指顾客所期望获得的体验（即顾客想要的体验），而后者是指他们感受获得的体验（即行业提供的体验）（Lee et al.，2000）。理解这两种期望之间的差距，对于为客户创造理想体验的住宿服务非常重要，而开发民宿服务功能一致性的量表正是以此为目的。本书采用丘吉尔（Churchill，1979）建议的开发措施的改进程序，推导出民宿服务一致性措施，该过程主要分为三个大的步骤，首先，生成测量项目，通过在线用户生成评论的内容分析和焦点小组讨论得出测量项目，其次，通过专家小组和预调研，进一步细化和修订测量项目，最后通过正式调查，对量表的信度和效度进行检验。（2）基于顾客对民宿服务的评论，发掘其主题价值因素在顾客消费经历中的表现和影响。我们以深圳市“去哪儿”网上评论人数最多的五家民宿为研究对象，爬取2 000条评论信息作为顾客的消费体验的主要参考，分析民宿主题因素影响。首先统计评论中的高频词汇生成词频表，其次将高频词汇进一步处理生成层次聚类分析树状图，同时，采用社会网络图分析法，在评论中抓取地点名词，生成社会网络图。（3）探讨基于市场细分的民宿服务差异化，包括我国民宿服务组合差异化、民宿销售渠道差异化以及民宿品牌形象差异化三方面，意图基于调查资料为民宿发展提供理论指导和借鉴。

第二节　民宿服务功能一致性量表开发

距离研究Ⅰ十年之后，2017 年 7 月，笔者和复旦大学的王莎博士，在香港理工大学的洪琴（Kam Hung）教授的指导下，进行了一项民宿服务一致性及其影响的研究（Wang et al.，2018）。本节内容的分析正是基于此数据，该数据由王莎博士委托问卷星公司完成收集。

一、生成测量项目

丘吉尔（1979）提出了一些生成测量项目的方法，包括文献检索、经验调查、意见启发、关键事件和焦点小组。由于关于国内顾客对民宿功能需求的研究文献有限，本书采用了两种定性研究方法。首先，对用户评论进行全面的内容分析，生成度量项目表，鉴于口碑营销（WOM）是民宿最重要的营销策略，且在中国大陆地区该行业仍处于早期发展阶段，所以分析客户反馈内容是充分了解客户真实体验的最佳方式（Stringam and Gerdes，2010）。无论评论是积极还是消极，所形成的口碑都包含消费者体验的关键要素（Pantelidis，2010）。因此，通过便利抽样，我们从携程网获取了405条民宿用户评论（211条正面评论，194条负面评论）。其次，根据符合顾客期望民宿所提供服务和设施的描述，对意见进行评估。然后，与曾住在客房的7人进行了焦点小组讨论（其中4人在1年内入住，其他人在1年前入住），请他们讨论依据用户评论内容所作的分析，生成项目以及其他项目的适用性。最后，将48个客房功能一致性项目纳入项目库中。

二、专家小组和预调研

生成测量项目后，设计问卷草稿，展开第二步专家小组评审和预调研。根据第一步中生成的48个功能一致性项目设计了问卷草稿。问卷理想地表达了有关功能一致性的项目。要求受访者将这些项目与他们在民宿住宿的经历进行比较，并表明了对这些项目的认同程度。问卷采用李克特式7分制，其中“1”表示“非常不同意”“7”表示“非常同意”。调查问卷随后，由旅游管理、酒店管理院系教授及6名旅游/酒店研究专业的博士生组成专家小组，展开专家审核，小组判断了测量项目对研究、问卷设计以及调查的其他方面的适用性，以提高其质量。经过小组审查，共保留了42个项目。

通过方便抽样的方法，选取了25名在中国境内住宿的大陆顾客作为试点样本，其中 12 名在年内入住，13 名在 1 年前入住。试点的目的是为了改进问卷的设计，参与者被要求说明每个项目的完成时间、清晰度、可重复性和代表性。结果显示没有重复的项目，但参与者就项目中的某些表述，提出了建设性的建议，以使问卷更加便于理解。

三、正式调研

为进一步验证测量量表的精确性，研究使用在线小组数据，通过以下问题筛选出确定合格的受访者："在过去 12 个月里，你是否曾在中国大陆地区的酒店住宿?"参与者被要求对客房的功能一致性进行评分，从非常同意（=7）到非常不同意（=1）。聘请中国大陆地区最大的调查公司问卷星（www. wjx. cn），将在线问卷（见附录四）链接随机分发给符合条件的在线小组成员。问卷里公司声称他们保持了相关人群的小组代表性，并按照旅游和酒店研究人员指定要求的研究人群邀请参与者。总计共有 1 066 名受访者参与调查，经数据清理（剔除不完整的回答）保留 828 个有效样本，进行数据分析。被调查者是由公司随机抽取的，因此认为研究的抽样接近随机抽样，故可采用科克伦（Cochran，1977）所提供的方法来检验样本量的充分性。结果表明，最小样本量为 380，样本量的大小（可以分割）对于此项研究来说是足够的。

关于调查样本的代表性问题，首先，在调查中受访者被要求提供有关人口统计的信息，结合原国家旅游局（2017）提供的 2016 年中国游客个人资料，可以发现研究结果在一定程度上反映了本次调查的代表性。参与者的性别比例为 46.9%（男性）∶53.1%（女性）。各年龄组别的资料如下：25 岁以下（13.9%）；25 ~ 29 岁（31.6%）；30 ~ 39 岁（43.4%）；40 ~ 49 岁（9.1%）；50 岁以上（2.0%）。调查结果与中国游客人口结构之间没有出现显著差异（df = 4，$\chi^2 = 5.02$，p = 0.285），表明样本具有代表性。大部分受访者的最高教育水平是学士学位（77.4%），而约 8.1% 的人拥有硕士学位。在家庭收入方面，每月收入在 10 000 ~ 14 999 元的约占 30.3%。受访者收入状况类似于中国居民月收入结构（df = 6，$\chi^2 = 11.01$，p = 0.088）。调查中关于受访者选择酒店的数据收集过程是随机的，而不是有目的的，因此，调查样本具有中国游客选择酒店的代表性。

其次，在过去的12个月里，所有828名参与者都住过民宿。大多数被调查者与家庭成员住过民宿（占总数的68.60%），其中，有孩子的为43.12%、没有孩子的为25.48%。与星级酒店相比，这一比例相当高；不到一半的受访者独自体验过民宿服务（7.85%）或与朋友、同事一起体验过（23.55%）。参与者的来源几乎涵盖所有34个省区市，这表明调查结果具有广泛的地理代表性。其中，广东（15.70%）、北京（15.10%）、上海（12.92%）、浙江（6.76%）和江苏（6.76%）是中国大陆最发达的地区，参与者人口特征与中国游客地理分布相似。

最后，采用SPSS软件对各变量进行正态性检验。由于因子分析受数据分布特征的影响，尤其是偏离多元正态性，如果数据不是正态分布，那么可以通过卡方（chi-quare）统计量计算出来，决定系数显著性的关键值也会存在偏差（Hair et al.，2009）；如果是满足标准正态分布的数据，则偏度和峰度值均为0；偏度和峰度值在 -1 ~ +1 之间也可以认为是近似正态分布；值落在 -1.50 ~ +1.50 的范围之外表明存在严重的偏态或kurtic分布（Hair et al.，2009）。大部分变量的偏度和峰度均大于 -1.50，小于1.50，只有两个变量“适宜水温”和“浴室内干净整洁”的峰度值略高于1.5。因此，认为这些数据是呈近似正态分布的。进一步通过Kolmogorov - Smirnov和Shapiro - Wilk检验，得出了相同的结论，即数据是近似正态分布（df = 828，$p < 0.001$）。这些正态性检验为使用AMOS 20.0进一步分析奠定了基础。

采用SPSS随机函数将调查数据随机分为两组，第一组作为校准样本，第二组作为验证样本。在校准样本的基础上进行探索性因子分析（EFA），识别潜在因子，并确保测量量表的有效性；利用验证样本进行验证性因子分析（CFA），确定所提出测量模型的总体拟合程度以及测量量表的信度和效度。

四、基于EFA的测量细化

使用校准样本（n = 414）进行探索性因子分析。该方法适用于潜在因子识别、缩减度量变量的研究中（Kline，2015）。首先采用主轴因式分解，promax旋转后发现推导因子之间的相关性大于0.2，Varimax旋转对量表进行细化后

（Field，2013），采用 Kaisere Meyere Olkin（KMO）值进行抽样充分性测量，结果等于 0.924、Bartlett 对球形度的测试结果显著（P<0.001），表明该数据适用于 EFA 进行分析（Field，2013）。

其中，测量细化根据以下准则：（1）剔除因子载荷小于 0.4 的项目；（2）省略因子载荷小于 0.4 交叉加载项，两个因子载荷均大于 0.4 的，一项加载在两个因子上；（3）删除不会显著减少样本规模、可靠性的项目，这可以使用“Cronbach's a if item was deleted”值和因子的内部可靠性来判断（Field，2013）。根据标准 a 和标准 b，删除了一个因子载荷低且交叉加载的项目。

EFA 测量结果细化后保留了 25 个项目，明确了 5 个因子，如表 7－1 所示，各因子特征值大于 1.0，各项目因子载荷大于 0.450。这五个因子方差综合解释度为 58.677%，高于 50%（Hair et al.，2009），且 α 值都大于 0.7。

表 7－1　民宿功能一致性 EFA 结果（n=414，校准样本）

因子/项目	因子载荷	特征值	解释度（%）	α
因子 1：卫生		8.743	34.973	0.857
S1. 公共活动区域（如庭院）干净、整洁	0.497			
S2. 房间干净、整洁	0.617			
S3. 洗手间干净、整洁	0.686			
S4. 洗手间毛巾/浴巾干净	0.656			
S5. 房间没有异味	0.615			
S6. 房间内部床品（如床单、被褥）干净	0.660			
S7. 房间没有蚊子/蚂蚁/蟑螂/老鼠等	0.544			
因子 2：服务和氛围		1.851	7.404	0.800
SC1. 服务人性化（如免费提供提前取消预订、临时寄存服务）	0.503			
SC2. 服务态度好	0.472			
SC3. 位于安静的区域	0.500			
SC4. 所在的位置光线很好	0.472			
SC5. 老板很热情	0.584			
SC6. 有家的氛围	0.665			
SC7. 与老板/雇员交流、互动好（如一起喝茶、聊天）	0.629			

续表

因子/项目	因子载荷	特征值	解释度（%）	α
因子3：房间设施		1.688	6.754	0.827
RF1. 房间宽敞	0.489			
RF2. 装修精致	0.603			
RF3. 隔音效果好	0.709			
RF4. 房间门安全	0.595			
RF5. 卫生间设施质量好	0.578			
因子4：淋浴		1.361	5.444	0.779
SH1. 洗澡时出热水快	0.660			
SH2. 洗澡时水温合适	0.670			
SH3. 卫生间水压合适	0.649			
因子5：床品		1.026	4.102	0.792
B1. 床舒适	0.679			
B2. 床垫软硬度合适	0.587			
B3. 床品（如被褥）舒适	0.450			

因子1方差解释度为34.973%，其信度达到了0.857，平均因子载荷（MFL）为0.611，由表7-1可知，这7个项目均围绕民宿的清洁和卫生，因此，将该因子标记为“卫生”；因子2方差解释度为7.404%，具有较高的信度和平均因子载荷（α=0.800，MLF=0.546），基于这个因子所包含的7个项目，将这个因子命名为“服务和氛围”；客房设施也是客人评价的一个重要方面，主要反映在因子3包含的5个项目中，方差解释度为6.754%，因子内部信度（α=0.827，MLF=0.595）也是可接受的，因此，将因子3命名为“房间设施”；因子4包含了3个项目，有较高的平均因子载荷（MLF=0.595）和α值（α=0.779），具有较高的信度和效度，由表7-1可知这一因子主要反映了顾客对“淋浴”的需求；因子5方差解释度为4.102%，α值（0.792）高于0.7分界点，用于描述了民宿顾客对床上用品的核心需求，即获得一个良好的夜间睡眠，因此将这一因子命名为“床品”。

五、通过 CFA 进行信度和效度评估

信度描述了在相同条件下测量项目所产生相同结果的能力（Hair et al.，2009），本研究中用 Cronbach's α 来评估因子的信度。效度指在没有任何系统性或非随机误差情况下，对于项目建构的因子，各测量项目的反映程度（Hair et al.，2009）。本研究使用验证性因子分析测量收敛效度和区分效度（丘吉尔，1979）。收敛效度指的是同一建构因子的两个度量项目之间的关联程度，其有效性常用平均方差提取值（AVE）测量（Fornell and Larcker，1981），AVE 可估计总体方差量，解释因子与测量误差产生的方差相关程度，这种有效性测试的经验法则是，所有因子 AVE 值都应该高于 0.5（Fornell and Larcker，1981）；因子载荷也用于收敛效度，在探索性研究中应超过 0.6 或至少 0.5（Hair et al.，2009）。区分效度描述了两个相似的因子效度是不同的（Hair et al.，2009），当一个因子的 AVE 值平方根高于它与其他因子的相关系数时，是可接受的（克莱恩，2015）。

基于调查数据的验证样本（n = 414），使用 AMOS 20.0 进行验证性因子分析。模型拟合优度指数列出如下：χ^2/df = 265 = 615.1，χ^2/df = 2.321，比较拟合指数（CFI）= 0.930，Tucker - Lewis 指数（TLI）= 0.921，近似均方根误差（RMSEA）= 0.057。根据经验，良好的模型 CFI 值和 TLI 值应高于 0.90，而 RMSEA 值低于 0.08 为可接受的拟合，低于 0.05 为良好的拟合（Hair et al.，2009；克莱恩，2015）。上述模型的拟合优度指数满足 CFA 的检验标准。因此，表 7 - 2 中的功能一致性度量模型具有可接受的拟合优度。

测量模型结果见表 7 - 2 和表 7 - 3，由表 7 - 2 可知，所有因子载荷高于 0.5；五个因子的 α 值分别为 0.863、0.849、0.860、0.837、0.836，都超过 0.7，这表明信度较高；房间设施、淋浴、床品三个因子 AVE 值高于 0.5，卫生、服务和氛围因子 AVE 值分别为 0.475、0.447，小于 0.5 相对较低。为提高模型效度，删除具有较低因子载荷的项目，如 SC1. 服务人性化。考虑到该研究的探索性质，由于模型所有因子 α 值均高于 0.8，因子载荷除了 SC1 之外都高于 0.6，具有高信度和高因子载荷（Hair et al.，2009），因此认为该模型中五个因子是有效的。

表7－2　民宿功能一致性测量模型结果（n＝414，验证样本）

因子/项目	因子载荷	T值	平均值	标准差
因子1：卫生（α＝0.863；AVE＝0.475）				
S1. 公共活动区域（如庭院）干净、整洁	0.655	NA	5.41	0.87
S2. 房间干净、整洁	0.611	10.883	5.52	0.88
S3. 洗手间干净、整洁	0.734	12.689	5.48	0.94
S4. 洗手间毛巾/浴巾干净	0.652	11.507	5.26	0.98
S5. 房间没有异味	0.716	12.440	5.36	0.99
S6. 房间内部床品（如床单、被褥）干净	0.727	12.592	5.46	0.87
S7. 房间没有蚊子/蚂蚁/蟑螂/老鼠等	0.720	12.495	5.47	1.06
因子2：服务和氛围（α＝0.849；AVE＝0.447）				
SC1. 服务人性化（如免费提供提前取消预订、临时寄存服务）	0.588	NA	5.49	1.17
SC2. 服务态度好	0.736	11.238	6.05	0.90
SC3. 位于安静的区域	0.634	10.167	5.42	1.08
SC4. 所在的位置光线很好	0.626	9.838	5.52	1.05
SC5. 老板很热情	0.666	10.519	5.96	1.01
SC6. 有家的氛围	0.749	11.359	5.72	1.14
SC7. 与老板/雇员交流、互动好（如一起喝茶、聊天）	0.668	10.539	5.64	1.19
因子3：房间设施（α＝0.860；AVE＝0.553）				
RF1. 房间宽敞	0.650	13.337	5.57	1.20
RF2. 装修精致	0.708	14.706	5.38	1.21
RF3. 隔音效果好	0.761	16.002	5.30	1.34
RF4. 房间门安全	0.810	17.192	5.73	1.18
RF5. 卫生间设施质量好	0.779	NA	5.46	1.23
因子4：淋浴（α＝0.837；AVE＝0.632）				
SH1. 洗澡时出热水快	0.730	NA	5.81	1.15
SH2. 洗澡时水温合适	0.859	15.795	5.92	1.01
SH3. 卫生间水压合适	0.791	14.935	5.83	1.05
因子5：床品（α＝0.836；AVE＝0.630）				
B1. 床舒适	0.791	NA	5.88	0.96
B2. 床垫软硬度合适	0.781	16.187	5.76	1.01
B3. 床品（如被褥）舒适	0.809	16.796	5.76	1.04

注：“7”＝非常同意，“1”＝非常不同意；“NA”表示回归权重固定为1（由AMOS自动生成）。

表7-3　　功能一致性因子间相关性及与AVE值对比

	卫生	服务和氛围	房间设施	淋浴	床品
卫生	1				
服务和氛围	0.666**	1			
房间设施	0.642**	0.629**	1		
淋浴	0.666**	0.552**	0.666**	1	
床品	0.585**	0.597**	0.826**	0.623**	1
SRAVE	0.689	0.669	0.744	0.795	0.794

注：(1) SRAVE表示AVE的开方。(2) **表示相关系数在0.01水平上显著（双侧）。

由表7-3可知，各因子间相关系数多分布于0.552~0.666之间，说明模型中各因子之间存在着恰当的关系及明显的差异，基本支持各因子的判别效度。大多数因子AVE平方根均高于相关系数，其中，“房间设施”与“床品”的AVE平方根值很高，分别为0.744、0.795，二者的相关系数更高达0.826，由此分析，可把这两个因子合成一个因子来进行处理。

由表7-2可观察各变量的均值和标准差（SD），所有项目的均值均大于5，表示与功能一致性陈述一致；各变量的变异系数（¼mean/SD）波动在0.16~0.25，说明不同的顾客对民宿的功能一致性感知存在一定的差异。量表开发的第八步“制定规范”要求采用总结分数分布的方法，这是丘吉尔（1979）提出的改进过程中的最后一步，这个过程还包括计算所有变量的每个备选项（1~7）的百分比，将它们作为权重，将每个备选项乘以其权重，然后计算总和（丘吉尔，1979；Hair et al.，2009）。这些参数适用于所有参与者，以确定功能一致性的标准（M=5.13，SD=1.58）。当已经开发出测量量表的标准量较大时（Churchill，1979；Hair et al.，2009），该标准具有代表性。

六、讨论和启示

本章旨在了解中国大陆地区民宿功能一致性的维度，并编制一套测量量表，采用了丘吉尔（1979）建议的开发措施的改进程序、涉及用于规模开发的三个步骤和研究方法、用户在线生成评论的内容分析法、焦点小组讨论和调查法。

本章是对中国大陆民宿功能一致性的探索性研究：第一，通过对网上用户评论的内容分析和焦点小组讨论，创建样本项目；第二，根据项目设计调查问卷，进行在线数据收集，并分为两组；第三，使用校准样本对项目的清晰度进行测试，并对初始项目进行缩减；通过探索性因子分析，找出该建构的潜在因子；第四，利用验证样本，通过 CFA 确定精确的测量标准，在此基础上根据结果评估建构的信度和效度。

民宿功能的一致性可以用五个因子来解释。“卫生”是最重要的因素之一，占总方差的1/3以上，这一因子解释了民宿从公共区域到客房以及客户经常使用的其他区域或设施的环境（清洁和整洁）的良好状况。研究发现，酒店的卫生条件和功能形象感知对顾客的服务质量感知有着显著影响（Chen and Chen，2014；Khoo－Lattimore and Prayag，2016）。本研究进一步揭示了，卫生是民宿功能一致性最重要的维度之一。客人对服务的期望反映了他们对住宿平均质量的判断，在对那些借助网络营销的酒店的环境和氛围（克努森等，2009），以及经济型酒店的中央销售/预订系统（布拉泽顿，2004）的研究中都有所体现。本章的研究补充了期望—不确定范式对住宿服务成功关键因素的研究，在一定程度上可以拓展对客户民宿体验的研究（Wang and Hung，2015）。

第二个因子“服务和氛围”，也具有较高的信度和效度。这一因子与之前关于功能一致性的研究中发现的相似（但标签可能不同）。对于大型企业或其他类型的酒店，服务态度和效率、酒店氛围，对酒店的绩效和发展至关重要（Chang，2016；Chen and Chen，2014）。对于专业住宿，软件（服务）是影响客人体验的重要因素（Wu and Yang，2010；Jo et al.，2014）。尤其是在民宿方面，更是注重朴素的感觉或氛围（Zane，1997，转引自 Wu and Yang，2010；王和洪，2015），这可能是与普通酒店相比最特别的一点。酒店的氛围（非组织氛围，贝卢和安德鲁尼凯兹，2009）由于其无形性和较高的测量难度很少受到重视。对于具有地方或民族文化特色的酒店，氛围是吸引顾客的重要因素，是服务/产品不可或缺的组成部分（布拉泽顿，2004）。本章的结果揭示了服务与氛围之间的密切关系，顾客与民宿在服务和氛围方面的匹配对于改善顾客对住宿功能一致性的评价具有重要的意义。

其他三个因子包括“房间设施”“淋浴”和“床品”，“淋浴”和“床品”与“房间设施”相关。然而，根据目前的研究数据，淋浴和床品是独立的维度。

这一发现可能与中国大陆酒店业的发展仍处于初级阶段，硬件（设施）的质量参差不齐等原因有关。但由于洗澡和睡觉是两个基本的实用特征，这两个因子被确定为功能一致性的独立维度。在本研究中，“淋浴”具有较高的信度、收敛效度和区分效度。赞恩（Zane，1997，转引用于 Wu and Yang，2010）也曾提到，对 1 400 名美国 B&B 客户来说，床品的舒适度是一个重要因素。在本研究中，“床品”也被认为是民宿功能一致性的一个独立的因素。然而，由于“房间设施”与“床品”的相关系数较高，理论上这两个因子可以整合为一个因子，但还需要更多的数据和进一步的研究来确定房间设施和床品是否可以作为功能一致性的两个独立维度。

功能一致性的五个方面可能会对那些可以通过改进住宿产品、服务和沟通策略以提升客户的服务体验和满意度的民宿房东/经营者产生影响，酒店管理者关心的是确保酒店功能表现与客户的评估或期望保持一致。随着绿色发展和环境友好成为酒店管理的趋势（Han et al.，2010），业主/管理者应该通过策略来改善他们的客房卫生，例如使用标准化的操作程序和一线员工培训等。此外，氛围是酒店服务的重要组成部分。管理者应该创造一个积极的体验（如安静的环境，舒适的氛围）来提高服务质量。功能一致性作为一种关注民宿实用因素的建构，强调了客房设施、淋浴、床品等设施设备的作用。这些设施应该根据客户的需要进行良好的设计和管理。

本研究中 CFA 模型拟合良好。考虑到此次研究的探索性，这些模型是可以接受的。各因子的建构信度较高，大多数建构的收敛效度和区分效度得到了证实，其他的建构还有待改进。“卫生”和“服务和氛围”两个因子的 AVE 值略低于 0.5（部分原因是项目数高）。此外，鉴于“房间设施”和“床品”之间的相关性，两个因子的区分效度需要改善，且“床品”与“房间设施”分开的必要性也需要进一步考证。

功能一致性的概念是基于客户实际感知到的表现与其期望的表现之间的比较，而这一点往往被忽略，因此需要制定一个功能一致性的测量量表。本章为进一步研究功能一致性在旅游决策、顾客满意度和回购意愿中的作用奠定了基础。所提出的相关措施也理应在中国其他地区和其他国家得到验证。

第三节　民宿服务主题化与价值因素分析

一、方法与过程

民宿服务价值因素分析主要运用聚类分析法，即将数据分类，同一个簇的对象有很大相关性，而不同簇之间的差异性很大。本书中通过使用 Python、IMB SPSS 等工具对数据进行分析，以获得数据类型组和数据聚簇的数据特征。聚类分析能以比较直观的方式给研究提供可能的解，无论实际中是否存在真实的分类，聚类分析都可以分成若干分类的解，在分类后依据理论、经验判断增减一些变量以进一步研究。

2018 年 3 月，笔者的本科学生彭若佳等共收集了五家较高档次民宿在网上的 2 000 条评论，通过对顾客入住评价进行筛选处理，汇总了评论中前 100 个高频词汇，并绘制高频词汇网络共现图来反映评论中顾客最关心的部分。

具体分析中，采用共词分析法、社会网络分析法对评论进行研究。共词分析法是通过挖掘文字信息，将词汇集中出现的情况展现出来，通常词汇出现次数越多表示文章主题与主体之间关联越大，在旅游学的相关研究中，共词的聚类分析是将词语距离较近的聚集起来，形成一类概念团，词语距离较近也说明了该概念团内的属性相似性最大，而概念团之间的属性相似性最小。社会网络分析法则是对社会网络中的行为者之间的关系进行量化以进一步分析，通过网络图使关系可视化以进一步分析他们之间的深层次关系。

二、高频词统计

各大旅游网站的评论是顾客消费后进行评论的，并且数量足够多，对于调查分析顾客体验具有一定的参考价值。同时，深圳开放度较高且城市形象比较多元化，有主题特色的民宿类型也更加丰富，相对来说，该地区民宿业起步比较早，具有研究的价值，故本书数据统计来源选取了国内比较知名、使用人数也较多的去哪儿网，通过地区分类“深圳”，并在酒店分类中选取“民宿”标签，获得搜索结果后，选取评论最多的前五家在深圳市的民宿企业，在每家民宿爬取了400条字数最多、最详细的评论，共计2 000条作为研究样本。除去没有参考意义的类似“上楼”的词汇，前100个高频名词和词频如表7－4所示。

表7－4　民宿词频统计

名词	词频	名词	词频	名词	词频	名词	词频
民宿	1 612	浴缸	73	距离	37	电话	24
房间	777	热情	71	空间	37	速度	24
环境	420	游泳池	70	人员	37	客栈设施	24
早餐	290	会议室	68	孩子	36	火车站	24
前台	275	公园	67	枕头	34	床单	23
感觉	246	卫生间	66	视野	34	水果	22
交通	228	公路	63	工作人员	32	声音	22
客房	205	商务	60	洗手间	32	品种	22
设施	165	隔音	58	餐饮	31	灯光	22
服务态度	138	用品	56	广场	31	气派	22
性价比	131	电梯	55	风景	31	火车	22
大堂	130	办理	54	行李	29	机场	21
价格	128	硬件	51	大气	29	场馆	21
地理位置	120	健身房	50	演唱会	29	品质	20
体验	102	地铁站	50	床品	27	庭院	20
中心	91	时间	49	床垫	27	淋浴	20
客人	88	行政	45	礼貌	27	床头	19
服务员	88	朋友	44	步行	27	景观	19
地方	86	细节	44	咖啡	26	食物	19
态度	84	品牌	43	卧室	26	市区	19
餐厅	79	购物	41	大床	25	镜子	18
浴室	77	风格	40	选址	25	冰箱	18
泳池	77	电视	40	被子	25	高端	18
套房	76	效果	40	房间内	24	小朋友	18
味道	73	面积	38	商场	24	人性化	18

从表7－4中可以看出，顾客最为关心的是民宿的环境和服务，民宿的硬件设施是顾客接触的最直接的感觉刺激，开始正式接受服务后，就会开始对民宿产生第一印象，第一印象往往决定着以后的感觉倾向和评价基础。一个满足顾客需求的民宿配备是提升顾客好感度的基础，此外加上良好的服务，能大大提高顾客对民宿的打分；随着体验的深入，人们的需求开始上升到民宿周边配置，即交通、经济等环境配备，对民宿来说其实是选址的问题；在这些不同的需求中可以发现，顾客的需求是个性化的、有针对性和目的性的，可以推断来旅游的目的和形式不同；其中掺杂着对服务态度和感觉的评价，其好坏也直接决定了顾客的评价基调。顾客偏好差异化体现了顾客自我性的增长，相应的，民宿方面无论是设施设备、周边环境还有服务提供都应当进一步提升，以满足顾客需要。

三、共词聚类分析

将评论提及的高频词汇进行聚类分析，并得出层次聚类分析树状图，如图7－1所示。

经过梳理树状图，舍弃部分单一的类别，可以将其大体分为四个类别，分别是：民宿位置、民宿设施、民宿服务和民宿周边。

民宿位置是顾客很重视的方面，顾客多次在评论中提及“中心”和“位置”两个词足以体现其重要性。民宿的选址基本决定了民宿的定位，民宿定位即能够吸引什么样的顾客，针对不同定位的顾客可能需要不同的服务，民宿的基调也基于此被顾客作为预期印象。民宿的主题选择在定位上也需要谨慎，顾客带着一定预期前来入住，民宿需要使用顾客能接受的方式，逐步传达民宿的主题文化信息，既不能过于刻意也不能完全让顾客感觉不到。民宿客栈要在目标顾客消费期间将文化与民宿的各个“接触性信息”联系起来，即顾客能感知的各种信息，可能是有意识的也可能是无意识的，形成一个体系即“主题”，能够带给顾客主题体验和回忆，在下一次潜在的消费中，触及某个相似特征信息时，顾客就能重新回想在深圳某地的某个主题民宿的体验，从而刺激二次消费。例如，看到鱼尾狮就自然地联想到新加坡，在民宿的信息方面加上鱼尾狮的雕像或者图片，很自然地就会对到新加坡旅游的游客产生吸引，让游客感觉该民宿

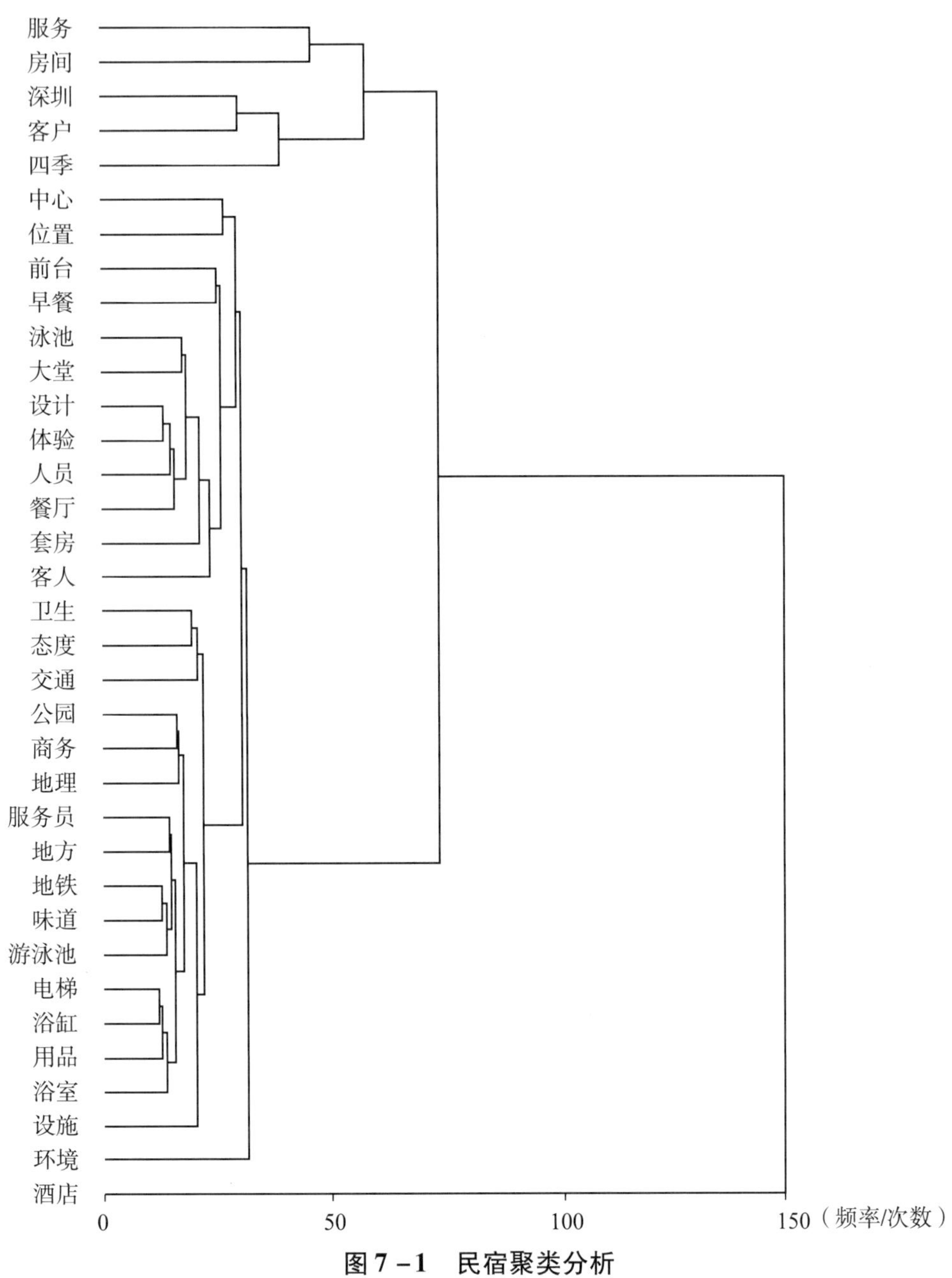

图7-1　民宿聚类分析

与所游览的城市融合得很好，产生便于了解当地文化的错觉，对该民宿就会产生亲近感，更愿意去选择该民宿。

民宿设施是顾客能在住宿过程中直接接触的，也是民宿最基本的产品提供。顾客在评论中提及的“餐厅”“泳池”“设计”等都是民宿设施设备方面。普通的民宿，一般很少提供游泳池这类设施，在顾客消费完能够感觉“足够”就到此为止了，而主题化的高端民宿则需要在设施设备方面花更多功夫，让顾客觉得有超出预期需求的某种东西存在，产生获得感和满足感，这些就是通过民宿设施设备传达出来的民宿主题和民宿理念。顾客觉得自己的消费不仅是满足期望价值的，而且有很多能够回味的空间，甚至再次衍生出其他的价值，从而建立与民宿主题的联系，这使得顾客在民宿服务消费中意识到，民宿的主题文化具有可持续性，还能再次获得和感知，这有助于进一步加强民宿的文化价值影响力。例如，在运动主题的民宿中配备足够多、足够丰富，甚至罕见的运动器材，尤其是在奥运会举办地等特殊地点附近，会加强顾客对体育主题民宿的认知，满足顾客的心理如“在这种环境下健身效果会很棒”或者“能够尝试普通人尝试不到的运动，有一种优越感”，这样就能使顾客自发地与民宿文化建立一种联系，文化价值也得到很好的体现。

民宿服务如评论所说的“卫生”和“态度”是顾客最为关心的。民宿服务对主题文化传播和顾客感知尤为重要，民宿服务主要是服务人员提供的，某种意义上是民宿与顾客最接近的时候，顾客更倾向于或容易去接受与自己相似的同类——“人”主动提供的产品，人与人之间更容易产生互动和沟通，情感上的冲击也更直观和强烈，造成的影响延续时间会更长、范围会更广。服务人员作为载体是主题文化最好的连接通道，这种效果非常直接且显而易见，很多时候在陌生的旅游地，顾客还来不及放松心理去探寻周边环境的时候，留下第一印象的就是服务人员，尤其是接待人员。服务人员如果态度差劲，那么再好的文化也难以影响筑起心理防线的顾客；如果服务人员只是普通地走完接待流程则难以体现民宿的主题文化，顾客恐怕也会或多或少地感觉到所谓主题的表面性；如果服务人员能把服务做好并在一开始就引导顾客逐渐接受主题文化的设定，那么不仅顾客能得到满足而且在潜移默化下，之后各种精心设计的文化氛围也更容易被接受。

民宿周边主要包括“公路”“公园”等，是顾客受不同旅游目的影响的、与民宿有一定关联的服务产品，比如要求出行的便利、有能休闲的环境等。实际上是民宿的整体外在氛围的体现，民宿主题文化至少不能与之格格不入，比如在安静的湖光山色的幽静之处建造外形夸张、充满朋克意味的民宿，这肯定是会让大部分顾客反感的主题。民宿周边最好能和主题文化相辅相成，甚至扩大主题的影响力，例如，在成都宽窄巷子周边的特色民居风格的民宿，顾客出门就能感受成都的风俗文化，与民宿一脉相承，使顾客沉浸其中、自然地转换角色融入旅游环境中。等顾客在外游览疲惫之时，回到民宿又有入乡随俗、仿佛在成都已是故人的奇妙感觉。

四、社会网络分析

为构建评论中所提及的区域之间的联系，从评论中选取了部分高频区域名词进行社会网络分析，结果如图 7－2 所示。

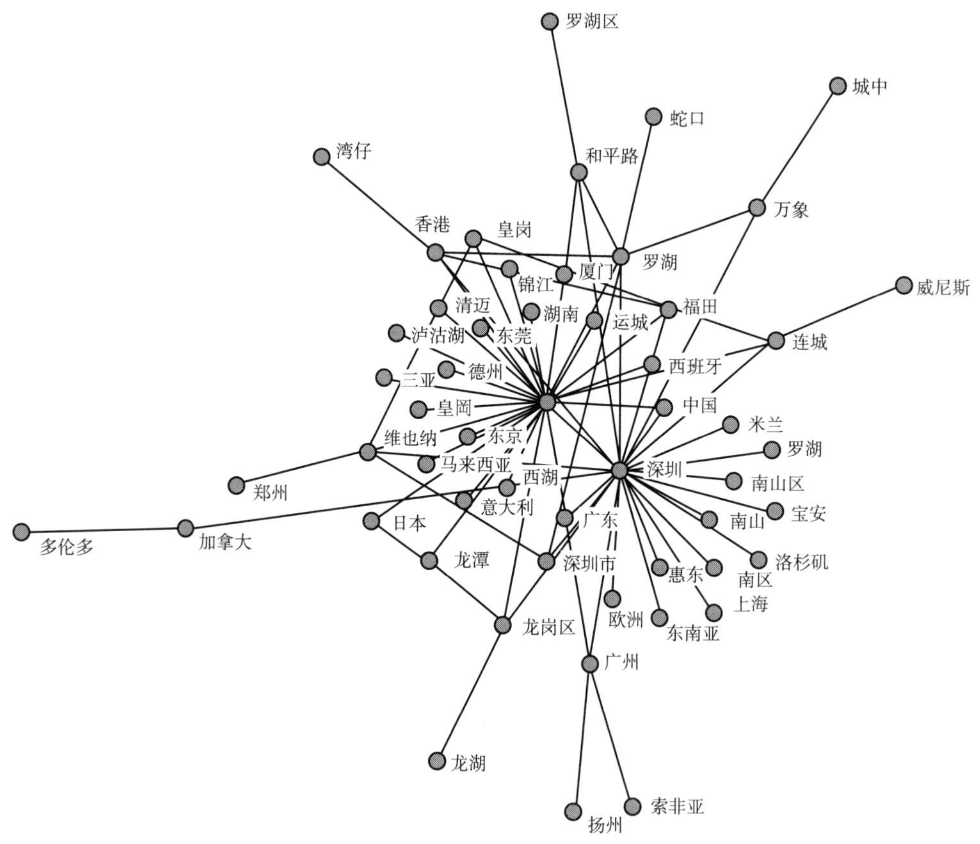

图 7－2　民宿社会网络

注：本图在文本数据基础上由 Python 自动生成，图中的节点是根据入住民宿的顾客评论提及的词汇而得，因而可能导致不同级别（国家、城市、地区等）的区域同时出现的情况，考虑到数据的原始与真实性，笔者并未对此进行整合（如将“西班牙”归入“欧洲”）。词汇节点越靠近中心表示顾客对该词的提及频率越高，节点之间的连线表示两个词汇在顾客评论中关联出现，其关联广度与强度由软件统计而得，连线的长度部分反映了词汇之间的关联程度。词汇之间的结构与顺序是基于其内部关联关系、输出结果的清晰可看等因素进行的，因而有些杂乱，具体可参考后面的说明。

图7－2中可见以深圳市为主的核心地区，周边还涉及广东省各个旅游城市，以及从中关联出的我国香港特别行政区甚至到欧洲出境游。可以看出深圳市确实是包罗的多元文化之处，深圳市的民宿客栈发展最早，也最具有开放性特征，与各个国家和地区的文化相互融通，多元的文化交融之乡也是其他城市模仿不来的天然优势。文化遍地开花也是能形成一定规模的、特殊的人文主题文化民宿的聚集之处，规模经济吸引更多商家参考各异的文化形成民宿客栈，就会有更多的顾客了解这个高端特色民宿之乡，从而辐射性地扩大知名度和影响力。

当然，从图7－2中也能看出，部分顾客是以深圳市为旅游线路的其中一站，从广东省游览到香港特别行政区，经由此处开启出境之旅，从侧面也体现了深圳市的国际化开放程度。人们对深圳很难有固定的印象，正适合风格各异的主题文化在此扎根落脚。深圳市能联系的旅游城市范围很广，顾客在旅游决策的时候不免就想到深圳，从以前只将深圳作为中途落脚站，到现在有更多的吸引力让顾客留下来，从单一的交通要塞到现在的旅游城市，深圳市的旅游资源正在逐渐增多，旅游产业正在不断发展。

五、结论与建议

我们从民宿客栈顾客视角，利用聚类分析的方法分析了民宿客栈的主题文化，所得文化感知结果最突出的是四类，即民宿选址与定位、民宿设施与设备、民宿产品与服务、民宿周边与配套等，这与一般民宿经营上存在一定的相似性，不过在具体的表现上略有差异。某些民宿客栈由于利益驱使，当发现某种文化为其他民宿谋取到巨大利益时，就会为追求稍纵即逝的热点，跟随热点建造类似的风格，大多无法自主创新只能抄袭模仿这类受欢迎的民宿进行简单的文化杂糅堆砌，或是直接照搬西方那一套，丧失了自己原本的特色，以为也能赶上一波红利，然而很多情况下，这些所谓热点并不与当地文化相符，盲目选择就会显得与周边环境格格不入。因此，民宿要以顾客体验为主要导向剖析顾客需求，构造自身民宿文化和表达方式，做好服务细节。

研究者所收集的顾客评论很多没有明确直观地提及民宿文化方面，这其实需要更深入的主观分析和判断，当然舍弃和添加的变量也可能对结果产生影响，这也是本研究的局限性所在。在未来的探索中我们将排除一些干扰因素，并采用成熟量表和定量问卷的形式针对性地对文化因素做更直观的分析。此外，本书在选取数据样本时仅以去哪儿网（携程控股）这个渠道，并且仅以中国市场作为研究对象，在将来的研究中如果能结合中外民宿客栈市场、丰富数据源，会更有价值。

第四节 基于市场细分的民宿服务差异化

一、民宿服务产品差异化研究与理论基础

民宿产品具有差异性，民宿产品既要满足客人需求又要区别于竞争对手，这可以从两个方面进行着手：一方面选择具有差异化的主题；另一方面是无形产品的差异化（方敏，2009），如环境差异化、服务形式差异化等。民宿差异化与激发潜在顾客的旅游动机密切相关，差异化过程具有隐蔽性和不确定性，差异化的实施需要媒介和载体。饭店产品差异化的主要来源有“生产”和服务阶段及营销阶段（张超，2007）。民宿通过对产品差异化的改造，形成独特的产品以吸引更多的客户，带来更丰厚的利润。

现阶段，中国民宿的市场细分属于初级阶段，很多民宿的产品定位笼统，民宿所提供的产品也有限，导致民宿同质化严重的同时市场竞争激烈。产品差异化可以减少恶性竞争使部分潜在的需求得到转换。企业文化对于企业的长远发展至关重要，对于民宿来说，独特的企业文化可以帮助民宿稳定客源，避免恶性竞争带来的市场萎缩，同时也可优化企业的资源，以使民宿更加科学合理的发展（刘冬梅，2008）。

以上文献回顾的结果可以看出，关于民宿产品差异化的多数研究都强调以客户群体的主要需要为研究主体，发现客户群体的差异化，正是基于此，民宿品牌可针对所面临的市场需求，提供有差别的产品，这样才能更好地留住客人。

民宿所提供的产品可以从服务组合差异化、销售渠道差异化、品牌形象差异化方面进行研究，其目的在于：（1）使民宿市场内部差异化增强，提升民宿的市场竞争力；（2）促使民宿针对目标客户需求改善自己的产品与服务，对民宿整体资源的优化整合，使民宿茁壮成长，实现可持续发展。

二、基于市场细分的民宿要素组合差异化

1. 民宿服务要素分解

伴随着经济社会进步，酒店行业高速发展，其中民宿以其突出的特点迅速地成长起来。与此同时，迅速的发展也致使民宿出现服务要素的同质化，没有特点的服务要素使民宿品牌间竞争更为激烈。因此，民宿品牌开始将自身所提供的服务要素进行组合，以此刺激消费者并吸引他们的视线。在民宿中产品服务要素可以分解为以下几类：（1）客房要素，客房是民宿主要的产品之一，客房中的产品要素有画质清晰的电视、可外拨的电话设备、空调设备、干净整洁的床体及床上用具、24 小时热水及淋浴设施、客房内宽带上网便捷快速等等；（2）民宿大堂及餐厅要素，酒店提供必要的商务设施（如网络、电话）、必要的休闲设施、足够的停车场、早餐等餐饮项目等；（3）服务要素，可以分解为提供送餐服务，酒店早餐“花色多，味道好”，服务员态度规范、礼貌友善、服务技能优异等方面（Lynch，2005）。

2. 基于市场细分进行服务要素组合

伴随着经济发展，人民生活水平的提高，民宿产业的消费群体出现了更加多层次的分化，从而形成更加细致的市场细分。面对消费者的不断分化，不同的消费群体有着不一样的消费需求，根据市场需求的变化针对性改变民宿所提供的产品，才能更加牢固地抓住消费者的消费欲望，从而获得更多的收益。根据市场的细分进行产品差异化的设计，民宿应从以下几点入手：（1）对市场进行调查，民宿可以根据自身的市场定位将目标市场划分为普通旅游者、工薪阶层、普通商务旅客、精英型商务旅客、年轻白领、学生群体等。通过问卷调查、客户资料统计等方式了解民宿客人的主要需求、客人对于民宿的要求以及客人的购买倾向。民宿的管理者可以利用 4p 分析法、SWOT 分析法以及波士顿矩阵

等科学的分析手法，对自身民宿产品以及民宿内外部环境进行分析，在正确了解自身民宿产品的基础上，结合内外部情况确定目标市场。（2）结合酒店具体情况进行市场定位。（3）针对目标市场定位进行产品差异化设计。根据不同的消费群体的消费需求，民宿可以提供更为细致化的产品服务要素，例如，有些民宿（如寒舍）主要针对商旅客人进行服务，它为客人提供了安心的睡眠系统、现代的卫浴设施、快捷的商旅配套以及典雅的酒店氛围，同时还精心设计了一些免费项目：商务区配备电脑、打印、复印以及传真设施服务；提供宽带上网；大堂提供咖啡茶水；在房间和大堂提供可供阅读的书籍以及矿泉水；提供停车位；早餐服务等产品服务。而另一些民宿（如东程）则致力于为年轻白领及学生提供年轻时尚、价格超值的住宿产品。其特点是产品设计突出小房间大客厅的年轻理念，并迎合了年轻人提倡环保的思想理念，推出自主入住的方式，设置年轻人喜欢的网吧、酒吧、游戏区、阅读区以及聊天区等不同的功能区。其优势在于根据这一消费群体的经济水平主力推出性价比高的房型，以此来吸引更多消费者的注意。当然民宿的服务项目也可以具有服务组合要素差异化，不同的服务项目组合具有不同的吸引力，这种组合同样是基于目标客户而言的，顾客是服务要素组合的最终目标与归宿。

三、基于市场细分的民宿销售渠道差异化

1. 民宿销售渠道选择组合差异化

随着宏观经济的不断发展，居民可支配收入不断增加，民宿业也在不断地开放并融合到全球住宿产业的体系中，但产品信息的传递却出现了阻碍。伴随着民宿业快速的发展，这一问题越发突出，改革销售渠道已迫在眉睫，随之出现了第三方介入的发展模式，网上直销模式更多样化，以及民宿对单一渠道的利用更深、更广。

目前民宿的销售渠道主要有民宿自建网站、民宿集团的 CRS、代理商、旅游批发商、第三方网络、旅游相关机构、酒店直接电话、前台或销售部预订等传统手段以及非营利性的渠道。民宿销售渠道根据目标市场进行选择和组合：工薪阶层、学生群体、普通旅游者以及年轻白领，多数选择第三方网络以及代

理商进行预订；相对于酒店，精英商务人士和商务旅客会选择酒店电话、前台、销售部或委托公关公司预订酒店，民宿则相对较少。面对丰富的销售渠道，客人根据个人倾向选择适合自己的方式进行民宿的预定。此外，随着民宿在全国的发展规模不断扩大，有些连锁民宿开始实行会员制的销售体系，对于会员的优惠与预定体系发展的渐趋完善，为其在市场竞争中带来优势。

2. 民宿销售渠道管理差异化

民宿销售渠道现状可类比国内旅游饭店，目前国内旅游饭店的渠道流失率平均为每年20%，在既有渠道中活跃客户不超过20%，某些渠道的作用有待进一步认识。例如，部分民宿对电子商务所能发挥的作用认识不足，或缺少专业技术人才和经验，担心投资过大而不能取得回报，导致目前国内民宿对电子商务在销售渠道中的应用基本上限于利用网站进行宣传或简单的预订。一方面，电子商务在民宿更深层次的系统应用，包括电子预订单管理、代理渠道管理、会员管理、佣金结算、适时房态、电子银行支付、信用担保以及网络促销等方面基本空白。若能充分利用电子商务系统的功能，民宿将会大大提高预订单处理效率，降低预订成本，并可充分建立自己的多种渠道，加强直销和资源共享，减轻对垄断型代理商的依赖；另一方面，拿酒店作类比，越来越多的酒店企业意识到渠道单一对酒店造成的危害，并开始努力改变这一现状，这也是民宿后期发展可能遇到的问题。各种渠道都有不同的优势与劣势，故民宿企业须选择合理的多元化渠道组合，取长补短，发挥渠道的最大效用。

四、基于市场细分的民宿品牌形象差异化

1. 基于市场细分的民宿品牌视觉系统差异化

视觉识别系统（VI）是将企业标志作为核心，通过文字图案以及色彩的搭配形成具有明显识别特征、审美价值以及具有象征意义的符号系统。要想使企业通过标识获得社会关注，突出企业形象就要在VIS设计中贯彻差异性理念并在实施中遵循同一性原则，将有限的宣传资源在无限的市场空间中做到相对集中，通过不断地强化达到产生足够形象影响力的作用（Bolhuis et al.，2018）。

鲜明直白的品牌标志是视觉识别系统的首要方面，这也是差异化的首要表

现。如家——中国酒店行业的领袖品牌，向公众所展示的品牌形象是“家”为核心内容的企业理念。“如家”的商标很生动地反映了品牌文化：一个象征着家的图形里，有英文“Home”和月亮，有中文“如家”，在图形外面则是“如家酒店连锁”，有着“来如家安睡您的夜晚”的意思，简单直接，让人能快速地辨别、理解这个商标的含义。自公司成立以来，“如家”一直坚持走品牌发展的道路，非常重视知识产权的保护工作，目前“如家”已经成为注册商标。如家快捷酒店整体楼身为黄色，在城市建筑群中较为醒目，且体现出“如家”这一品牌名称，营造给消费者一种温馨的家的感觉。

相对于星级酒店主题外观的庄重，民宿主题外观应各具特色，力求醒目。民宿品牌根据自身不同的市场定位，本着特色、醒目、美观的原则设计主体外观形象，体现出企业自身的特色。民宿的内部设计也能满足不同目标人群需求，实现差异化的目标。一些特色实惠的民宿以学生和白领为服务对象，室内设计简约时尚，有较强的主题风格；一些度假区的民宿则以服务商务客人为主，室内设计以体现整洁、便捷、简约为核心，符合商务人士需求特征；一些为乡村旅游游客提供的原乡民宿，内部装修设计在干净整洁的基础上突出了家的温馨感觉，增强了顾客对自身品牌的认同感。

2. 基于市场细分的民宿品牌社会形象差异化

随着时代的发展，品牌形象的塑造已经逐渐成为产品营销中至关重要的部分。品牌形象就是指企业通过某种品牌与目标消费者生活工作中的某种事物、某些事件之间建立起的一种联系。不同的消费者对品牌形象的认知不一样，企业总是希望在消费者心中建立一个清晰与健康的良好形象（Zhang，2015）。企业应该依据自身形象以及目标市场作出定位，例如，浙江省湖州市安吉县的“十二间房”民宿努力塑造环保的企业形象，该民宿所在地最初是一个污染较重的工厂，店主经过漫长而痛苦的施工改造过程，将其改造成一个既质朴又富有美感的民宿；该民宿大厅和活动区十分宽阔，宽大的落地玻璃窗在阳光下闪闪发光，外立面笔直的线条给人流畅舒适之感，屋内小酒吧妥妥的中西合璧范儿，屋外庭院里的流水水景在晚上会打出绚丽的灯光。民宿开业后一下子就火了，先是县里的领导前来参观，而后市里、省里甚至相关部委领导也来参观过，还经常有大巴车集体拉过来住店或参观的客人。中央电视台专门过来为拍摄纪录片取景，准备作为安吉县申请国家级旅游度假区的资料之一。这样一家由原来从事污染行业的农民企业家，毅然转型做起了绿色文化范儿的民宿，成为民宿成功管理与营销的典型范例。

民宿产品差异化为民宿的发展带来了新的希望，但是不可否认产品差异化的发展也具有局限性，即生产与营销成本过大。基于市场细分的民宿产品差异化要求企业在产品开发和销售的前期对市场内同类产品的发展现状和发展空间进行调查研究，对于消费者不同的消费需求进行深层次的挖掘和展望。因此，产品差异化的发展对民宿店主与管理者实力要求严格，这也成为中小民宿向前发展的巨大阻碍。如何衡量产品差异化的成本，解决民宿低成本与产品差异化之间潜在的矛盾，是民宿企业和学者将来持续研究的问题。

第八章
研究Ⅴ：中国民宿多主体互动及其影响

第一节　理论背景与研究假设

通过对游客背景的分析和分类，依据群体相似性特征，本书认为客客互动行为可能与游客的性别、年龄、收入、出行目的、住宿经历有关，因此，作出以下假设：民宿顾客的主客互动、客客互动行为在性别、年龄、收入、出行目的、住宿经历上有差异。

主客互动通过影响目的地形象进而影响满意度（张宏梅和陆林，2010），房间环境和住宿设施等“物”会对游客的期望产生影响，物客互动会对游客期望产生影响（费力克斯等，2008）。基于社会感染理论，个体可以通过语言、文字、表情等其他方式引发他人相同的情绪、行为或感知，这是一种信息传递过程。民宿场景中，游客可以通过语言、表情、动作等引发其他游客正向或负向的消费感受，从而影响游客融入（陈静和于洪彦等，2017）。本书认为民宿的主客、客客之间的互动能够影响顾客对服务体验的评价，并且积极的主客、客客互动能够对民宿服务体验产生正面影响。根据此，提出以下假设：民宿的主客互动对服务体验有影响，积极的主客互动能够对民宿服务体验产生积极的正面影响；民宿的客客互动对服务体验有影响，积极的客客互动能够对民宿服务体验产生积极的正面影响。

第二节　研究设计与问卷调查

一、问卷设计

根据本课题研究目的，在设计问卷之前，为了保证问卷的有效性和可行性，应进行充足的准备，以知名期刊文献为参考，设计调查问卷。

1. 问卷结构

问卷结构主要分为三个部分，第一部分用于了解问卷填写者居住民宿的基本情况，包括出行目的、此前民宿经历的次数、选择民宿的原因，主要判断样本量中选择民宿的主要人群（商旅出差/探亲访友或其他）、民宿体验的顾客黏性（此前入住民宿的次数）、民宿的相对优势等，了解问卷填写者居住民宿的主要原因和经历，便于后期筛选不合格问卷。因此，该部分包含三个问题，分别是第1～3题，反映被调查者个人信息的问题（见附录五）。

第二部分主要是关于游客居住该民宿的相关情况调查，分为两个小部分（见附录五）：第一个小部分是调查问卷填写者居住民宿时对其他游客、店主和店员的印象以及互动的质量和数量情况，第二个小部分是测量调查对象的民宿住宿经历，其中，对于民宿主客互动、客客互动和住宿体验评价的问题，采用李克特7点量表（对应于附录五中的第二大点，该大点的前半部分测量主客互动和客客互动，后半部分测量顾客的感知服务体验）。

第三部分用于调查填写者的个人基本情况，包括三个人口统计学变量：性别、年龄和月平均收入，主要为了解民宿住客及为本次调查情况提供判断依据，并进行主客互动、客客互动及其顾客体验等方面的组别差异比较分析。

在提出正式的问卷问题前，强调本次问卷仅用于学术研究和统计分析，且匿名填写，打消填写问卷者的顾虑，确保问卷的真实性；在正式的问卷问题前对民宿的定义、表现形式加以介绍，确保问卷数据的有效性。

结合被调查者基本信息问题（见表8－1），并根据民宿住宿群体偏年轻化的特点，将年龄划分段变更为“16～25岁”“26～35岁”“36～45岁”和“45岁及以上”；将月收入划分为“2 000元以下”“2 000～5 999元”“6 000～8 999元”“9 000～11 999元”和“1.2万元或以上”；出行目的中在“商务旅行”和“休闲旅行”的基础上增加了“度假旅游”“探亲访友”和“其他”，并将“休闲旅行”的表述替换为“观光休闲”，“其他”为开放性问答，便于补充本研究中忽略的其他出行原因；结合民宿在中国普及相对晚于酒店、消费者入住民宿次数一般少于入住酒店次数的特点，将入住民宿的划分段变更为“住过1次”“住过2～4次”“住过5～8次”和“住过9次或更多”；在此基础上增加了选择民宿的原因，如“价格合理”“文化特色”“服务特色”“方便舒适”“干净整洁”和“其他”选项，“其他”为开放性问答，便于补充更多该问卷中忽略掉的其他民宿的特色及优势。在此基础上形成问卷中的第一题和第三题。

表 8－1　　被调查者基本信息问题

基本信息	选项
性别	男
	女
月收入	2 000 元以下
	2 000 ~ 5 999 元
	6 000 ~ 8 999 元
	9 000 ~ 11 999 元
	12 000 元或以上
年龄	小于 40 岁
	40 ~ 59 岁
	60 岁及以上
过去 12 个月中夜宿酒店的频率	10 晚
	11 ~ 12 晚
	20 晚及以上
出行目的	商务旅行
	休闲旅行

2. 问卷量表

以已有研究主要概念的测量量表为基础，结合本研究的情境，进行适应性调整。在设计问卷之前，结合现有自我一致性、主客互动、客客互动和服务体验相关研究中的英文文献，结合其概念及操作化方面的研究，以与研究内容的相关性、出版物的权威性、文献的下载量等为衡量标准选取有价值的量表，并将之合成、加工，形成最终量表。

例如，民宿主客互动属于服务企业员工—顾客互动的范畴，因此，我们采用格雷姆勒和格温纳（Gremler and Gwinner，2000）所开发的量表，该量表具有较高的信度和效度，且被广泛引用，如表 8－2 所示。

表 8－2　　　主客互动测量（Gremler and Gwinner，2000）

序号	测量变量
1	在考虑我和这个人的关系时，我喜欢和这个员工交流
2	这个员工在我们的关系中创造了一种“温暖”的感觉
3	这个员工和我关系很好
4	在思考我的关系时，我和这个人的关系很和谐
5	这个员工很有幽默感
6	我和这个员工相处得很愉快

参考格雷姆勒主客互动测量表，结合民宿的服务形式的自身特点——服务主体不仅包括民宿的店员，还包括民宿的店主，将“公司的员工”替换为“民宿店主与员工”。考虑到民宿主客互动的自身特点，将表 8－2 中的“这家员工很有幽默感”替换为“这家民宿的店主与员工对我热情有礼貌”。

同样地，客客互动的变量是根据黄和徐（Huang and Hsu，2010）已经研究证实的客客互动的质量和数量变量来设置的，具有科学性和可行性，共 10 个测量题项，具体内容如表 8－3 所示；民宿服务自我一致性量表则来自伊金斯等（Ekinci et al.，2008），共包含 4 个变量，以衡量顾客与民宿、其他顾客的认同、一致程度；民宿住宿服务体验是根据克努森等（Knntson et al.，2009）研究的、通过实证分析而得出的量表，该量表具有较高的信度和效度。它包含 18 个测量项目，但由于反映激励的两个变量“奖励增加了我购买这家宾馆服务的机会”和“如果提供优惠，我更有可能购买这家宾馆的服务”在中文情境下含义几乎没有差别，因此，在专家的建议下，去掉其中前一个变量，最终得到表 8－3 所示的 17 个变量的量表。

表 8－3　　　研究概念的测量量表

测量概念	测量问项	量表来源
民宿服务自我一致性（self-congruity）	1. 该民宿的顾客群体和我是同一种类型的人 2. 该民宿的主要顾客和我很像 3. 该民宿的顾客群体是我想成为的人 4. 该民宿的顾客群体和我所仰慕的人很像	伊金斯等（2008）

续表

测量概念	测量问项	量表来源
主客互动（customer-to-employee interaction）	1. 在考虑人际关系时，我喜欢与这个民宿店主和员工互动 2. 这家民宿的店主与员工在我们的关系中创造了一种温馨的感觉 3. 这家民宿的店主与员工跟我关系好 4. 我和这家民宿的店主与员工相处和睦 5. 这家民宿的店主与员工对我热情有礼貌 6. 我很乐意与这家民宿的店主与员工互动	格雷姆勒和格温纳（2000）
客客互动（customer-to-customer interaction）	1. 我与这家民宿的其他顾客关系和睦 2. 这家民宿的其他顾客对我很友好 3. 这家民宿的其他顾客比较有趣 4. 我与这家民宿的其他顾客关系平等 5. 我与这家民宿的其他顾客能较好合作 6. 我与这家民宿的其他顾客较为亲密 7. 我与这家民宿的其他顾客有强烈的感情 8. 这家民宿提供的游客之间的活动较多 9. 与这家民宿的其他游客互动对我影响较大 10. 我与这家民宿的其他顾客互动次数较多	黄和徐（2010）
顾客体验（customer experience）	1. 该民宿产品/服务质量稳定 2. 该民宿的产品/服务使用安全 3. 该民宿产品/服务的一贯表现使我更自信 4. 该民宿布置得当，我能找到我想要的东西 5. 我能便捷地获得该民宿的产品/服务信息 6. 该民宿产品/服务总是方便快捷 7. 该民宿产品（基于网络或其他）是整洁不乱的 8. 购买和使用该民宿产品/服务的流程简单 9. 我很容易获得该民宿的产品/服务 10. 如果该民宿提供额外激励，我更有可能购买其产品/服务 11. 该民宿有产品/服务的价格促销 12. 该民宿周边环境使我愉悦 13. 音乐增加了我对该民宿产品/服务的互动 14. 该民宿的环境提供感官刺激 15. 刺激性的产品/服务环境让我更有购买欲望 16. 该民宿产品/服务的环境能够激励我 17. 该民宿的环境很有趣	克努森等（2009）

二、调研过程

2018 年初，在经过前期问卷设计、质量控制和预调研检测后，得到了最终的问卷（见附录五）。此后，笔者委托中南财经政法大学 2014 级旅游管理专业学生陈晶晶和任静怡针对目标顾客进行问卷发放。我们主要通过问卷星公司进行发放，邀请部分住过民宿，但尚未在网上填写问卷的游客进行线下问卷填写。问卷时间跨度为两个月，从 2018 年 2 月初开始发放，截止到 2018 年 3 月底，共收集问卷 341 份，有效问卷 307 份，无效问卷 34 份，通过问卷星公司网站直接导出数据表格，从而完成数据的收集以及整理。在发放问卷的对象选取上，涉及各个行业，并有针对性地筛选出近三年住过民宿的游客，最大限度地保证了问卷答案的可信性以及有效性。

第三节 调研数据分析与结果

一、基于样本的描述性分析

针对民宿多主体互动研究，我们共收到问卷 341 份，剔除无效问卷 34 份，得到有效问卷 307 份。问卷中女性占 70.03%、78.83% 的受访者年龄在 16～25 岁、55.37% 的参与者月收入在 2 000 元以下。关于出行目的，68.73% 的游客是度假旅游、19.87% 是出于观光休闲的目的、剩下不到 15% 的人群是商务旅行、探亲访友等目的，可见，中国民宿服务市场的服务对象大部分出游目的是以度假休闲为主。而在样本调查人群中，有 36.81% 的游客只住过 1 次民宿、住过 2～4 次民宿的游客有将近 50% 的比例、住过 9 次或者更多的游客比例有将近 10%，说明民宿市场有一批小份额的忠实客户。调查对象中，大部分选择民宿而非酒店的目的在于民宿的价格合理（67.1%）、文化特色（63.52%）、方便舒适（40.39%），这可能与我们调查对象的收入有关，平均月收入在2 000元以下的样本量占一半，平均月收入在2 000～5 999元之间的占26.06%，月收入在6 000～8 999元、9 000～11 999元、1.2万元或以上的样本比例基本都在5%～10%之间。这个数据，一方面说明收入较低的学生和初入职场的人群（16～25岁的人群占调查总人数的78.83%）对民宿需求量较高，预测这部分群体大部分会选择青年旅舍作为出行选择，相比于其他高端民宿，青年旅社价格接受度高且有文化特色，在青年旅社这一场景中，游客因为年龄和社会背景相仿，互动更加频繁；另一方面，该数据也说明了一些问题，问卷在收入区间的设置上过大，因此不能更好地区分不同收入层次的人群。而在总调查对象中，以女性居多，男女比例分布大致为3∶7，比较符合市场规律。

二、变量总体分析

通过使用SPSS 20.0软件进行统计分析，各变量值的描述性统计结果如表8－4所示。由于网上填写的问卷必须填写完整才能提交，以至于变量的缺失值较少，研究者采用均值替代法，利用某变量的平均值替代该变量可能存在的几处缺失值（Hair et al.，2009）。本研究涉及回归分析，要求数据近似正态分布，因而将各变量的正态分布指标Skewness和Kurtosis也列于表8－4中。根据海尔等（2009）的研究，当Skewness和Kurtosis值均等于0的时候，数据呈标准正态分布；而该两项值在－1.50～＋1.50之间时，数据可被认为近似正态分布。从表8－4可以看出，所有变量的Skewness和Kurtosis值均位于±1.50之间，因而可被视为符合近似正态分布。

表8－4　　　　各变量值的描述性统计

变量	均值	标准差	偏度	峰度
SC1 该民宿的顾客群体和我是同一种类型的人	4.84	1.359	－0.353	－0.096
SC2 该民宿的主要顾客和我很像	4.69	1.281	－0.028	－0.285
SC3 该民宿的顾客群体是我想成为的人	4.20	1.520	－0.042	－0.393

续表

变量	均值	标准差	偏度	峰度
SC4 该民宿的顾客群体和我所仰慕的人很像	3.87	1.594	0.094	-0.444
CEI1 在考虑人际关系时，我喜欢与这个民宿店主和员工互动	4.76	1.521	-0.371	-0.297
CEI2 这家民宿的店主与员工在我们的关系中创造了一种温馨的感觉	4.93	1.442	-0.405	-0.233
CEI3 这家民宿的店主与员工跟我关系好	4.66	1.387	-0.190	-0.238
CEI4 我和这家民宿的店主与员工相处和睦	4.91	1.391	-0.416	-0.038
CEI5 这家民宿的店主与员工对我热情有礼貌	5.13	1.388	-0.529	-0.180
CEI6 我很乐意与这家民宿的店主与员工互动	5.04	1.421	-0.462	-0.268
CCIV1 我与这家民宿的其他顾客关系和睦	4.86	1.307	-0.322	-0.035
CCIV2 这家民宿的其他顾客对我很友好	4.85	1.368	-0.304	-0.098
CCIV3 这家民宿的其他顾客比较有趣	4.71	1.325	-0.169	-0.218
CCIV4 我与这家民宿的其他顾客关系平等	5.21	1.329	-0.396	-0.275
CCIV5 我与这家民宿的其他顾客能较好合作	4.79	1.301	-0.205	-0.045
CCII1 我与这家民宿的其他顾客较为亲密	4.43	1.418	-0.182	-0.231
CCII2 我与这家民宿的其他顾客有强烈的感情	4.08	1.598	-0.101	-0.542
CCIQ1 这家民宿提供的游客之间的活动较多	4.24	1.513	-0.153	-0.383
CCIQ2 与这家民宿的其他游客互动对我影响较大	4.17	1.534	-0.151	-0.376
CCIQ3 我与这家民宿的其他顾客互动次数较多	4.15	1.517	-0.103	-0.245
B1 该民宿产品/服务质量稳定	4.92	1.314	-0.490	0.176
B2 该民宿的产品/服务使用安全	4.95	1.327	-0.469	0.081
B3 该民宿产品/服务的一贯表现使我更自信	4.71	1.316	-0.191	0.127
C1 该民宿布置得当，我能找到我想要的东西	4.99	1.325	-0.339	-0.225
C2 我能便捷地获得该民宿的产品/服务信息	4.98	1.321	-0.486	0.060
C3 该民宿产品/服务总是方便快捷	4.83	1.332	-0.404	0.039
C4 该民宿产品（基于网络或其他）是整洁不乱的	4.74	1.445	-0.387	-0.200
C5 购买和使用该民宿产品/服务的流程简单	5.06	1.343	-0.423	-0.011
C6 我很容易获得该民宿的产品/服务	5.03	1.357	0.450	-0.005
In1 如果该民宿提供额外激励，我更有可能购买其产品/服务	4.96	1.415	0.447	0.006
In2 该民宿有产品/服务的价格促销	5.04	1.395	0.454	-0.061
E1 该民宿周边环境使我愉悦	4.84	1.453	0.538	-0.032

续表

变量	均值	标准差	偏度	峰度
E2 音乐增加了我对该民宿产品/服务的互动	5.08	1.425	0.371	-0.006
E3 该民宿的环境提供感官刺激	4.80	1.412	0.397	-0.029
E4 刺激性的产品/服务环境让我更有购买欲望	4.79	1.454	0.352	-0.184
E5 该民宿产品/服务的环境能够激励我	4.62	1.480	0.318	-0.237
E6 该民宿的环境很有趣	4.80	1.411	0.454	-0.184

三、民宿主客互动表现的组别比较

1. 民宿主客互动在出行目的组之间的差异比较

通过 SPSS 20.0 运用单因素方差分析法，检验不同出行目的的顾客在民宿主客互动方面是否存在差异，检验结果如表 8-5 所示。

表 8-5 主客互动出行目的组方差齐性检验

变量	Levene 统计量	df1	df2	显著性
CEI1 在考虑人际关系时，我喜欢与这个民宿店主和员工互动	0.853	4	302	0.493
CEI2 这家民宿的店主与员工在我们的关系中创造了一种温馨的感觉	0.804	4	302	0.523
CEI3 这家民宿的店主与员工跟我关系好	1.530	4	302	0.193
CEI4 我和这家民宿的店主与员工相处和睦	0.241	4	302	0.915
CEI5 这家民宿的店主与员工对我热情有礼貌	0.174	4	302	0.952
CEI6 我很乐意与这家民宿的店主与员工互动	0.164	4	302	0.956

由表 8-5 可知，CEI1、CEI2、CEI3、CEI4、CEI5、CEI6 的显著性均大于 0.01，满足方差齐性条件，所以在多重比较之后选择的检验方法是 Scheffe，检验结果如表 8-6 所示。不同出行目的下的显著性水平都大于 0.05，说明出行目的对主客互动表现值没有显著的影响。

表 8－6　　主客互动出行目的组 S1 多重检验

因变量		(I) S1 出行目的	(J) S1 出行目的	均值差 (I－J)	标准误	显著性	95% 置信区间	
							下限	上限
在考虑人际关系时，我喜欢与这个民宿店主和员工互动	Scheffe	1.00	2.00	－0.789	0.573	0.754	－2.56	0.99
			3.00	－0.919	0.548	0.591	－2.62	0.78
			4.00	－1.087	0.684	0.641	－3.21	1.03
			5.00	－0.696	0.675	0.900	－2.79	1.40
		2.00	1.00	0.789	0.573	0.754	－0.99	2.56
			3.00	－0.130	0.221	0.987	－0.82	0.56
			4.00	－0.298	0.465	0.982	－1.74	1.14
			5.00	0.093	0.451	1.000	－1.31	1.49
		3.00	1.00	0.919	0.548	0.591	－0.78	2.62
			2.00	0.130	0.221	0.987	－0.56	0.82
			4.00	－0.168	0.435	0.997	－1.52	1.18
			5.00	0.222	0.420	0.991	－1.08	1.52
		4.00	1.00	1.087	0.684	0.641	－1.03	3.21
			2.00	0.298	0.465	0.982	－1.14	1.74
			3.00	0.168	0.435	0.997	－1.18	1.52
			5.00	0.390	0.586	0.979	－1.43	2.21
		5.00	1.00	0.696	0.675	0.900	－1.40	2.79
			2.00	－0.093	0.451	1.000	－1.49	1.31
			3.00	－0.222	0.420	0.991	－1.52	1.08
			4.00	－0.390	0.586	0.979	－2.21	1.43
这家民宿的店主与员工在我们的关系中创造了一种温馨的感觉	Scheffe	1.00	2.00	－0.674	0.541	0.817	－2.35	1.00
			3.00	－0.687	0.519	0.781	－2.29	0.92
			4.00	－1.394	0.647	0.328	－3.40	0.61
			5.00	－0.554	0.638	0.945	－2.53	1.42
		2.00	1.00	0.674	0.541	0.817	－1.00	2.35
			3.00	－0.012	0.209	1.000	－0.66	0.64
			4.00	－0.720	0.440	0.613	－2.08	0.64
			5.00	0.121	0.427	0.999	－1.20	1.44
		3.00	1.00	0.687	0.519	0.781	－0.92	2.29
			2.00	0.012	0.209	1.000	－0.64	0.66
			4.00	－0.708	0.411	0.566	－1.98	0.57
			5.00	0.133	0.397	0.998	－1.10	1.36

续表

因变量		(I) S1 出行目的	(J) S1 出行目的	均值差 (I-J)	标准误	显著性	95% 置信区间	
							下限	上限
这家民宿的店主与员工在我们的关系中创造了一种温馨的感觉	Scheffe	4.00	1.00	1.394	0.647	0.328	-0.61	3.40
			2.00	0.720	0.440	0.613	-0.64	2.08
			3.00	0.708	0.411	0.566	-0.57	1.98
			5.00	0.841	0.555	0.681	-0.88	2.56
		5.00	1.00	0.554	0.638	0.945	-1.42	2.53
			2.00	-0.121	0.427	0.999	-1.44	1.20
			3.00	-0.133	0.397	0.998	-1.36	1.10
			4.00	-0.841	0.555	0.681	-2.56	0.88
这家民宿的店主与员工跟我关系好	Scheffe	1.00	2.00	-0.344	0.521	0.979	-1.96	1.27
			3.00	-0.318	0.500	0.982	-1.87	1.23
			4.00	-1.077	0.623	0.561	-3.01	0.85
			5.00	-0.214	0.615	0.998	-2.12	1.69
		2.00	1.00	0.344	0.521	0.979	-1.27	1.96
			3.00	0.027	0.202	1.000	-0.60	0.65
			4.00	-0.733	0.424	0.560	-2.05	0.58
			5.00	0.130	0.411	0.999	-1.14	1.40
		3.00	1.00	0.318	0.500	0.982	-1.23	1.87
			2.00	-0.027	0.202	1.000	-0.65	0.60
			4.00	-0.759	0.396	0.454	-1.99	0.47
			5.00	0.103	0.383	0.999	-1.08	1.29
		4.00	1.00	1.077	0.623	0.561	-0.85	3.01
			2.00	0.733	0.424	0.560	-0.58	2.05
			3.00	0.759	0.396	0.454	-0.47	1.99
			5.00	0.863	0.534	0.626	-0.79	2.52
		5.00	1.00	0.214	0.615	0.998	-1.69	2.12
			2.00	-0.130	0.411	0.999	-1.40	1.14
			3.00	-0.103	0.383	0.999	-1.29	1.08
			4.00	-0.863	0.534	0.626	-2.52	0.79

续表

因变量		(I) S1出行目的	(J) S1出行目的	均值差(I-J)	标准误	显著性	95%置信区间	
							下限	上限
我和这家民宿的店主与员工相处和睦	Scheffe	1.00	2.00	0.098	0.521	1.000	-1.52	1.71
			3.00	-0.137	0.499	0.999	-1.68	1.41
			4.00	-0.846	0.622	0.764	-2.78	1.08
			5.00	0.357	0.614	0.987	-1.55	2.26
		2.00	1.00	-0.098	0.521	1.000	-1.71	1.52
			3.00	-0.236	0.201	0.849	-0.86	0.39
			4.00	-0.945	0.423	0.292	-2.26	0.37
			5.00	0.259	0.410	0.983	-1.01	1.53
		3.00	1.00	0.137	0.499	0.999	-1.41	1.68
			2.00	0.236	0.201	0.849	-0.39	0.86
			4.00	-0.709	0.396	0.525	-1.94	0.52
			5.00	0.495	0.382	0.795	-0.69	1.68
		4.00	1.00	0.846	0.622	0.764	-1.08	2.78
			2.00	0.945	0.423	0.292	-0.37	2.26
			3.00	0.709	0.396	0.525	-0.52	1.94
			5.00	1.203	0.533	0.281	-0.45	2.86
		5.00	1.00	-0.357	0.614	0.987	-2.26	1.55
			2.00	-0.259	0.410	0.983	-1.53	1.01
			3.00	-0.495	0.382	0.795	-1.68	0.69
			4.00	-1.203	0.533	0.281	-2.86	0.45
这家民宿的店主与员工对我热情有礼貌	Scheffe	1.00	2.00	0.420	0.523	0.958	-1.20	2.04
			3.00	0.243	0.501	0.994	-1.31	1.80
			4.00	-0.183	0.625	0.999	-2.12	1.76
			5.00	0.339	0.617	0.990	-1.57	2.25
		2.00	1.00	-0.420	0.523	0.958	-2.04	1.20
			3.00	-0.177	0.202	0.943	-0.80	0.45
			4.00	-0.603	0.425	0.734	-1.92	0.71
			5.00	-0.081	0.412	1.000	-1.36	1.20
		3.00	1.00	-0.243	0.501	0.994	-1.80	1.31
			2.00	0.177	0.202	0.943	-0.45	0.80
			4.00	-0.426	0.398	0.886	-1.66	0.81
			5.00	0.096	0.384	1.000	-1.09	1.29

续表

因变量		(I) S1 出行目的	(J) S1 出行目的	均值差 (I-J)	标准误	显著性	95% 置信区间	
							下限	上限
这家民宿的店主与员工对我热情有礼貌	Scheffe	4.00	1.00	0.183	0.625	0.999	-1.76	2.12
			2.00	0.603	0.425	0.734	-0.71	1.92
			3.00	0.426	0.398	0.886	-0.81	1.66
			5.00	0.522	0.536	0.917	-1.14	2.18
		5.00	1.00	-0.339	0.617	0.990	-2.25	1.57
			2.00	0.081	0.412	1.000	-1.20	1.36
			3.00	-0.096	0.384	1.000	-1.29	1.09
			4.00	-0.522	0.536	0.917	-2.18	1.14
我很乐意与这家民宿的店主与员工互动	Scheffe	1.00	2.00	0.082	0.537	1.000	-1.58	1.75
			3.00	0.033	0.514	1.000	-1.56	1.63
			4.00	-0.231	0.642	0.998	-2.22	1.76
			5.00	0.214	0.633	0.998	-1.75	2.18
		2.00	1.00	-0.082	0.537	1.000	-1.75	1.58
			3.00	-0.049	0.208	1.000	-0.69	0.59
			4.00	-0.313	0.436	0.972	-1.66	1.04
			5.00	0.132	0.423	0.999	-1.18	1.44
		3.00	1.00	-0.033	0.514	1.000	-1.63	1.56
			2.00	0.049	0.208	1.000	-0.59	0.69
			4.00	-0.264	0.408	0.981	-1.53	1.00
			5.00	0.181	0.394	0.995	-1.04	1.40
		4.00	1.00	0.231	0.642	0.998	-1.76	2.22
			2.00	0.313	0.436	0.972	-1.04	1.66
			3.00	0.264	0.408	0.981	-1.00	1.53
			5.00	0.445	0.550	0.957	-1.26	2.15
		5.00	1.00	-0.214	0.633	0.998	-2.18	1.75
			2.00	-0.132	0.423	0.999	-1.44	1.18
			3.00	-0.181	0.394	0.995	-1.40	1.04
			4.00	-0.445	0.550	0.957	-2.15	1.26

2. 民宿主客互动在入住次数组之间的差异比较

对不同入住次数组的顾客在主客互动方面的表现进行方差齐性检验，检验结果如表 8－7 所示。

表 8－7　　　　主客互动入住次数组方差齐性检验

变量	Levene 统计量	df1	df2	显著性
CEI1 在考虑人际关系时，我喜欢与这个民宿店主和员工互动	0. 637	3	303	0. 592
CEI2 这家民宿的店主与员工在我们的关系中创造了一种温馨的感觉	0. 371	3	303	0. 774
CEI3 这家民宿的店主与员工跟我关系好	0. 799	3	303	0. 495
CEI4 我和这家民宿的店主与员工相处和睦	0. 806	3	303	0. 491
CEI5 这家民宿的店主与员工对我热情有礼貌	0. 361	3	303	0. 781
CEI6 我很乐意与这家民宿的店主与员工互动	0. 294	3	303	0. 830

由表 8－7 可知，CEI1、CEI2、CEI3、CEI4、CEI5、CEI6 的显著性均大于 0. 05，满足方差齐性条件，所以在多重比较之后选择的检验方法是 Scheffe，检验结果如表 8－8 所示。不同入住次数下的显著性水平都大于 0. 05，说明此前入住民宿的次数对主客互动表现值没有显著的影响。

表 8－8　　　　主客互动入住次数组多重检验

<table>
<tr><th colspan="2" rowspan="2">因变量</th><th rowspan="2">（I）S2 此前入住民宿的次数</th><th rowspan="2">（J）S2 此前入住民宿的次数</th><th rowspan="2">均值差（I－J）</th><th rowspan="2">标准误</th><th rowspan="2">显著性</th><th colspan="2">95% 置信区间</th></tr>
<tr><th>下限</th><th>上限</th></tr>
<tr><td rowspan="6">在考虑人际关系时，我喜欢与这个民宿店主和员工互动</td><td rowspan="6">Scheffe</td><td rowspan="3">1. 00</td><td>2. 00</td><td>－0. 187</td><td>0. 192</td><td>0. 813</td><td>－0. 73</td><td>0. 35</td></tr>
<tr><td>3. 00</td><td>－0. 088</td><td>0. 297</td><td>0. 993</td><td>－0. 92</td><td>0. 75</td></tr>
<tr><td>4. 00</td><td>0. 477</td><td>0. 369</td><td>0. 643</td><td>－0. 56</td><td>1. 51</td></tr>
<tr><td rowspan="3">2. 00</td><td>1. 00</td><td>0. 187</td><td>0. 192</td><td>0. 813</td><td>－0. 35</td><td>0. 73</td></tr>
<tr><td>3. 00</td><td>0. 100</td><td>0. 291</td><td>0. 990</td><td>－0. 72</td><td>0. 92</td></tr>
<tr><td>4. 00</td><td>0. 664</td><td>0. 363</td><td>0. 343</td><td>－0. 36</td><td>1. 69</td></tr>
</table>

续表

因变量		(I) S2此前入住民宿的次数	(J) S2此前入住民宿的次数	均值差(I-J)	标准误	显著性	95%置信区间	
							下限	上限
在考虑人际关系时，我喜欢与这个民宿店主和员工互动	Scheffe	3.00	1.00	0.088	0.297	0.993	-0.75	0.92
			2.00	-0.100	0.291	0.990	-0.92	0.72
			4.00	0.565	0.428	0.629	-0.64	1.77
		4.00	1.00	-0.477	0.369	0.643	-1.51	0.56
			2.00	-0.664	0.363	0.343	-1.69	0.36
			3.00	-0.565	0.428	0.629	-1.77	0.64
这家民宿的店主与员工在我们的关系中创造了一种温馨的感觉	Scheffe	1.00	2.00	-0.207	0.182	0.733	-0.72	0.31
			3.00	-0.212	0.282	0.905	-1.01	0.58
			4.00	0.265	0.350	0.903	-0.72	1.25
		2.00	1.00	0.207	0.182	0.733	-0.31	0.72
			3.00	-0.005	0.276	1.000	-0.78	0.77
			4.00	0.471	0.345	0.601	-0.50	1.44
		3.00	1.00	0.212	0.282	0.905	-0.58	1.01
			2.00	0.005	0.276	1.000	-0.77	0.78
			4.00	0.476	0.407	0.712	-0.67	1.62
		4.00	1.00	-0.265	0.350	0.903	-1.25	0.72
			2.00	-0.471	0.345	0.601	-1.44	0.50
			3.00	-0.476	0.407	0.712	-1.62	0.67
这家民宿的店主与员工跟我关系好	Scheffe	1.00	2.00	-0.350	0.175	0.265	-0.84	0.14
			3.00	-0.261	0.271	0.818	-1.02	0.50
			4.00	-0.050	0.336	0.999	-0.99	0.89
		2.00	1.00	0.350	0.175	0.265	-0.14	0.84
			3.00	0.088	0.265	0.990	-0.66	0.83
			4.00	0.300	0.331	0.844	-0.63	1.23
		3.00	1.00	0.261	0.271	0.818	-0.50	1.02
			2.00	-0.088	0.265	0.990	-0.83	0.66
			4.00	0.212	0.390	0.961	-0.89	1.31
		4.00	1.00	0.050	0.336	0.999	-0.89	0.99
			2.00	-0.300	0.331	0.844	-1.23	0.63
			3.00	-0.212	0.390	0.961	-1.31	0.89

续表

因变量		(I) S2此前入住民宿的次数	(J) S2此前入住民宿的次数	均值差(I－J)	标准误	显著性	95%置信区间	
							下限	上限
我和这家民宿的店主与员工相处和睦	Scheffe	1.00	2.00	－0.312	0.176	0.372	－0.81	0.18
			3.00	－0.333	0.272	0.683	－1.10	0.43
			4.00	－0.197	0.337	0.952	－1.15	0.75
		2.00	1.00	0.312	0.176	0.372	－0.18	0.81
			3.00	－0.021	0.266	1.000	－0.77	0.73
			4.00	0.114	0.332	0.990	－0.82	1.05
		3.00	1.00	0.333	0.272	0.683	－0.43	1.10
			2.00	0.021	0.266	1.000	－0.73	0.77
			4.00	0.135	0.392	0.989	－0.97	1.24
		4.00	1.00	0.197	0.337	0.952	－0.75	1.15
			2.00	－0.114	0.332	0.990	－1.05	0.82
			3.00	－0.135	0.392	0.989	－1.24	0.97
这家民宿的店主与员工对我热情有礼貌	Scheffe	1.00	2.00	－0.211	0.175	0.696	－0.70	0.28
			3.00	0.208	0.271	0.899	－0.55	0.97
			4.00	0.046	0.337	0.999	－0.90	0.99
		2.00	1.00	0.211	0.175	0.696	－0.28	0.70
			3.00	0.419	0.265	0.478	－0.33	1.16
			4.00	0.257	0.332	0.896	－0.68	1.19
		3.00	1.00	－0.208	0.271	0.899	－0.97	0.55
			2.00	－0.419	0.265	0.478	－1.16	0.33
			4.00	－0.162	0.391	0.982	－1.26	0.94
		4.00	1.00	－0.046	0.337	0.999	－0.99	0.90
			2.00	－0.257	0.332	0.896	－1.19	0.68
			3.00	0.162	0.391	0.982	－0.94	1.26
我很乐意与这家民宿的店主与员工互动	Scheffe	1.00	2.00	－0.236	0.179	0.629	－0.74	0.27
			3.00	0.179	0.277	0.937	－0.60	0.96
			4.00	0.185	0.344	0.962	－0.78	1.15
		2.00	1.00	0.236	0.179	0.629	－0.27	0.74
			3.00	0.416	0.271	0.504	－0.35	1.18
			4.00	0.421	0.339	0.672	－0.53	1.37

续表

因变量		(I) S2 此前入住民宿的次数	(J) S2 此前入住民宿的次数	均值差 (I－J)	标准误	显著性	95%置信区间	
							下限	上限
我很乐意与这家民宿的店主与员工互动	Scheffe	3.00	1.00	－0.179	0.277	0.937	－0.96	0.60
			2.00	－0.416	0.271	0.504	－1.18	0.35
			4.00	0.006	0.400	1.000	－1.12	1.13
		4.00	1.00	－0.185	0.344	0.962	－1.15	0.78
			2.00	－0.421	0.339	0.672	－1.37	0.53
			3.00	－0.006	0.400	1.000	－1.13	1.12

3. 民宿主客互动在性别、年龄、收入组之间的差异比较

民宿主客互动各变量在不同类型的被调查者之间存在一定的差异，比较这些内部差异可以进一步揭示顾客互动的组别表现状况。T检验分析结果表明，民宿主客互动的6个变量中，仅CEI5“这家民宿的店主与员工对我热情有礼貌”在男女两个组别之间存在显著差异，由表8－9可知，T值大于门槛值1.96，均值差ΔM＝0.66，女性比男性更认为民宿的店主和员工热情有礼貌。

表8－9　　民宿主客互动的组别比较结果

主客互动变量	平均值[a]				F值
	16～25岁	26～35岁	36～45岁	45岁以上	
CEI1	5.25	5.10	5.38	5.40	0.206
CEI2	5.09	6.95	5.15	6.90	0.162
CEI3	5.16	5.26	6.57	4.90	1.973*
CEI4	5.12	5.05	6.85	5.10	0.171
CEI5	6.90	6.74	6.69	6.80	0.243
CEI6	5.03	6.69	6.54	6.90	2.799*
性别	男		女		T值
CEI1	4.75		4.90		－0.622
CEI2	4.91		5.05		－0.565
CEI3	4.64		4.74		－0.424
CEI4	4.88		4.95		－0.297

续表

性别	男			女		T值
CEI5	4.60			5.26		-1.972*
CEI6	4.97			5.31		-1.433
月收入	2 000元以下	2 000～5 999元	6 000～8 999元	9 000～11 999元	1.2万元或以上	F值
CEI1	4.51	4.84	4.55	5.01	5.78	1.982*
CEI2	4.88	5.10	4.71	5.04	5.21	0.503
CEI3	5.00	5.04	5.08	5.20	5.28	1.034
CEI4	5.06	4.94	4.94	4.81	5.25	0.695
CEI5	5.13	5.00	4.56	4.81	5.44	0.564
CEI6	4.61	4.84	4.55	4.94	5.04	0.874

注：a李克特七点量表："7"=非常赞同，"1"=非常不赞同；*表示在0.05水平（双侧）上显著相关。

基于SPSS方差分析结果表8-9可知，在年龄的4个组别之间，6个变量中CEI3"这家民宿的店主与员工跟我关系好"的表现值存在显著差异。F=1.973，P<0.05，不同年龄段的顾客在认为民宿员工与其关系上的评价值显著不同。其中，45岁以上的民宿顾客评价值最低M=4.90，36～45岁的顾客对此项的评价分值最高M=6.57，二者差距显著P<0.01；民宿员工与顾客关系在16～25岁组的均值M=5.16也与36～45岁组存在显著差异P<0.05，而除此之外的其他各组差异并不显著。

不同收入组别的顾客在民宿的主客互动方面的评价值也仅有一个变量存在显著差异，即互动的喜欢程度CEI1"在考虑人际关系时，我喜欢与这个民宿店主和员工互动"，F=1.982，P<0.05。其中，月收入在2 000元以下的顾客在主客互动上的表现最差M=4.51，而月收入超过1.2万元的顾客对互动的喜欢程度最高M=5.78，二者差异显著P<0.01；月收入在9 000～11 999元的民宿顾客对主客互动的赞同度仅次于月入过1.2万元者M=5.01，与2 000元以下组也有显著的不同P<0.05。总体上，收入低者对于CEI1的评价值相对较低，往往收入越高，其对于民宿店主和员工互动的喜好程度越高，具体的原因尚需进一步分析。

四、民宿客客互动表现的组别比较

1. 客客互动在性别的组别间比较分析

将客客互动的变量分别跟性别做独立样本T检验即组内比较（见表8-10），发现Sig. 值都大于0.05，可知性别对游客间互动的行为并没有显著性影响（见表8-11）。

表8-10 民宿客客互动性别组统计量

变量	性别	样本量	均值	标准差	标准误
CCIV1 我与这家民宿的其他顾客关系和睦	男	92	4.90	1.375	0.143
	女	215	4.84	1.280	0.087
CCIV2 这家民宿的其他顾客对我很友好	男	92	4.87	1.424	0.148
	女	215	4.85	1.346	0.092
CCIV3 这家民宿的其他顾客比较有趣	男	92	4.66	1.385	0.144
	女	215	4.73	1.302	0.089
CCIV4 我与这家民宿的其他顾客关系平等	男	92	5.30	1.290	0.135
	女	215	5.17	1.346	0.092
CCIV5 我与这家民宿的其他顾客能较好合作	男	92	4.85	1.334	0.139
	女	215	4.77	1.289	0.088
CCII1 我与这家民宿的其他顾客较为亲密	男	92	4.62	1.341	0.140
	女	215	4.35	1.445	0.099
CCII2 我与这家民宿的其他顾客有强烈的感情	男	92	4.25	1.545	0.161
	女	215	4.01	1.619	0.110
CCIQ1 这家民宿提供的游客之间的活动较多	男	92	4.43	1.485	0.155
	女	215	4.16	1.521	0.104
CCIQ2 与这家民宿的其他游客互动对我影响较大	男	92	4.35	1.478	0.154
	女	215	4.09	1.555	0.106
CCIQ3 我与这家民宿的其他顾客互动次数较多	男	92	4.27	1.392	0.145
	女	215	4.09	1.568	0.107

表 8－11　　民宿客客互动性别组独立样本检验

变量	方差方程的 Levene 检验		均值方程的 T 检验					
	F	Sig.	T	Sig.（双侧）	均值差值	标准误差值	差分的 95% 置信区间	
							下限	上限
CCIV1	0.089	0.766	0.370	0.712	0.060	0.163	－0.261	0.381
CCIV2	0.000	0.985	0.135	0.893	0.023	0.171	－0.313	0.359
CCIV3	0.306	0.581	－0.378	0.706	－0.063	0.165	－0.388	0.263
CCIV4	0.212	0.646	0.826	0.409	0.137	0.166	－0.189	0.463
CCIV5	0.079	0.779	0.467	0.641	0.076	0.162	－0.244	0.395
CCII1	1.064	0.303	1.536	0.126	0.271	0.176	－0.076	0.618
CCII2	0.112	0.738	1.186	0.236	0.236	0.199	－0.156	0.628
CCIQ1	0.074	0.785	1.445	0.149	0.272	0.188	－0.098	0.642
CCIQ2	0.016	0.898	1.359	0.175	0.259	0.191	－0.116	0.635
CCIQ3	1.093	0.297	0.945	0.345	0.179	0.189	－0.193	0.551

2. 客客互动与年龄的组别比较分析

将客客互动的 10 个变量分别与年龄做单因素 ANOVA 分析，在 SPSS 软件中直接进行操作得出结果，如表 8－12 所示。

表 8－12　　民宿客客互动与年龄的 ANOVA 分析

变量		平方和	df	均方	F	显著性
我与这家民宿的其他顾客关系和睦	组间	4.271	3	1.424	0.832	0.477
	组内	518.706	303	1.712		
	总数	522.977	306			
这家民宿的其他顾客对我很友好	组间	3.641	3	1.214	0.647	0.586
	组内	568.763	303	1.877		
	总数	572.404	306			
这家民宿的其他顾客比较有趣	组间	5.559	3	1.853	1.055	0.368
	组内	532.056	303	1.756		
	总数	537.616	306			

续表

变量		平方和	df	均方	F	显著性
我与这家民宿的其他顾客关系平等	组间	1. 730	3	0. 577	0. 324	0. 808
	组内	538. 928	303	1. 779		
	总数	540. 658	306			
我与这家民宿的其他顾客能较好合作	组间	3. 697	3	1. 232	0. 726	0. 537
	组内	514. 374	303	1. 698		
	总数	518. 072	306			
我与这家民宿的其他顾客较为亲密	组间	6. 676	3	2. 225	1. 108	0. 346
	组内	608. 568	303	2. 008		
	总数	615. 244	306			
我与这家民宿的其他顾客有强烈的感情	组间	16. 025	3	5. 342	2. 114	0. 099
	组内	765. 773	303	2. 527		
	总数	781. 798	306			
这家民宿提供的游客之间的活动较多	组间	9. 077	3	3. 026	1. 326	0. 266
	组内	691. 601	303	2. 283		
	总数	700. 678	306			
与这家民宿的其他游客互动对我影响较大	组间	17. 702	3	5. 901	2. 544	0. 056
	组内	702. 826	303	2. 320		
	总数	720. 528	306			
我与这家民宿的其他顾客互动次数较多	组间	18. 057	3	6. 019	2. 657	**0. 049**
	组内	686. 347	303	2. 265		
	总数	704. 404	306			

注：黑体表示差异显著。

由民宿客客互动与年龄的 ANOVA 分析结果（见表 8 - 12）可知，年龄和游客与民宿中其他顾客互动次数的多寡有显著性影响，与民宿中的其他顾客有强烈的感情、与民宿中的其他游客互动对游客影响较大、与这家民宿的其他顾客互动次数较多这三个方面，16 ~ 25 岁与 36 ~ 45 岁、26 ~ 35 岁与 36 ~ 45 岁的顾客群体有显著的感受差异。综合来看可能是中青年在民宿居住过程中更喜欢、主动和擅长与其他游客进行互动。

3. 客客互动在收入组别间差异比较分析

将客客互动的变量与收入进行组别比较，发现 ANOVA 分析组间的 p 值都大于0.05，说明客客互动与收入的整个组间分组不显著，没有显著性影响。但是在组内分析中，收入在6 000～8 999元和1.2万元或以上的两组，对“民宿提供游客之间的活动较多”的看法有显著性差异。

4. 客客互动在出行目的组别间差异比较分析

将客客互动的变量基于不同出行目的进行组别比较，如表8－13所示，发现ANOVA分析组间的F值都大于0.05，除“我与这家民宿的其他顾客关系平等”变量在不同出行目的顾客间差异显著外，其他客客互动变量在整个组间分组不显著，没有显著性影响。

表8－13　民宿客客互动与出行目的的ANOVA分析

变量		平方和	df	均方	F	显著性
我与这家民宿的其他顾客关系和睦	组间	13.359	4	3.340	1.979	0.098
	组内	509.618	302	1.687		
	总数	522.977	306			
这家民宿的其他顾客对我很友好	组间	16.502	4	4.126	2.241	0.065
	组内	555.902	302	1.841		
	总数	572.404	306			
这家民宿的其他顾客比较有趣	组间	8.233	4	2.058	1.174	0.322
	组内	529.383	302	1.753		
	总数	537.616	306			
我与这家民宿的其他顾客关系平等	组间	20.167	4	5.042	2.925	**0.021**
	组内	520.491	302	1.723		
	总数	540.658	306			
我与这家民宿的其他顾客能较好合作	组间	8.096	4	2.024	1.199	0.311
	组内	509.976	302	1.689		
	总数	518.072	306			
我与这家民宿的其他顾客较为亲密	组间	6.563	4	1.641	0.814	0.517
	组内	608.681	302	2.016		
	总数	615.244	306			
我与这家民宿的其他顾客有强烈的感情	组间	10.286	4	2.572	1.007	0.404
	组内	771.512	302	2.555		
	总数	781.798	306			

续表

变量		平方和	df	均方	F	显著性
这家民宿提供的游客之间的活动较多	组间	2. 329	4	0. 582	0. 252	0. 908
	组内	698. 348	302	2. 312		
	总数	700. 678	306			
与这家民宿的其他游客互动对我影响较大	组间	13. 170	4	3. 293	1. 406	0. 232
	组内	707. 357	302	2. 342		
	总数	720. 528	306			
我与这家民宿的其他顾客互动次数较多	组间	2. 288	4	0. 572	0. 246	0. 912
	组内	702. 116	302	2. 325		
	总数	704. 404	306			

注：黑体表示差异显著。

游客在与民宿的其他顾客关系平等的感知方面，和游客出行目的有显著相关性，表明游客选择出行，原因在于自我价值和感受的实现、渴望通过旅游逃离日常生活、和其他陌生人平等友好相处；在游客对民宿中其他顾客对其很友好这一方面，出于观光休闲、度假旅游及其他目的，与出于探亲访友目的的游客有显著性差异，出于探亲访友目的与出于其他目的的游客在认为这家民宿的其他顾客比较有趣方面有显著性差异；在与民宿的其他顾客关系平等方面，出于观光休闲、度假旅游及其他目的，与出于探亲访友目的的游客有显著性差异，度假旅游与出于其他目的也有显著性差异；在游客与民宿其他游客互动对游客影响较大这方面，观光休闲、度假旅游与出于其他目的的游客有显著性差异。

5. 客客互动与住宿经历组别比较分析

根据民宿客客互动与住宿经验的 ANOVA 分析如表 8 – 14 所示，“我与这家民宿的其他顾客较为亲密”“我与这家民宿的其他顾客有强烈的感情”“这家民宿提供的游客之间的活动较多”“我与这家民宿的其他顾客互动次数较多”与游客住宿经历有显著相关性，这几个方面都是游客与其他游客之间较为深层次的交往和感知，因此，游客住宿次数越多，这四个方面的感知程度越深刻。

表 8 – 14　　　　民宿客客互动与住宿经验的 ANOVA 分析

变量		平方和	df	均方	F	显著性
我与这家民宿的其他顾客关系和睦	组间	8.830	3	2.943	1.735	0.160
	组内	514.147	303	1.697		
	总数	522.977	306			
这家民宿的其他顾客对我很友好	组间	12.697	3	4.232	2.291	0.078
	组内	559.707	303	1.847		
	总数	572.404	306			
这家民宿的其他顾客比较有趣	组间	13.192	3	4.397	2.541	0.057
	组内	524.424	303	1.731		
	总数	537.616	306			
我与这家民宿的其他顾客关系平等	组间	0.507	3	0.169	0.095	0.963
	组内	540.151	303	1.783		
	总数	540.658	306			
我与这家民宿的其他顾客能较好合作	组间	8.736	3	2.912	1.732	0.160
	组内	509.336	303	1.681		
	总数	518.072	306			
我与这家民宿的其他顾客较为亲密	组间	17.818	3	5.939	3.012	**0.030**
	组内	597.426	303	1.972		
	总数	615.244	306			
我与这家民宿的其他顾客有强烈的感情	组间	40.823	3	13.608	5.564	**0.001**
	组内	740.975	303	2.445		
	总数	781.798	306			
这家民宿提供的游客之间的活动较多	组间	34.194	3	11.398	5.182	**0.002**
	组内	666.483	303	2.200		
	总数	700.678	306			
与这家民宿的其他游客互动对我影响较大	组间	13.575	3	4.525	1.939	0.123
	组内	706.953	303	2.333		
	总数	720.528	306			
我与这家民宿的其他顾客互动次数较多	组间	33.892	3	11.297	5.105	**0.002**
	组内	670.512	303	2.213		
	总数	704.404	306			

注：黑体表示差异显著。

表 8 – 15　　民宿客客互动在不同住宿经历组的多重比较分析

变量	(I) 2. 您此前住民宿的经历	(J) 2. 您此前住民宿的经历	均值差(I – J)	标准误	显著性	95%置信区间	
						下限	上限
我与这家民宿的其他顾客关系和睦	1	2	–0.366*	0.165	0.027	–0.69	–0.04
		3	–0.103	0.255	0.686	–0.60	0.40
		4	–0.094	0.316	0.766	–0.72	0.53
	2	1	0.366*	0.165	0.027	0.04	0.69
		3	0.263	0.249	0.293	–0.23	0.75
		4	0.271	0.311	0.384	–0.34	0.88
	3	1	0.103	0.255	0.686	–0.40	0.60
		2	–0.263	0.249	0.293	–0.75	0.23
		4	0.009	0.367	0.981	–0.71	0.73
	4	1	0.094	0.316	0.766	–0.53	0.72
		2	–0.271	0.311	0.384	–0.88	0.34
		3	–0.009	0.367	0.981	–0.73	0.71
这家民宿的其他顾客对我很友好	1	2	–0.364*	0.172	0.035	–0.70	–0.03
		3	0.088	0.266	0.740	–0.43	0.61
		4	0.150	0.330	0.649	–0.50	0.80
	2	1	0.364*	0.172	0.035	0.03	0.70
		3	0.453	0.260	0.083	–0.06	0.96
		4	0.514	0.325	0.114	–0.13	1.15
	3	1	–0.088	0.266	0.740	–0.61	0.43
		2	–0.453	0.260	0.083	–0.96	0.06
		4	0.062	0.383	0.872	–0.69	0.82
	4	1	–0.150	0.330	0.649	–0.80	0.50
		2	–0.514	0.325	0.114	–1.15	0.13
		3	–0.062	0.383	0.872	–0.82	0.69
这家民宿的其他顾客比较有趣	1	2	–0.330*	0.166	0.048	–0.66	0.00
		3	0.206	0.257	0.423	–0.30	0.71
		4	0.177	0.319	0.580	–0.45	0.81
	2	1	0.330*	0.166	0.048	0.00	0.66
		3	0.537*	0.252	0.034	0.04	1.03
		4	0.507	0.314	0.108	–0.11	1.13

续表

变量	(I) 2. 您此前住民宿的经历	(J) 2. 您此前住民宿的经历	均值差(I-J)	标准误	显著性	95%置信区间	
						下限	上限
这家民宿的其他顾客比较有趣	3	1	-0.206	0.257	0.423	-0.71	0.30
		2	-0.537*	0.252	0.034	-1.03	-0.04
		4	-0.029	0.371	0.937	-0.76	0.70
	4	1	-0.177	0.319	0.580	-0.81	0.45
		2	-0.507	0.314	0.108	-1.13	0.11
		3	0.029	0.371	0.937	-0.70	0.76
我与这家民宿的其他顾客关系平等	1	2	-0.002	0.169	0.991	-0.33	0.33
		3	0.129	0.261	0.622	-0.39	0.64
		4	0.005	0.324	0.987	-0.63	0.64
	2	1	0.002	0.169	0.991	-0.33	0.33
		3	0.131	0.255	0.609	-0.37	0.63
		4	0.007	0.319	0.982	-0.62	0.64
	3	1	-0.129	0.261	0.622	-0.64	0.39
		2	-0.131	0.255	0.609	-0.63	0.37
		4	-0.124	0.376	0.743	-0.86	0.62
	4	1	-0.005	0.324	0.987	-0.64	0.63
		2	-0.007	0.319	0.982	-0.64	0.62
		3	0.124	0.376	0.743	-0.62	0.86
我与这家民宿的其他顾客能较好合作	1	2	-0.290	0.164	0.078	-0.61	0.03
		3	0.000	0.254	0.999	-0.50	0.50
		4	0.238	0.315	0.449	-0.38	0.86
	2	1	0.290	0.164	0.078	-0.03	0.61
		3	0.290	0.248	0.242	-0.20	0.78
		4	0.529	0.310	0.089	-0.08	1.14
	3	1	0.000	0.254	0.999	-0.50	0.50
		2	-0.290	0.248	0.242	-0.78	0.20
		4	0.238	0.365	0.515	-0.48	0.96
	4	1	-0.238	0.315	0.449	-0.86	0.38
		2	-0.529	0.310	0.089	-1.14	0.08
		3	-0.238	0.365	0.515	-0.96	0.48

续表

变量	(I) 2. 您此前住民宿的经历	(J) 2. 您此前住民宿的经历	均值差(I-J)	标准误	显著性	95%置信区间	
						下限	上限
我与这家民宿的其他顾客较为亲密	1	2	-0.467*	0.178	0.009	-0.82	-0.12
		3	-0.146	0.275	0.595	-0.69	0.39
		4	0.204	0.341	0.550	-0.47	0.87
	2	1	0.467*	0.178	0.009	0.12	0.82
		3	0.321	0.268	0.232	-0.21	0.85
		4	0.671*	0.336	0.046	0.01	1.33
	3	1	0.146	0.275	0.595	-0.39	0.69
		2	-0.321	0.268	0.232	-0.85	0.21
		4	0.350	0.396	0.377	-0.43	1.13
	4	1	-0.204	0.341	0.550	-0.87	0.47
		2	-0.671*	0.336	0.046	-1.33	-0.01
		3	-0.350	0.396	0.377	-1.13	0.43
我与这家民宿的其他顾客有强烈的感情	1	2	-0.697*	0.198	0.000	-1.09	-0.31
		3	-0.036	0.306	0.905	-0.64	0.57
		4	0.261	0.379	0.493	-0.49	1.01
	2	1	0.697*	0.198	0.000	0.31	1.09
		3	0.660*	0.299	0.028	0.07	1.25
		4	0.957*	0.374	0.011	0.22	1.69
	3	1	0.036	0.306	0.905	-0.57	0.64
		2	-0.660*	0.299	0.028	-1.25	-0.07
		4	0.297	0.441	0.501	-0.57	1.16
	4	1	-0.261	0.379	0.493	-1.01	0.49
		2	-0.957*	0.374	0.011	-1.69	-0.22
		3	-0.297	0.441	0.501	-1.16	0.57
这家民宿提供的游客之间的活动较多	1	2	-0.592*	0.188	0.002	-0.96	-0.22
		3	-0.278	0.290	0.339	-0.85	0.29
		4	0.487	0.360	0.177	-0.22	1.19
	2	1	0.592*	0.188	0.002	0.22	0.96
		3	0.314	0.284	0.269	-0.24	0.87
		4	1.079*	0.355	0.003	0.38	1.78

续表

变量	(I) 2. 您此前住民宿的经历	(J) 2. 您此前住民宿的经历	均值差 (I-J)	标准误	显著性	95%置信区间	
						下限	上限
这家民宿提供的游客之间的活动较多	3	1	0.278	0.290	0.339	-0.29	0.85
		2	-0.314	0.284	0.269	-0.87	0.24
		4	0.765	0.418	0.068	-0.06	1.59
	4	1	-0.487	0.360	0.177	-1.19	0.22
		2	-1.079*	0.355	0.003	-1.78	-0.38
		3	-0.765	0.418	0.068	-1.59	0.06
与这家民宿的其他游客互动对我影响较大	1	2	-0.377	0.193	0.052	-0.76	0.00
		3	-0.063	0.299	0.834	-0.65	0.53
		4	0.273	0.371	0.463	-0.46	1.00
	2	1	0.377	0.193	0.052	0.00	0.76
		3	0.315	0.292	0.282	-0.26	0.89
		4	0.650	0.365	0.076	-0.07	1.37
	3	1	0.063	0.299	0.834	-0.53	0.65
		2	-0.315	0.292	0.282	-0.89	0.26
		4	0.335	0.430	0.437	-0.51	1.18
	4	1	-0.273	0.371	0.463	-1.00	0.46
		2	-0.650	0.365	0.076	-1.37	0.07
		3	-0.335	0.430	0.437	-1.18	0.51
我与这家民宿的其他顾客互动次数较多	1	2	-0.628*	0.188	0.001	-1.00	-0.26
		3	-0.295	0.291	0.311	-0.87	0.28
		4	0.358	0.361	0.323	-0.35	1.07
	2	1	0.628*	0.188	0.001	0.26	1.00
		3	0.333	0.284	0.243	-0.23	0.89
		4	0.986*	0.356	0.006	0.29	1.69
	3	1	0.295	0.291	0.311	-0.28	0.87
		2	-0.333	0.284	0.243	-0.89	0.23
		4	0.653	0.419	0.120	-0.17	1.48
	4	1	-0.358	0.361	0.323	-1.07	0.35
		2	-0.986*	0.356	0.006	-1.69	-0.29
		3	-0.653	0.419	0.120	-1.48	0.17

注：表中阴影部分表示该变量在两组之间差异显著；*表示在0.05水平（双侧）上显著相关。

根据多重比较的结果，如表 8－15 所示，可以看出，住过 1 次民宿与住过 2～4 次民宿，在与其他顾客关系是否和睦、其他顾客对其是否很友好上有显著差异。在认为其他顾客比较有趣方面，住过 2～4 次民宿与住过 1 次民宿、住过 5～8 次民宿有显著差异；在认为其他顾客是否较为亲密、认为民宿提供的游客之间互动较多、互动次数较多方面，住过 2～4 次民宿与住过 1 次民宿、住过 9 次以上民宿的游客有显著差异；在能否和其他顾客建立强烈的感情，住过 2～4 次民宿与住过 1 次、住过 5～8 次、住过 9 次以上民宿的游客有显著差异。综上所述，游客选择居住民宿的次数对游客某些互动行为有显著影响，游客居住民宿次数较多或较少对游客互动行为如互动次数、互动频率、强烈感情的建立有加强或者减弱作用。

除性别以外，客客互动行为与游客年龄、收入、出行目的以及住宿经历都有一定的相关性，但是对互动行为影响的侧重点不同，可能是对游客互动行为的质量有影响，也可能是对游客互动行为的数量（互动的频率和次数）有影响，具体则需要分情况来看。

五、主客互动、客客互动与顾客体验的相关分析

对 ZK6 主客互动和 BEN 获益（benefit）、CON 便利（convenience）、INC 激励（incentive）、ENV 环境（environment）分别进行相关分析，分析结果如表 8－16 所示。

表 8－16　民宿主客互动与顾客体验相关性分析

变量		ZK6 主客互动	BEN 获益	CON 便利	INC 激励	ENV 环境
ZK6 主客互动	Pearson 相关性	1	0.769**	0.674**	0.699**	0.770**
	显著性（双侧）		0.000	0.000	0.000	0.000
BEN 获益	Pearson 相关性	0.769**	1	0.751**	0.831**	0.926**
	显著性（双侧）	0.000		0.000	0.000	0.000
CON 便利	Pearson 相关性	0.674**	0.751**	1	0.778**	0.913**
	显著性（双侧）	0.000	0.000		0.000	0.000

续表

变量		ZK6 主客互动	BEN 获益	CON 便利	INC 激励	ENV 环境
INC 激励	Pearson 相关性	0.699**	0.831**	0.778**	1	0.939**
	显著性（双侧）	0.000	0.000	0.000		0.000
ENV 环境	Pearson 相关性	0.770**	0.926**	0.913**	0.939**	1
	显著性（双侧）	0.000	0.000	0.000	0.000	

注：** 表示在 0.01 水平（双侧）上显著相关。

由表 8－16 可知，ZK6 和 BEN 的相关系数是 0.769，并以“**”加以标注，即所对应的两个变量是显著相关的，故 ZK6 和 BEN 为中度正相关，通过了显著性检验，样本能够反映总体特征；ZK6 和 CON 的相关系数为 0.674，并且以“**”加以标注，说明 ZK6 和 CON 为中度正相关，通过了显著性检验，可代表总体特征；ZK6 和 INC 的相关系数为 0.699，并且以“**”加以标注，说明 ZK6 和 INC 为中度正相关，通过了显著性检验；ZK6 和 ENV 的相关系数为 0.770，并且以“**”加以标注，故 ZK6 和 ENV 中度正相关。

同样地，对民宿客客互动与顾客体验的四个维度进行相关分析，结果如表 8－17 所示。由此可见，民宿顾客的客客互动也与服务体验存在显著的相关性。

表 8－17　　　　民宿客客互动与顾客体验相关性分析

变量		KK10 客客互动	BEN 获益	CON 便利	INC 激励	ENV 环境
KK10 客客互动	Pearson 相关性	1	0.623**	0.643**	0.637**	0.688**
	显著性（双侧）		0.000	0.000	0.000	0.000
BEN 获益	Pearson 相关性	0.623**	1	0.863**	0.714**	0.697**
	显著性（双侧）	0.000		0.000	0.000	0.000
CON 便利	Pearson 相关性	0.643**	0.863**	1	0.812**	0.793**
	显著性（双侧）	0.000	0.000		0.000	0.000
INC 激励	Pearson 相关性	0.637**	0.714**	0.812**	1	0.741**
	显著性（双侧）	0.000	0.000	0.000		0.000
ENV 环境	Pearson 相关性	0.688**	0.697**	0.793**	0.741**	1
	显著性（双侧）	0.000	0.000	0.000		

注：** 表示在 0.01 水平（双侧）上显著相关。

六、多元回归分析

1. 民宿主客互动与环境服务体验

研究发现，不同住宿体验的顾客在民宿主客互动的表现值方面有显著差异。服务体验中的获益体验、便利体验维度均会对顾客在主客互动上的表现值产生显著而积极的影响，其中，获益体验对顾客主客互动的表现值影响更大。为促进店主、店员与顾客之间更好地互动，应当着重优化顾客的获益体验。同时，也要注重民宿环境的营造。

民宿主客互动与环境服务体验回归分析可得判定系数 R = 0.783，反映了 ENV 和 CEI2、CEI3、CEI4、CEI5、CEI6 之间关系显著。调整后的判定系数 $R^2 = 0.601$，表示 CEI2、CEI3、CEI4、CEI5、CEI6 能在 60.1% 的程度上解释 ENV；D. W. = 1.820，说明解释变量之间几乎是不相关的，符合回归分析的经典假设；F = 52.306，说明线性回归的总体方程式是成立的；Sig. = 0.000，说明线性回归方程的总体线性是显著的。

民宿主客互动与环境服务体验的回归系数如表 8 - 18 所示。

表 8 - 18　　民宿主客互动与环境服务体验回归系数

模型		非标准化系数		标准系数	T	Sig.
		β	标准误差	试用版		
1	（常量）	0.855	0.115		7.457	0.000
	CEI2	0.136	0.053	0.169	2.543	0.011
	CEI3	0.147	0.053	0.182	2.756	0.006
	CEI4	0.145	0.052	0.182	2.807	0.005
	CEI5	0.131	0.063	0.157	2.077	0.039
	CEI6	0.168	0.052	0.209	3.209	0.001
a. 因变量：ENV 环境						

注：已剔除不显著的 CEI1。

根据民宿主客互动与环境服务体验回归系数（见表 8－18），保留显著变量，Sig. 值低于 0.05。由此可建立如下线性方程：

$$ENV = 0.855 + 0.136CEI2 + 0.147CEI3 + 0.145CEI4 + 0.131CEI5 + 0.168CEI6 \quad (8-1)$$

由方程（8－1）可知，主客互动总体上对民宿服务体验会产生显著而积极的影响。其中，5 个变量 CEI2、CEI3、CEI4、CEI5、CEI6 对服务体验的影响差别不大，CEI6 对服务体验的影响相对较大。因而，为优化顾客的服务体验，应与顾客相处和睦、热情待客；加强交流，增强情感互动；增强民宿当地生活体验性，保持旅游原真性。

2. 民宿主客互动与获益体验

基于民宿主客互动与获益体验进行回归分析，可得判定系数 R＝0.781，表示 BEN 与 CEI2、CEI3、CEI4、CEI6 关系显著。调整后的 $R^2 = 0.598$，表示 CEI2、CEI3、CEI4、CEI6 能在 59.8% 的程度上解释 BEN；D. W. ＝1.863，说明解释变量之间几乎是不相关的，符合回归分析的经典假设；F＝51.617，说明线性回归的总体方程式是成立的；Sig. ＝0.000，说明线性回归方程的总体线性是显著的。

民宿主客互动与获益体验回归系数如表 8－19 所示。

表 8－19　　民宿主客互动与获益体验回归系数

模型		非标准化系数		标准系数	T	Sig.
		β	标准误差	试用版		
1	（常量）	0.778	0.121		6.408	0.000
	CEI2	0.120	0.045	0.143	2.688	0.008
	CEI3	0.231	0.048	0.277	4.795	0.000
	CEI4	0.154	0.045	0.187	3.452	0.001
	CEI6	0.246	0.048	0.296	5.092	0.000
a. 因变量：BEN 获益						

注：已剔除不显著的 CEI1、CEI5。

民宿主客互动与获益体验回归系数（见表 8－19），最后保留的变量都是显著的，即 Sig. 值低于 0.05。据此建立线性方程：

$$BEN = 0.778 + 0.120CEI2 + 0.231CEI3 + 0.154CEI4 + 0.246CEI6 \quad (8-2)$$

由方程（8-2）可知，主客互动中 CEI2、CEI3、CEI4 和 CEI6 对获益体验会产生显著而积极的影响。其中，4 个变量对获益体验的影响差别不大，CEI6 对其影响相对较大。因而，为优化顾客的获益体验，应对顾客热情有礼貌、与顾客建立起长久和睦的关系，增强顾客黏性；加强与顾客之间的交流并带领顾客更好地体验当地生活。

3. 民宿主客互动与便利体验

基于民宿主客互动与便利体验进行回归分析，判定系数 R = 0.692，反映了 CON 和 CEI1、CEI4、CEI5、CEI6 之间存在一定关系；调整后判定系数的 R^2 = 0.462，表示 CEI1、CEI4、CEI5、CEI6 能在 46.2% 的程度上解释 CON；D. W. = 1.906，说明解释变量之间几乎是不相关的，符合回归分析的经典假设；F = 30.251，说明线性回归的总体方程式是成立的；Sig. = 0.000，说明线性回归方程的总体线性是显著的。

民宿主客互动与便利体验回归系数如表 8-20 所示。

表 8-20　　民宿主客互动与便利体验回归系数

模型		非标准化系数		标准系数	T	Sig.
		β	标准误差	试用版		
1	（常量）	0.988	0.146		6.757	0.000
	CEI1	0.207	0.049	0.239	4.187	0.000
	CEI4	0.149	0.067	0.168	2.222	0.027
	CEI5	0.189	0.082	0.203	2.309	0.022
	CEI6	0.156	0.063	0.174	2.464	0.014
a. 因变量：CON 便利						

注：已剔除不显著的 CEI2、CEI3。

表 8-20 中保留的变量 Sig. 值均低于 0.05，由表中 T 值可知，都是显著的。由此可构建线性模型：

$$CON = 0.988 + 0.207CEI1 + 0.149CEI4 + 0.189CEI5 + 0.156CEI6 \quad (8-3)$$

由模型（8-3）可知，主客互动中 CEI1、CEI4、CEI5 和 CEI6 对便利体验会产生显著而积极的影响。其中，4 个变量对便利体验的影响差别不大，CEI1

对其影响相对较大。因而，为优化顾客便利体验，也应当注重与顾客间温馨关系的维护、加强与顾客的交流，并带领顾客体验当地生活。

4. 民宿主客互动与服务激励体验

基于民宿主客互动与服务激励体验进行回归分析，判定系数 R = 0.720，反映了 INC 和 CEI1、CEI3、CEI4、CEI6 相关；调整后的 $R^2 = 0.504$，表示 CEI1、CEI3、CEI4、CEI6 能在 50.4% 的程度上解释 INC；D. W. = 1.898，说明解释变量之间几乎是不相关的，符合回归分析的经典假设；F = 35.555，说明线性回归的总体方程式是成立的；Sig. = 0.000，说明线性回归方程的总体线性是显著的。

民宿主客互动与便利体验回归系数如表 8－21 所示。

表 8－21　　　　民宿主客互动与便利体验回归系数表

模型		非标准化系数		标准系数	T	Sig.
		β	标准误差	试用版		
1	（常量）	0.864	0.135		6.399	0.000
	CEI1	0.153	0.072	0.173	2.126	0.034
	CEI3	0.148	0.073	0.171	2.037	0.043
	CEI4	0.173	0.050	0.198	3.452	0.001
	CEI6	0.243	0.057	0.277	4.255	0.000
a. 因变量：INC 激励						

注：已剔除不显著的 CEI2、CEI5。

表 8－21 中保留的变量 Sig. 值均低于 0.05，都是显著的。由此可建立线性方程：

$$INC = 0.864 + 0.153CEI3 + 0.148X6 + 0.173CEI4 + 0.243CEI6 \quad (8-4)$$

由方程（8－4）可知，主客互动中的 CEI3、X6、CEI4 和 CEI6 对激励体验会产生显著而积极的影响。其中，4 个变量对激励体验的影响差别不大，CEI6 对其影响相对较大。因而，为优化激励体验，店主与店员应对顾客热情有礼貌，加强与顾客之间的交流并带领顾客更好地体验当地生活。同时，顾客的主客互动意愿也是影响激励体验的重要因素，因而店主与店员应通过民宿整体温馨环境的营造等打开顾客心扉，促进更好地互动。

5. 民宿客客互动与服务激励体验

采用类似的方法分析客客互动对顾客体验的影响，发现彼此间差异不大。因此，将获益和便利的9个变量合并为功能型服务体验，记为 Y_1，将后激励和环境服务体验的8个变量概括为享乐性服务体验，记为 Y_2。分别将客客互动的10个变量与 Y_1、Y_2 做回归分析。

将功能性服务体验与客客互动的10个变量做回归，结果如表8－22所示。R表示拟合优度，用来衡量估计的模型对观测值的拟合程度，其值越接近1模型拟合越好。相比较来说，调整的 R^2 比调整前 R^2 更准确一些，$R^2>0.3$ 可以接受。最终调整 R^2 为0.324，表示自变量共可以解释因功能性服务体验这一变量42.4%的变化。

表8－22　　　　民宿客客互动与功能型服务体验模型指标

模型	R	R^2	调整R方	标准估计的误差	更改统计量				
					R方更改	F更改	df1	df2	Sig. F更改
1	0.589[a]	0.346	0.324	0.82199240	0.346	15.688	10	296	0.000

对模型回归显著性进行检验，结果如表8－23所示，主要看F值和Sig.值，F值是对整个回归方程的总体检验，当F值对应的Sig.值小于0.05则回归方程是显著的，从表8－23中我们可以看出Sig.值是小于0.05的，回归方程是显著的，回归模型是有效的。

表8－23　　　　民宿客客互动与功能型服务体验回归显著性

模型		平方和	df	均方	F	Sig.
1	回归	106.001	10	10.600	15.688	0.000[a]
	残差	199.999	296	0.676	—	—
	总计	306.000	306	—	—	—

通过民宿客客互动与功能型服务体验回归方程系数（见表8－24），可分析自变量的显著性检验结果，当Sig.值<0.05则说明自变量对因变量具有显著影响，可以建立以下的线性模型：

$$Y_1 = -1.477 + 0.257X_4 - 0.128X_9 \quad (8-5)$$

表 8－24　民宿客客互动与功能型服务体验回归方程系数

	非标准化系数		标准系数	T	Sig.	β 的 95% 置信区间	
	β	标准误差	试用版			下限	上限
(常量)	-1.477	0.149		-9.887	0.000	-1.771	-1.183
CCIV1	0.099	0.071	0.130	1.404	0.161	-0.040	0.239
CCIV2	0.025	0.071	0.034	0.353	0.724	-0.114	0.164
CCIV3	0.047	0.069	0.062	0.679	0.498	-0.089	0.183
CCIV4	0.257	0.055	0.342	4.704	0.000	0.149	0.364
CCIV5	0.097	0.076	0.126	1.274	0.204	-0.053	0.246
CCII1	0.010	0.068	0.015	0.154	0.878	-0.123	0.144
CCII2	-0.012	0.061	-0.019	-0.192	0.848	-0.131	0.108
CCIQ1	0.027	0.057	0.041	0.474	0.636	-0.085	0.139
CCIQ2	-0.128	0.063	-0.196	-2.020	0.044	-0.252	-0.003
CCIQ3	0.078	0.062	0.119	1.264	0.207	-0.044	0.200

注：表中阴影部分表示该变量在两组之间差异显著。

对于服务体验的变量——功能性服务体验，游客与这家民宿的其他顾客关系平等自变量对因变量有正向的显著影响，与这家民宿的其他游客互动对游客影响较大自变量与因变量是负向的显著影响。

同理，将享乐性服务体验与客客互动的 10 个变量做回归，结果如表 8－25 所示。

表 8－25　民宿客客互动与享乐型服务体验回归方程系数

	非标准化系数		标准系数	T	Sig.	B 的 95.0% 置信区间	
	B	标准误差	试用版			下限	上限
(常量)	-1.645	0.153		-10.761	0.000	-1.946	-1.344
CCIV1	-0.015	0.072	-0.019	-0.203	0.839	-0.157	0.128
CCIV2	-0.027	0.072	-0.037	-0.372	0.710	-0.169	0.116
CCIV3	0.000	0.071	-0.001	-0.007	0.995	-0.140	0.139
CCIV4	0.157	0.056	0.208	2.807	0.005	0.047	0.267
CCIV5	0.068	0.078	0.088	0.873	0.383	-0.085	0.220

续表

	非标准化系数		标准系数	T	Sig.	B 的 95.0% 置信区间	
	B	标准误差	试用版			下限	上限
CCII1	0.000	0.069	0.000	0.002	0.998	-0.136	0.137
CCII2	0.164	0.062	0.262	2.645	0.009	0.042	0.286
CCIQ1	0.142	0.058	0.215	2.433	0.016	0.027	0.257
CCIQ2	0.005	0.065	0.007	0.072	0.943	-0.123	0.132
CCIQ3	-0.018	0.063	-0.027	-0.285	0.776	-0.143	0.106

注：表中阴影部分表示该变量在两组之间差异显著。

最终调整后的判定系数 $R^2=0.293$，接近 0.3，Sig. 值小于 0.05，说明回归模型显著，是有效的。自变量可以解释因变量享乐性服务体验 39.3% 的变化。根据系数可以得到自变量与因变量的关系，建立如下线性模型：

$$Y_2=-1.645+0.157X_4+0.164X_7+0.142X_8 \quad (8-6)$$

对于服务体验的享乐性服务体验，游客与这家民宿的其他顾客关系平等、游客与这家民宿的其他顾客有强烈的感情、这家民宿提供的游客之间的活动较多这 3 个自变量对因变量有正向的显著影响。

根据线性回归的结果来看，游客能否与居住民宿的其他顾客关系平等、能否与其他顾客产生强烈的感情、民宿主能否提供较多的游客互动活动对服务体验有正向的影响，与其他民宿顾客互动对游客自身影响较大，会对服务体验产生负向的影响。

第四节　调研结论及建议

一、增强民宿服务中的主客互动

1. 增强主客互动

（1）热情待客、服务周到。店主、店员在接待顾客时应保持良好的精神面貌。在满足顾客住宿需求之余，应健全民宿其他功能，完善顾客服务体验；店主和店员应积极发挥主观能动性，注重服务的人性化与温情化。

（2）加强交流，增强情感互动。与顾客之间的交流不仅可以是在顾客入住过程中，在顾客入住前可通过微信或第三方平台加强与顾客之间的交流，简单介绍民宿的特别之处；可通过询问顾客相关意见和浏览朋友圈等方式了解顾客喜好和需求，为入住期间良好的主客互动做准备。在顾客入住期间加强情感、思想上的交流，满足顾客精神上的寄托。在顾客入住结束后，保持联络并加强回访，征求顾客改进意见。

（3）增强民宿当地生活体验性，保持旅游原真性。民宿主可在民宿内添加当地旅游文化元素，借助当地居民，营造原真化的生活状态与民俗风情；同时店主、店员也可以发挥当地人的优势，根据游客需求为游客推荐游玩景点、地方小吃、特色旅游线路等。此外，优质的旅游体验也有助于更好的主客互动，形成良性循环。

2. 拓宽服务维度

结合本书研究分析结果，将服务体验维度细分为核心功能维度、民宿环境维度和额外激励维度。为优化顾客服务体验，可根据这三个维度提出针对性的意见与建议。

（1）制定行业统一标准，落实民宿评级制度。民宿行业应正视卫生、安全、消防等问题的重要性，联动多方利益相关者，协商制定行业统一标准，在此基础上，应建立健全监管机制，确保标准的实施与完善。为确保民宿行业监管机制的更好落实，鼓励民宿线上发展，采取“游客 + 行业”评定的方式。游客评定主要包括游客住宿评论；行业评定主要包括民宿基本配备（包括民宿整体建筑、床单被褥、洗漱用品等基本生活配备）、卫生安全消防、环境氛围营造、周边环境等维度。其中，要注重民宿周边环境、交通通达性以及民宿所在的整个区域内的人文、生态等环境，共建全域旅游大格局。

（2）政府加强监管，完善民宿相关法律法规。除了民宿行业积极采取措施，落实行业规范之外，政府也应加强民宿卫生、消防和安全等方面的监管工作，制定相应的法律法规，并积极贯彻执行。

（3）注重环境氛围营造，打造特色民宿。可根据当地文化特色打造特色民宿。如在历史文化名城的民宿，可利用当地的历史文化元素（历史名人、当地文物等）打造不同主题风格的房间，或将当地特色的民间艺术（如编制）等元素用于房间装饰；在较具有风情民俗地区的民宿，可以将当地特色的元素加入民宿环境营造中，如当地出名的戏曲、丝竹管弦乐等，每隔一段时间请当地著名民间艺人前来演出，或在每年特定日期联合举办当地特色艺术节，增强当地民宿的整体吸引力；若民宿以安静、放松身心、贴近自然为特色，可将鸟鸣、山泉声、树叶的摩挲声等声音特色融入房间布局中，同时将当地特色的花草树木等元素加入房间设计中。

（4）加强额外激励，提供服务质量。民宿服务体验的改善，不仅在于改善民宿本身，还在于改进旅游整体环境。最简单直接的额外激励不外乎给予游客更多的折扣与优惠，注意使用该方法过程中要遵循适度原则，否则容易造成同行内的恶性竞争等状况。促销方式上可以更多地采取几人同时入住享受价格优惠，或介绍朋友过来两人同享优惠等方式。也可以邀请入住过的客人在当地艺术节等举办期间继续入住且享受价格优惠，提高顾客回头率。

实施额外奖励对于顾客而言，也是建立在旅游环境、质量、服务达标的前提下，包括交通通达度等当地基础设施建设、当地生态等环境保护、当地居民的好客性、旅游支付手段等，这样额外奖励才能真正给民宿带来有利影响。

3. 细分顾客群体，打造特色民宿

研究结果显示，顾客群体特征对民宿服务体验有显著而积极的影响。据此，民宿企业可根据顾客群体特征打造符合民宿服务群体特色的民宿，一来可以减少民宿同质化带来的恶性竞争，二来细分顾客群体的做法有利于更好地主客互动，从而增强顾客体验。

顾客群体具体划分方式上可参考主要顾客年龄、婚姻、子女状况、月收入、受教育状况、顾客偏好等方面，依据顾客群体特征打造特色化的民宿。例如，针对亲子顾客，可打造家庭主题民宿，在民宿建造与装饰上加入更多童真色彩，多提供亲子类互动项目，同时为亲子类游客贴心定制游览路线及注意事项（如提供地图，并标示附近厕所、超市、婴儿车寄存处等相关信息）；若入住群体主要是为了体验乡村生活，可以在房间营造上更多地突出乡村气息（如青草气息），民宿整体布局上可加入池塘等元素，活动项目上加入农作物采摘、垂钓等休闲项目。

二、合理科学管理民宿客客互动

比较客客互动在不同分组之间存在的差异，可以发现：游客在居住民宿过程中，由于收入、年龄、出行目的、居住次数的不同，对顾客互动行为会存在差异，而不同的游客互动行为会对民宿服务体验产生不同的影响。

年龄会影响民宿顾客互动的次数，相较36岁以上的人群，中青年更喜欢互动，并在互动过程中更能与其他顾客建立强烈的感情、产生较大的影响，因此，主要客户是中青年群体的民宿经营者，应该提供顾客间可以建立深厚感情的渠道，注重游客互动氛围的培养，充分发挥主导作用，避免游客之间产生较大的影响，特别是负面影响。基于此，民宿管理者应引导顾客对其他顾客产生正面的积极影响，使得游客在与其他游客互动时能产生正向的影响，有利于顾客良好服务体验的形成。

研究发现，善于发现群体中的意见领袖，通过影响领袖的服务体验感，意见领袖再在游客互动中影响其他游客，这不仅能提高游客间互动的频率，同时能形成较大影响，从而对服务体验产生正向促进效果，因此，可尝试依据性格差异，安排客客互动组合；游客居住民宿次数较多或较少，对游客互动行为的建立有加强或者减弱作用，因此民宿企业对于民宿常客和新客，如何进行有效协调建立友好、和睦关系很重要，可尝试提供频率不同的互动活动，以取得较好的正向服务体验效果，也可以通过市场筛选，例如在营销网站上给自己民宿贴标签的方式，吸引兴趣相同的顾客，兴趣相同的顾客相处时会更加认为对方有趣，通过引导，使得新客变为常客，从而达到群体一致性，提高群体互动行为。

因此，民宿行业在进行营销时，为了取得较好的互动效果和住宿体验，应该进行顾客群体细分，针对不同的群体特征，采取不同的营销战略和策略，通过细分顾客即市场达到精准服务的效果。同时，民宿经营与管理者要明确自己民宿的特色，是走高端民宿市场还是低端民宿市场，自我定位的不同会导致服务对象对客客互动（CCI）的方式的不同需求；要明确自我民宿特色主要吸引哪种出行目的的游客，对于观光休闲、度假旅游以及其他目的而出行的游客，民宿经营者要善于引导游客间建立平等、友好的关系，这种关系的建立有利于客客互动行为的产生对服务体验产生正向积极的影响。

研究结果还发现，游客在与其他游客互动的过程中，都重视与他人关系的平等性，平等的建立，源于游客群体的相似性。民宿旅游，吸引游客的不仅是旅游资源，还有旅游过程中与他人交往的平等、放松感，与当地人和其他游客相处的无压力感、低成本感。旅游打破了常规生活，使游客不用拘泥于已有阶层的框架、受制于现实压力，这启发民宿经营者要善于运用各种方式方法打破阶级隔阂，提供游客平等交流互动的机会。

三、重视民宿主客互动与客客互动的交互影响

1. 本章研究的创新之处

运用定量分析的方法，计算出主客互动各个因子的影响权重，分析得出了主客互动与服务体验之间的内在关系，并将服务体验进一步划分为核心功能体验、民宿环境体验和额外激励体验维度，有利于基于不同的维度提出针对性的建议，促进更好的服务体验。

2. 本章研究的不足

本章研究样本容量还不够大，且具有局限性，参与本次问卷调查的以学生群体居多，问卷数据代表性仍需改进；主客互动、服务体验变量的选取还不够全面；在本书中，将服务体验分为获益体验、便利体验和激励体验三个维度，维度的划分影响研究结果，不同的维度划分可能会有不同的结果。

3. 改进及展望

可进一步挖掘主客互动与服务体验内在关系的具体运作机制，打开主客互动对服务体验影响的“黑匣子”，挖掘出中介机制，从而更加完整、透彻地了解主客互动与服务体验之间的作用机制。

旅行中，主客互动、客客互动作为有别于物客互动的互动方式，对游客及其旅游体验具有重要影响，本书在已有的主客互动、客客互动及其对旅游服务体验影响研究成果的基础上，将主客互动、客客互动置于特定的行业形态——民宿中进行研究，探究游客与民宿员工、游客与游客间互动行为在性别、年龄、收入、出行目的、住宿经历上的组别差异，并对主客互动、客客互动行为如何影响民宿服务体验进行因子分析和回归分析。

第九章
结　语

第一节　源起（研究Ⅰ和研究Ⅱ）

还记得写下“世界那么大，我想去看看”的女教师吗？后来，她去旅游了。再后来，她开了一家民宿，取名“远归客栈”。

远归，契合了民宿“家外之家”的意境，仿佛母亲张开双臂，迎接游子的到来。曾经，笔者也为之迷倒。

2007 年 7～10 月，我们 8 个研究生（李明龙、程继强、李莉、黄选、舒标、夏莉、常俊娜、李薇）南下江南、西南，北上北戴河、平遥，调查了形形色色的民宿客栈。一个师弟从中发现了商机，他跑到海南省，自己一个人开起了民宿。如今，他已经小有所成，在全国多个省份开出了十来家风格各异的客栈。

我师弟赶上了好时候，他的专业让他在民宿的起初阶段占尽优势。民宿刚兴起时面临不少问题，这在我 2008 年发表在《旅游论坛》上的论文上已有提及。

第二节　深化（研究Ⅲ和研究Ⅳ）

然而，10 年后，在民宿大火的 2017 年，笔者发现这样的问题似乎并没有改善。同里古镇的富观桥头，“杨好人客栈”主人杨先生手持广告牌招揽客人的情景依旧，而多数客人到他的客栈一“游”之后依然没有选择入住。这引发了我们（王莎、李明龙、洪琴（Kam Hung）、彭若佳等）的疑问并为此从比 10 年前更微观的角度进行了研究。

我们认为，这还是民宿服务的一致性没有做好。自我一致性就是你觉得你跟住某家民宿的客人是一类人，你跟那个民宿“趣味相投”。功能一致性是说民宿提供的服务跟你想要的服务是合拍的。大夏天的，你想凉爽，民宿老板跟你说他有瓜有故事，院落树下有摇椅，这是多么惬意的一件事。

那民宿怎么做才能实现这个一致性呢？很遗憾，没有人告诉我们！虽然西方有不少对家族旅馆（B&B）的相关研究，但是我们国家的民宿明显百花齐放，别有风情。西方人对我们国家的民宿也很有兴趣。

我们决定系统地做一个反映我们国情的民宿服务一致性的量表。量表是用来测量像一致性这样的抽象概念的（它不像身高、收入等可以直观衡量），它可以为后面更深入的研究提供基础。虽然目前也有一些住宿行业标准，但那都是业界专家视角、行政管理视角，我们从顾客视角来讨论这个问题，也许对改变民宿的顽疾更有帮助。

于是，我们查了文献，从携程网上抓了405条点评，在两个城市开了焦点小组会，问了7个专家的意见，再委托调查公司进行了预调研和正式调研，最后得出卫生状况、服务与氛围等5个因子25个测量项目的民宿服务一致性量表。虽然研究的过程漫长、烦琐甚至严苛，但这种辛苦是值得的。最终，我们的成果得到了专家同行的认可，发表在了旅游领域顶尖的国际刊物上。通过对量表的开发我们发现，顾客对民宿的需要，不仅是故事与情怀那么简单，环境卫生、淋浴、安静这些琐碎的要素反而是顾客最为关心的，所以民宿老板们在关心创意、装修、亮点时，还要踏踏实实把好质量关，服务关才是民宿取胜的王道。

拿着这个量表，我们接下来要对中外各地的民宿“雨露均沾”，对比看看这些民宿所诉说的诗情画意，在“诗与远方”相聚（文化部和国家旅游局合并）的今天，或许能发现另一个有趣的世界。

第三节 综合（研究Ⅴ）

在前述与民宿行业、企业相关研究的基础上，2018年，笔者带领两位学生

(陈晶晶、任静怡) 展开了一个反映民宿顾客与员工、其他顾客互动状况及其影响为核心的研究。该研究回归到民宿的最核心的主体——顾客与员工，揭示了多方主体互动之间存在的交互影响及结果。

研究达到了预期的目标，当然也存在一定的问题。从问卷设计与收集方面来看，在中国，民宿市场尚且小众，在分发问卷时，我们会首先询问填写者有没有住过民宿，这一过程中，有些人表示没有住过民宿。同时，大部分住过民宿的游客体验的是低端民宿市场，对高端民宿了解深刻的人群相对来说较少。另外，问卷的填写对象主要集中在中青年这一群体，而中青年群体相较来说更为活跃，更加喜欢社交，因此他们对客客互动在民宿服务当中的影响体验更深刻，但是对于民宿边缘群体，本调查没有获取太多的样本量。同时，问卷对填写对象基本情况进行调查时，收入区间设置得不太合理，后期应该吸取经验。

从研究变量来看，本书没有中介变量、调节变量，直接探索两个变量之间的关系，可能存在中介变量或者调节变量等的影响，这种情况相对来说更为复杂，研究也更加深入，结论也更加准确，因此，研究还有不足之处。

我们将主客互动、客客互动置于民宿行业中研究，未来，研究应该将主客互动、客客互动置于其他特定的行业形态中进行研究。目前的主客互动、客客互动研究往往比较宽泛，得出的结论普适性受到质疑，以具体的旅游形式或者其他服务形式为情境进行研究十分必要。随着中产阶级崛起，城市由一线城市开始往三四线城市扩张，中产阶级消费升级。崛起的中产阶级构成服务行业增长的核心驱动力，渴望释放压力、追求品质生活的中产阶级成为服务行业的主力客群。另外，主客互动、客客互动开始从线下转移到线上，线上的多米罗骨牌式的传播对服务行业以及其他行业影响深远，客客互动不仅对民宿市场尤为重要，对其他服务行业下的细分市场也同样重要，这可以作为未来重要的研究方向之一。

旅游者在旅游过程中不仅与其他游客之间有互动和往来，同时也与旅游服务者存在服务和信息交换。目前的研究偏重于主客互动和客客互动两个方面(且以单纯的主客互动居多)，对主客互动和客客互动双方面的综合影响评估的研究不足。我们探讨旅游过程中的主客互动和客客互动对最终旅游体验的交互影响和旅游服务管理有一定的启示。

第四节 未 来

从行业角度看，民宿需要适当的规范与自律。在民宿发展到一定程度之后，可以组成行业自律组织，以实现家庭旅馆的资源优化配置和利用效益的最大化。就目前的形势看，这个目标难以实现，但政府可以出台相应的法律法规，在客栈的规范发展上起作用。以四川省的阆中古城为例，古民宿是阆中独具风韵的亮点。古城区内现有古民宿40多家，但由于建筑方面的限制，其卫生间、客房面积、停车场等配套设施均不能满足游客需求，有些客栈的服务质量也不尽如人意。为此，阆中古城制定了《古民宿星级划分与评定标准》。这部具有鲜明地方特色的旅游规定，突出了古民宿的特殊性，对古民宿的设计、改造、服务、环境、设施等都做了具体规定和要求，有效地提升了古民宿的服务质量和水平。

民宿规模小，且往往作为个体孤立存在，其在战略发展、营销意识与手段等各方面都存在很大的缺陷，而战略联盟正是其有效出路。一方面，民宿可以建立自身的联盟，在策划、营销上形成优势，克服目前依靠口头相传为主的销售手段的局限性；另一方面，民宿既然与整个旅游地区息息相关，就应加强与景区、旅行社等的合作，并在适当的时机建立战略联盟。丽江市的民宿以当地旅游结算中心的“一卡通”旅游为机遇，加强了与旅行社等的合作。根据“一卡通”旅游，各旅行社将资金存入银行账户，然后运用网络技术，将团队信息写入IC卡内，导游人员持卡可到相应的景点、酒店、餐饮等地消费。民宿每年向结算中心申报一次房价，旅游结算遵循“先付款，后消费”的原则，旅行社无须向客栈付现金。这一做法有效避免了客栈之间的削价竞争及三角债。

经过几年的发展，我国涌现出许多民宿品牌，如同里古镇的万顺民宿、凤凰古城的沱江人家客栈等，这些客栈重视品牌建设，具有较好的口碑，因而客源充足，经济效益好。然而，我国多数的民宿都缺乏一种品牌意识，往往在经营中采取短视行为，忽视整体形象的塑造和长远的发展。因而，民宿经营者要加强品牌意识和管理，依托风景名胜区的声誉，以独特文化为主题，向游客提供个性化、差异化的服务，来强化顾客认知和印象，建立起自身品牌。由于民宿对旅游景区的依赖性比较强，离开了景区，民宿将不复存在，因而，其品牌发展的可行途径是多元化战略，尤其是同心多元化，这已为许多客栈的实践证明。

总之，民宿依托于旅游景区，由民居发展而来，它服务简单，生活气息浓厚，文化内涵丰富，因而构成了旅游景区旅游吸引力的重要因素。随着我国休闲、度假旅游的兴起，旅游者更多地追求休闲、文化与体验，加之我国休假制度完善的机遇，民宿在迎合其需求的形势下得到快速发展；其发展与风景名胜区的发展息息相关。民宿发展形势良好，但也存在发展不平衡、竞争手段单一、管理不规范等问题，为此，民宿应了解自身所处的国家、行业、市场位置，考虑到政府、竞争者、顾客、员工等多方面利益主体的影响，开发出优质的服务产品，塑造良好的品牌形象，实现长远的、可持续的发展。

附　录

附录一　民宿店主调查问卷

亲爱的朋友：

您好！为了解我国民居客栈的发展情况，更好地为您提供旅游服务，请您协助我们来完成这份问卷，您提供的信息对我们的研究非常重要，收集的样本资料仅限本研究使用，若您需要，我们可以将您客栈相关的住客调查结果反馈给您。（本问卷中的民居客栈特指在景区或古镇村落中的家庭旅馆）

谢谢您的合作！

1. 您的客栈开业了多长时间：

□1 年以内　□1～3 年　□3～5 年

□5 年以上

2. 您开办客栈的主要动机是（至多选两项）：

□个人兴趣　□房间闲置　□为景区发展作贡献

□获得经济收入　□其他

3. 您的客栈客房数为：

□5 间以下　□5～10 间　□10～15 间

□15～20 间　□20 间以上

4. 您的客栈平均房价是：

□20 元以下　□20～49 元　□50～99 元

□100～159 元　□159～259 元　□260 元以上

5. 您的客栈是否体现了当地文化特色和风情：

□非常体现　□基本体现　□没有体现

6. 除了住宿，您还提供什么服务（可多选）：

□餐饮服务　□娱乐服务　□旅游纪念品

□当地特产　□其他

7. 您的客栈客房内提供哪些设施（可多选）：

□写字台　□衣柜　□有线电视

□电话　□宽带上网　□独立卫生间

□淋浴　□一次性用品　□其他

8. 您的客栈主要通过何种方式获取客源（至多选两项）：

□电话预订　□网络预订　□旅行社预订

□游客主动上门　□其他

9. 您的客栈广告宣传途径是（可多选）：

□电视、报纸广告宣传　□网络媒体宣传　□旅游宣传资料

□游客口碑宣传　□新闻报道　□没有宣传

□其他

10. 政府对客栈的管理措施是否到位：

□是　□一般　□否

11. 您是否同意对客栈进行标准化管理：

□非常同意　□基本同意　□不同意

12. 您是否熟悉经营管理的知识：

□非常熟悉　□基本熟悉　□不熟悉

13. 您认为民居客栈的前景如何：

□很有前景　□前景一般　□不是很好

14. 您是否雇用了服务人员：　□是　□否

15. 您或客栈服务人员是否接受过专门的培训：□是　□否

16. 您是否为本地居民：　□是　□否

17. 您是否拥有该客栈的房产权：　□是　□否

18. 客栈名称：

地址：

联系方式：

再次感谢您的合作！

附录二　民宿住店客人调查问卷

亲爱的朋友：

您好！为了解我国民居客栈的发展情况，更好地为您提供旅游服务，请您协助我们来完成这份问卷，您提供的信息对我们的研究非常重要，收集的样本资料仅限本研究使用，绝不外泄。（本问卷中的民居客栈特指在景区或古镇村落中的家庭旅馆）

谢谢您的合作！

1. 您此次出游的目的是（最多选 2 项）：

□观光游览　□探亲访友　□商务出差
□休闲旅游　□艺术写生　□文化寻踪
□其他

2. 您此次的出游方式：

□亲戚或家人　□同学或朋友　□旅行社或单位组织
□“旅友”结伴　□单独　□其他

3. 您计划在本地的停留天数：

□1～2 天　□3～4 天　□5～7 天
□1～2 周　□2 周以上

4. 您计划在本地的花费：

□200 元以下　□200～500 元　□500～1 000 元
□1 000～2 000 元　□2 000～4 000 元　□4 000 元以上

5. 您获取该地的游览与住宿信息的渠道是（最多选 2 项）：

□媒体的推荐（电视、报纸等）
□旅行社的安排
□亲朋好友的推荐
□网上相关资料的搜索，如专业的旅游网站、游客游记等

□随机选择

印象篇

1. 您对本地民居客栈的总体印象是：

□周边环境优美　□民族特色　□商业氛围浓厚

□地方特色　□文化氛围浓厚　□没有突出特点

□其他

2. 你选择民居客栈的原因是：

（1）文化内涵：□体验当地的民俗风情　□尝试不同环境的生活体验

□追求时尚

（2）服务特色：□服务亲切，朴实　□有家的氛围

□旅馆提供当地特色食物

（3）体验服务口碑：□亲戚朋友或媒体的介绍　□过去住过，感觉不错

□住民居客栈作为游程中一部分

□客栈自制的宣传手册

（4）地理位置：□临近主要旅游风景区　□客栈附近自然景色优美

□环境清静

（5）价格因素：□价格低廉　□淡旺季价格差异较大

□随机选择

3. 您认为在本地民居客栈的合理价格应是（元/人）：

□20 元以下　□20～49 元　□50～99 元

□100～159 元　□159～259 元　□260 元以上

感受篇

1. 对民居客栈的现实感受与心理预期是否一致？

□一致　□基本一致　□不一致

□不好说

2. 如果不一致，导致其产生的原因在于：

□媒体宣传误导　□文化差异较大　□地域的差异

□游客的观念差异　□其他

3. 请您选出对您非常重要但该客栈未提供的服务或设施，如未列出请详细指出：

□写字台	□衣柜	□有线电视
□电话	□宽带上网	□独立卫生间
□淋浴	□一次性用品	□洗衣服务
□餐饮服务	□当地旅游信息服务	□当地特产代购或出售
□提供交通服务	□其他	

4. 请从以下 18 个方面对本地民居客栈的满意度及重要性进行评分：（满意度为 7 分制，7 为满意度最高，1 为满意度最低；请选出您认为重要的项目，在“重要性”方框内画√）

（1）周边环境 □1 □2 □3 □4 □5 □6 □7 □重要性

（2）交通便利程度 □1 □2 □3 □4 □5 □6 □7 □重要性

（3）店内环境 □1 □2 □3 □4 □5 □6 □7 □重要性

（4）客栈地点的指示牌设置 □1 □2 □3 □4 □5 □6 □7 □重要性

（5）建筑特色 □1 □2 □3 □4 □5 □6 □7 □重要性

（6）是否体现当地民俗风情 □1 □2 □3 □4 □5 □6 □7 □重要性

（7）客房基本用品 □1 □2 □3 □4 □5 □6 □7 □重要性

（8）卫生间 □1 □2 □3 □4 □5 □6 □7 □重要性

（9）有线电视 □1 □2 □3 □4 □5 □6 □7 □重要性

（10）上网设备 □1 □2 □3 □4 □5 □6 □7 □重要性

（11）消防安全设备 □1 □2 □3 □4 □5 □6 □7 □重要性

（12）店主好客 □1 □2 □3 □4 □5 □6 □7 □重要性

（13）服务态度 □1 □2 □3 □4 □5 □6 □7 □重要性

（14）菜品特色和质量 □1 □2 □3 □4 □5 □6 □7 □重要性

（15）提供附近的风景名胜区资料
□1 □2 □3 □4 □5 □6 □7 □重要性

（16）提供当地特产的代购或直接出售
□1 □2 □3 □4 □5 □6 □7 □重要性

（17）提供所需的交通服务 □1 □2 □3 □4 □5 □6 □7 □重要性

（18）价格 □1 □2 □3 □4 □5 □6 □7 □重要性

5. 您在重游时是否还会选择民居客栈？□是 □不是 □说不清

发展篇

1. 在您看来，本地民居客栈发展的现状是：

□整体发展良好　□整体发展良好，部分需要改善

□部分发展良好，整体需要改善　□说不清

2. 出现上述现状的原因是：

□当地经济发展良好　□当地经济发展相对滞后

□民居客栈与景区发展较和谐　□当地政府的合理管制

□民居客栈与景区发展不和谐　□政府管理不到位

□民居客栈过多　□游客数量的增多

□其他

3. 您对民居客栈未来发展的建议：

个人基本信息

1. 您的性别：□男　□女

2. 您的年龄：

□18 岁以下　□18 ~ 25 岁　□25 ~ 35 岁

□35 ~ 45 岁　□45 ~ 55 岁　□55 岁以上

3. 您的学历：

□初中及以下　□中专及高中　□大学专科

□大学本科及以上

4. 您的职业：

□政府工作人员　□企业管理人员　□公司职员

□专业技术人员　□离退休人员　□工人

□农民　□军人　□教师

□学生　□自由职业者　□服务业或销售业人员

□其他

5. 您的家庭月收入：

□1 000 元以下　□1 000 ~ 3 000 元　□3 000 ~ 5 000 元

□5 000 ~ 10 000 元　□10 000 元以上

6. 您来自：省市（县）

附录三　民宿旅游地游客调查问卷

亲爱的朋友：

您好！为了解我国民居客栈的发展情况，更好地为您提供旅游服务，请您协助我们来完成这份问卷，您提供的信息对我们的研究非常重要，收集的样本资料仅限本研究使用，绝不外泄。（本问卷中的民居客栈特指在景区或古镇村落中的家庭旅馆）

谢谢您的合作！

1. 您是否接触过民居客栈？

□在住　　□曾经住过　　□未住过但比较了解

□仅有所闻　　□完全不了解

2. 您出行时一般选择哪种住宿设施：

□招待所、旅馆　　□民居客栈　　□一星、二星级酒店

□经济型饭店　　□三星级酒店　　□四星级以上酒店

3. 您出游时心目中理想的住宿设施应该是（至多选三项）：

□价格合理　　□环境优美　　□交通便利

□服务周到　　□安全卫生　　□体现当地特色文化

□能够体验当地风情　　□其他

4. 您能够接受的合理价位是（每人每晚）：

□20 元以下　　□20～49 元　　□50～99 元

□100～159 元　　□159～259 元　　□260 元以上

5. 您觉得民居客栈能满足您的上述要求吗？

□能　　□基本满足　　□不能

6. 民居客栈在您心目中的印象是：

□物美价廉　　□服务热情　　□自由方便

□可以结交朋友　　□体验当地特色生活　　□设施设备简陋

□管理混乱　　□服务质量差　　□安全性不高

□其他

7. 您对本旅游地的总体印象是：

□风景优美　　□民族特色很强　　□商业氛围很浓

□居民热情好客　　□文化氛围很浓　　□没有突出特点

□拥挤　　□其他

8. 您认为在景区修建现代化酒店是否会影响风景以及地方特色：

□负面影响很大　　□负面影响不大　　□没有影响

□正面影响不大　　□正面影响很大

9. 您认为景区内应该发展哪种住宿设施?

□招待所、旅馆　　□民居客栈　　□一星、二星级酒店

□经济型饭店　　□三星级酒店　　□四星级以上酒店

10. 您此次的出游目的是：

□观光游览　　□探亲访友　　□商务公务

□度假休闲　　□艺术写生　　□文化寻踪

□其他

11. 您此次的旅行方式是：

□亲戚或家人　　□同学或朋友　　□旅行社或单位组织

□“旅友”结伴　　□单独　　□其他

12. 您计划在本地的停留天数：

□1 天以内　　□1 ~2 天　　□3 ~4 天

□5 ~7 天　　□1 ~2 周　　□2 周以上

13. 您的性别：□男　□女

14. 您的年龄：

□18 岁以下　　□18 ~25 岁　　□25 ~35 岁

□35 ~45 岁　　□45 ~55 岁　　□55 岁以上

15. 您的学历：

□初中及以下　　□中专及高中　　□大学专科

□大学本科及以上

16. 您的职业：

□政府工作人员　□企业管理人员　□公司职员
□专业技术人员　□离退休人员　□工人
□农民　□军人　□教师
□学生　□自由职业者　□服务业或销售业人员
□其他

17. 您的家庭月收入：

□1 000 元以下　□1 000 ~ 3 000 元　□3 000 ~ 5 000 元
□5 000 ~ 10 000 元　□10 000 元以上

18. 您来自：省市（县）

附录四 中国民宿服务一致性预调研问卷题项

Ⅰ. 房间设施

1.1 床舒适

1.2 床垫软硬度合适

1.3 床品（例如被褥）舒适

1.4 房间宽敞

1.5 装修精致

1.6 隔音效果好

1.7 房间门安全

1.8 卫生间设施（如马桶、浴盆等）质量好

1.9 洗澡时出热水快

1.10 洗澡时水温合适

1.11 卫生间水压合适

Ⅱ. 其他设施

2.1 晾晒衣服方便

2.2 公共活动空间大

2.3 无线网络（Wi-Fi）信号好、速度快

2.4 电视信号好

2.5 付款方式多样化（例如支持使用支付宝或信用卡结账等）

Ⅲ. 整洁度

3.1 公共活动区域（例如庭院）干净、整洁

3.2 房间干净、整洁

3.3 洗手间干净、整洁

3.4 洗手间毛巾/浴巾干净

3.5 房间没有异味

3.6 房间内部床品（例如床单、被褥）干净

3.7　房间没有蚊子/蚂蚁/蟑螂/老鼠等

Ⅳ. 服务

4.1　服务完备（例如提供接机/接站服务）

4.2　免费帮助安排行程（如果所入住的家庭旅馆/客栈没有提供该项服务，此题请选择不适用）

4.3　免费提供各种小样（如水果、茶叶、面膜和防晒霜等）(如果所入住的家庭旅馆/客栈没有提供该项服务，此题请选择不适用)

4.4　服务人性化（例如免费提供提前取消预订服务，免费提供临时寄存行李服务）

4.5　服务态度好

Ⅴ. 家庭旅馆/客栈的位置

5.1　位于安静的区域

5.2　所在的位置光线很好

Ⅵ. 氛围

6.1　老板很热情

6.2　家庭旅馆/客栈有家的氛围

6.3　与老板/雇员交流、互动好（例如一起喝茶、聊天）

附录五　民宿住宿经历与体验调查问卷

尊敬的先生/女士：

感谢您参与本次调查！这是我们的研究课题，您的意见对我们非常重要。本问卷匿名填写，所有信息仅用于学术研究和统计分析，请放心作答，如实填写。谢谢!! 民宿指的是由独立业主、房源承租者或商业机构利用空余空间，提供给顾客的住宿，其住宿形式具体包括农家乐、家庭旅馆、青年旅社（不包括国际青年旅社）、乡村别墅、客栈等。

中南财经政法大学旅游管理系课题组

一、对于以下表述或问题，请在合适的选项上画√。

1. 您此次出行的目的：

□商务旅行　　□观光休闲　　□度假旅游

□探亲访友　　□其他________

2. 您此前住民宿的经历：

□住过 1 次　　□住过 2 ~4 次　　□住过 5 ~8 次

□住过 9 次或更多

3. 相比于其他酒店，您选择民宿是因为：

□价格合理　　□文化特色　　□服务特色

□方便舒适　　□干净整洁　　□其他________

二、请根据您此次入住民宿的情况给表格中的描述打分，在每题右边 7 个框中选一个打√：分数越高，表示越同意（7 表示完全同意，1 表示完全不同意）。

关于您此次入住民宿与游客、店主和店员的互动情况	分数						
	7	6	5	4	3	2	1
1. 该民宿的顾客群体和我是同一种类型的人							
2. 该民宿的主要顾客和我很像							

续表

关于您此次入住民宿与游客、店主和店员的互动情况	分数						
	7	6	5	4	3	2	1
3. 该民宿的顾客群体是我想成为的人							
4. 该民宿的顾客群体和我所仰慕的人很像							
5. 在考虑人际关系时，我喜欢与这个民宿店主和员工互动							
6. 这家民宿的店主与员工在我们的关系中创造了一种温馨的感觉							
7. 这家民宿的店主与员工跟我关系好							
8. 我和这家民宿的店主与员工相处和睦							
9. 这家民宿的店主与员工对我热情有礼貌							
10. 我很乐意与这家民宿的店主与员工互动							
11. 我与这家民宿的其他顾客关系和睦							
12. 这家民宿的其他顾客对我很友好							
13. 这家民宿的其他顾客比较有趣							
14. 我与这家民宿的其他顾客关系平等							
15. 我与这家民宿的其他顾客能较好合作							
16. 我与这家民宿的其他顾客较为亲密							
17. 我与这家民宿的其他顾客有强烈的感情							
18. 这家民宿提供的游客之间的活动较多							
19. 与这家民宿的其他游客互动对我影响较大							
20. 我与这家民宿的其他顾客互动次数较多							

关于您此次民宿住宿经历	分数						
	7	6	5	4	3	2	1
1. 该民宿产品/服务质量稳定							
2. 该民宿的产品/服务使用安全							
3. 该民宿产品/服务的一贯表现使我更自信							
4. 该民宿布置得当，我能找到我想要的东西							
5. 我能便捷地获得该民宿的产品/服务信息							
6. 该民宿产品/服务总是方便快捷							
7. 该民宿产品（基于网络或其他）是整洁的							

续表

关于您此次民宿住宿经历	分数						
	7	6	5	4	3	2	1
8. 购买和使用该民宿产品/服务的流程简单							
9. 我很容易获得该民宿的产品/服务							
10. 如果该民宿提供额外激励，我更有可能购买其产品/服务							
11. 该民宿有产品/服务的价格促销							
12. 该民宿周边环境使我愉悦							
13. 音乐增加了我对该民宿产品/服务的互动							
14. 该民宿的环境提供感官刺激							
15. 刺激性的产品/服务环境让我更有购买欲望							
16. 该民宿产品/服务的环境能够激励我							
17. 该民宿的环境很有趣							

三、请在合适的选项上打√。

1. 您的性别：□男　□女

2. 您的年龄：

□16~25岁　□26~35岁　□36~45岁

□45岁以上

3. 您的月收入：

□2 000元以下　□2 000~5 999元　□6 000~8 999元

□9 000~11 999元　□1.2万元或以上

参考文献

[1] 边晓晔. 城市家庭旅游接待业发展模式研究——以奥运人家为例 [D]. 北京第二外国语学院, 2009.

[2] 蔡永海, 张一帆. 促膝谈心聊美学——读杜书瀛《美学十日谈》[J]. 艺术百家, 2016, 32 (4): 105 - 110 + 183.

[3] 陈春燕. 杭州西湖风景区民宿的现状及发展对策分析 [J]. 中国商论, 2015 (21): 122 - 125.

[4] 陈静, 于洪彦, 刘容. 服务型企业顾客融入驱动机制研究——基于体验的视角 [J]. 管理世界, 2017 (7): 184 - 185.

[5] 陈楠. 旅游统计学实务与 SPSS 应用 [M]. 中国社会科学出版社, 2015: 147 - 248 + 261 - 279.

[6] 陈未. 外国背包客旅游行为特征研究 [D]. 四川师范大学, 2008.

[7] 陈晔, 张辉, 董蒙露. 同行者关乎已? 游客间互动对主观幸福感的影响 [J]. 旅游学刊, 2017, 32 (8): 14 - 24.

[8] 陈莹盈, 林德荣. 旅游活动中的主客互动研究——自我与他者关系类型及其行为方式 [J]. 旅游科学, 2015, 29 (2): 38 - 45 + 95.

[9] 陈云. 民宿服务场景对顾客行为意向的影响研究. 南京财经大学硕士论文, 2016: 29 + 61 - 62.

[10] 褚蓓. 对家庭旅馆经营可行性的分析——从杭州家庭旅馆谈起 [J]. 旅游学刊, 2002 (5): 45 - 48.

[11] 邓念梅, 詹丽, 黄进. 鄂西南民族地区民宿旅游发展现状、风险及对策探讨 [J]. 资源开发与市场, 2014, 30 (7): 880 - 882.

[12] 范欧莉. 顾客感知视角下民宿评价模型构建——基于扎根理论研究方法 [J]. 江苏商论, 2011 (10): 37 - 39.

[13] 方敏. 体验经济背景下饭店产品创新体系研究——以三亚希尔顿酒店

为例［D］. 桂林理工大学，2009.

［14］凤凰网时尚. 吊脚楼上挥霍光阴［EB/OL］. http：//fashion. Ifeng. com/news/detail_2012_08/01/16451932_0. shtml.

［15］葛姝，赖红波. 台湾民宿业品牌网络推广及对上海的借鉴［J］. 设计，2015（20）：142－144.

［16］郭幼华. 关于初中数学教学中主客互动学习方式的研究［J］. 数学学习与研究，2010（18）：24＋26.

［17］何倩茵，杨丽明. 顾客服务体验管理［J］. 企业经济，2005（10）：46－48.

［18］红梅，晓农. 星级民俗客栈浮躁世界的另一方清凉［J］. 大众标准化，2006（5）：50－53.

［19］侯兵，陶然，毛卫东. 文化生态视野下的精品酒店主题文化定位与价值取向［J］. 旅游学刊，2016，31（11）：42－54.

［20］黄河啸，费建庆，朱奇彪，等. 浙江省民宿经济与特色农业资源开发利用研究［J］. 科技通报，2016，32（9）：82－88.

［21］黄其新，周霄. 基于文化真实性的乡村民宿发展模式研究［J］. 农村经济与科技，2012，23（12）：68－69.

［22］黄颖. 古镇游客间互动、体验价值及满意度的关系研究［D］. 浙江大学，2014.

［23］蒋佳倩，李艳. 国内外旅游"民宿"研究综述［J］. 旅游研究，2014，6（4）：16－22.

［24］蒋姝婷. 传统村落民宿及其社区参与的研究. 浙江工商大学硕士论文，2015：6.

［25］蒋婷，胡正明. 服务接触中游客间互动行为研究——基于关键事件技术的方法［J］. 旅游学刊，2011，26（5）：77－83.

［26］蒋婷，张峰. 游客间互动对再惠顾意愿的影响研究——基于游客体验的视角［J］. 旅游学刊，2013，28（7）：90－100.

［27］蒋婷. 服务业顾客间互动的影响要素及影响力探析［J］. 企业活力，2011（7）：26－30.

［28］蒋婷. 顾客间互动的质性探索和理论模型构建——以高星级饭店为例

[J]. 旅游论坛, 2012, 5 (2): 6-11.

[29] 蒋婷. 体验视角下顾客间互动对再惠顾意愿的影响研究 [D]. 山东大学, 2012.

[30] 赖斌, 杨丽娟, 李凌峰. 精准扶贫视野下的少数民族民宿特色旅游村镇建设研究——基于稻城县香格里拉镇的调研 [J]. 西南民族大学学报 (人文社科版), 2016, 37 (12): 154-159.

[31] 黎建新, 甘碧群. 服务企业的顾客兼容性管理探讨 [J]. 消费经济, 2006 (3): 47-51.

[32] 黎建新, 刘薇, 刘洪深, 等. 共享服务中的"其他顾客"如何促进顾客的服务体验? 基于人际吸引理论的实证研究 [J]. 营销科学学报, 2015, 11 (3): 71-86.

[33] 李建州, 范秀成. 三维度服务体验实证研究 [J]. 旅游科学, 2006, 20 (2): 54-59.

[34] 李明龙. 我国家庭旅馆竞争环境分析与战略选择 [J]. 旅游论坛, 2008, 1 (6): 426-430.

[35] 李欣. 国内民宿研究综述 [J]. 旅游纵览 (下半月), 2017 (1): 19-20.

[36] 李燕琴, 于文浩, 柏雨帆. 基于 Airbnb 网站评价信息的京台民宿对比研究 [J]. 管理学报, 2017, 14 (1): 122-128+138.

[37] 李云. 滇西北民居客栈游客满意度研究——以丽江古城、大理古城和香格里拉古城为例 [J]. 重庆邮电大学学报 (社会科学版), 2012, 24 (4): 116-122.

[38] 李志兰. 顾客间互动风格与体验价值创造 [M]. 经济管理出版社, 2015.

[39] 李忠斌, 刘阿丽. 武陵山区特色村寨建设与民宿旅游融合发展路径选择——基于利川市的调研 [J]. 云南民族大学学报 (哲学社会科学版), 2016, 33 (6): 108-114.

[40] 刘汉华. 云南, "中国客栈" [J]. 西部大开发, 2004 (1): 28-30.

[41] 刘好强. 顾客间互动研究综述与未来展望 [J]. 技术经济与管理研究, 2014 (10): 56-60.

［42］刘晶晶，苏朝晖．顾客间互动对顾客兼容性的影响——基于娱乐业的实证研究［J］．山东理工大学学报（自然科学版），2014，28（2）：23－29.

［43］刘晶晶．顾客间互动对感知服务质量的影响．华侨大学，2014.

［44］刘文超，辛欣，张振华．顾客与服务企业共同创造服务体验的内部机制探索［J］．税务与经济，2013（5）：32－37.

［45］刘转青，刘积德．符号互动论视角下民族体育旅游中的主客互动研究［J］．大理大学学报，2017，2（6）：80－84.

［46］龙肖毅，杨桂华．大理古城民居客栈中外游客满意度对比研究［J］．人文地理，2008（5）：95－100＋83.

［47］龙肖毅．大理古城民居客栈中外游客满意度的人口特征差异的对比研究［J］．大理学院学报，2009，8（3）：25－28.

［48］罗施贤，成曦，段捷，等．四川省乡土民宿发展新模式［J］．安徽农业科学，2017，45（3）：207－210＋225.

［49］马妍，丁建勋，刘永帅，等．顾客的消费体验服务主导逻辑［J］．商业时代，2012（13）：34－35.

［50］莫燕林．基于 SWOT 分析浙江省民宿的发展对策［J］．农村经济与科技，2016，27（9）：116－117＋143.

［51］彭丹．旅游体验研究新视角：旅游者互动的社会关系研究［J］．旅游学刊，2013，28（10）：89－96.

［52］彭敏钰，肖婷，李旭芳．在线评论对消费者行为意愿的影响研究［J］．河南科技，2014，28（15）：219－220.

［53］彭学强，蔡晓梅．关于我国建立家庭旅馆的思考［J］．桂林旅游高等专科学校学报，2001，12（3）.

［54］普片．藏区民宿品牌体验对顾客行为意向的影响研究［D］．浙江大学，2015：96－101＋92.

［55］钱敏．基于本土化与人情化理念的民宿设计——以舟山市海岛民宿为例［J］．旅游纵览（下半月），2016（5）：98.

［56］邱琪，郑秋莹，姚唐．顾客间互动影响服务品牌象征价值的心理机制［J］．心理科学进展，2015，23（6）：937－945.

［57］阮氏如月．中国大陆民宿旅游的研究综述［J］．旅游纵览（下半月），

2017（10）：26－27.

［58］申光龙，彭晓东，秦鹏飞．虚拟品牌社区顾客间互动对顾客参与价值共创的影响研究——以体验价值为中介变量［J］．管理学报，2016，13（12）：1808－1816.

［59］苏岩．青年旅舍住客体验研究——一种互动的视角．复旦大学，2010.

［60］孙华贞，汪京强．主客互动视角下的新时期酒店一线员工管理研究［J］．企业活力，2012（5）：45－50.

［61］孙彤，王帅．乡村度假民宿理念引入武陵山区发展模式探索［J］．科技创业家，2012（13）：234.

［62］田芙蓉，杨韫．基于顾客价值的度假酒店服务体验质量评价模型和实证研究［J］．生态经济，2015，31（2）：139－144.

［63］田钧伊．传统民居的民宿改造与设计研究［J］．设计，2017（19）：152－153.

［64］田玲．古城镇旅游地家庭旅馆中的主客交往研究——以湘西凤凰古城为例．湖南师范大学，2012：19－41.

［65］田圣炳，邓年奇，刘怡昕．百货商店的服务体验对消费者忠诚度的影响研究［J］．上海对外经贸大学学报，2017，24（5）：34－44.

［66］王春雷．家庭旅馆经营管理研究综述［J］．旅游纵览（行业版），2011（1）：25－26.

［67］王丽丽．中国民宿建设形态发展现状［J］．中外建筑，2019（5）：78－80.

［68］王闽红，熊俊辉．基于环境心理和定向的以茶文化为主题的民宿设计研究［J］．旅游纵览（下半月），2017（3）：69－70.

［69］王潇，王世通，王迎军．服务体验对顾客消费情感与满意度的影响研究［J］．商业研究，2014（6）：113－124.

［70］王潇，王迎军．从服务体验范式分析精益思想在服务企业中的创新应用［J］．软科学，2015，29（6）：94－98.

［71］王永贵，马双．虚拟品牌社区顾客互动的驱动因素及对顾客满意影响的实证研究［J］．管理学报，2013，10（9）：1375.

［72］魏斐翡．电子商务物流服务中顾客互动对服务购买意愿的影响研究

[J]. 华中科技大学，2013.

[73] 文彤．家庭旅馆业的发展——以桂林龙脊梯田风景区为例 [J]. 旅游学刊，2002，17 (1)：26-30.

[74] 武钾赢．民宿形式新表达探索与思考——与品牌家具体验营销结合的民宿 [J]. 艺术研究，2017 (2)：90-91.

[75] 徐迎迎．旅游场中团队游客互动对游客情感能量的影响 [D]. 东北财经大学，2018.

[76] 闫静，李树民．基于扎根理论的顾客间互动影响因素研究——以团队游客为例 [J]. 西北大学学报（哲学社会科学版），2015，45 (6)：131-136.

[77] 闫静．国外游客间互动研究的回顾与展望 [J]. 运城学院学报，2015 (1)：69-73.

[78] 阳朔旅馆．东洋西洋 [J]. 旅游，2004 (12)：10-11.

[79] 杨佳子．网络环境下顾客间互动对购买意愿影响的研究．沈阳大学，2015.

[80] 杨丽．我国家庭旅馆开发初探 [J]. 经济问题探讨，2001 (10)：113-117.

[81] 殷英梅，郑向敏．共享型旅游住宿主客互动体验研究——基于互动仪式链理论的分析 [J]. 华侨大学学报（哲学社会科学版），2017 (3)：90-98.

[82] 银成钺，杨雪，王影．基于关键事件技术的服务业顾客间互动行为研究 [J]. 预测，2010，29 (1)：15-20.

[83] 银成钺，杨雪．服务接触中的兼容性管理对顾客反应的影响研究 [J]. 管理学报，2010，7 (4)：547-554.

[84] 寅公．夜宿民居客栈——悠悠周庄情之九 [EB/OL]. 红袖添香. 2005-11-28.

[85] 喻杰．互动写作模式在大学英语教学中的应用 [J]. 中国电力教育，2014 (24)：46-47.

[86] 韵江，陈丽．服务体验融合管理：超越竞争的新视角——以软件企业为例 [J]. 经济管理，2003 (6)：44-48.

[87] 张超．论度假饭店产品的差异化路径——以希尔顿为例 [J]. 北京第二外国语学院学报，2007 (5).

［88］张广海，孟禹．国内外民宿旅游研究进展［J］．资源开发与市场，2017，33（4）：503－507.

［89］张宏梅，陆林．主客交往偏好对目的地形象和游客满意度的影响——以广西阳朔为例［J］．地理研究，2010，29（6）：1129－1140.

［90］张机，徐红罡．民族餐馆里的主客互动过程研究——以丽江白沙村为例［J］．旅游学刊，2016，31（2）：97－108.

［91］张机，徐红罡．民族旅游地区家空间的主客角色冲突研究——以丽江白沙村为例［J］．地理科学，2016，36（7）：1057－1065.

［92］张机，徐红罡．民族旅游中的主客互动研究：基于符号互动论视角［J］．思想战线，2012，38（3）：116－119.

［93］张延，代慧茹．民宿分类研究［J］．江苏商论，2016（10）：8－11＋21.

［94］赵建彬，景奉杰，余樱．品牌社群顾客间互动、心理契约与忠诚关系研究［J］．经济经纬，2015，32（3）：96－101.

［95］赵晓煜，曹忠鹏，张昊．顾客之间的感知相容性与其行为意向的关系研究［J］．管理学报，2012，9（6）：890－899.

［96］中国古镇．同里客栈——金峰民居客栈［DB/OL］．http：//www.zgxzly.com/bbs/dispbbs.asp？boardid＝16&id＝594. 2006－09－01.

［97］周琼．台湾民宿发展态势及其借鉴［J］．台湾农业探索，2014（1）：13－18.

［98］邹开敏．民宿：休闲度假旅游的一种探索——以江苏周庄为例［J］．乡镇经济，2008（8）：89－92.

［99］Ahn，T，Ekinci，Y & Li，G. Self-congruence，Functional Fongruence，and Destination Choice. Journal of Business Research，2013（66）：719－723.

［100］Aramberri J. The Host Should Get Lost：Paradigms in the Tourism Theory［J］. Annals of Tourism Research，2001，28（3）：738－761.

［101］Bellou，V，Andronikidis，A I. Examining Organizational Climate in Greek Hotels from a Service Quality Perspective［J］. International Journal of Contemporary Hospitality Management，2009，21（3）：294－307.

［102］Bolhuis，W，De Jong，M D，& Van Den Bosch，A L. Corporate Rebranding：Effects of Corporate Visual Identity Changes on Employees and Consumers

[J]. Journal of Marketing Communications, 2018, 24 (1): 3 - 16.

[103] Botha, E. Marketing Experiences for Visitor Attractions: The Contribution of Theming, in Marios Sotiriadis, Dogan Gursoy [J]. The Handbook of Managing and Marketing Tourism Experiences, 2016: 343 - 362.

[104] Brotherton, B. Critical Success Factors in UK Budget Hotel Operations [J]. International Journal of Operations & Production Management, 2014, 24 (9): 944 - 969.

[105] Chang J, Wall G, Chu S. Novelty Seeking at Aboriginal Attractions [J]. Annals of Tourism Research, 2006, 33 (3): 729 - 747.

[106] Chang, K C. Effect of Servicescape on Customer Behavioral Intentions: Moderating Roles of Service Climate and Employee Engagement [J]. International Journal of Hospitality Management, 2016 (53): 116 - 128.

[107] Chen, W J, Chen, M L. Factors Affecting the Hotel's Service Quality: Relationship Marketing and Corporate Image [J]. Journal of Hospitality Marketing & Management, 2014, 23 (1): 77 - 96.

[108] Choo H S, Petrick J F. Social Interactions and Intentions To Revisit for Agritourism Service Encounters [J]. Tourism Management, 2014, 40 (1): 372 - 381.

[109] Churchill Jr, G A. A Paradigm for Developing Better Measures of Marketing Constructs [J]. Journal of Marketing Research, 1979, 16 (1): 64 - 73.

[110] Cochran, W G. Sampling Techniques [M]. New York: John Wiley And Sons, 1977.

[111] Cohen E, Nir Y, Almagor U. Stranger-local Interaction in Photography [J]. Annals of Tourism Research, 1992, 19 (2): 213 - 233.

[112] Čivre Ž, Kneževič M, Baruca P Z, Fabjan D. Facial Attractiveness and Stereotypes of Hotel Guests: An Experimental Research [J]. Tourism Management, 2013, 36 (1): 57 - 65.

[113] Dijkmans C, Kerkhof P, Beukeboom C J. A Stage to Engage: Social Media Use and Corporate Reputation [J]. Tourism Management, 2015, 47 (47): 58 - 67.

[114] Fakharyan M, Omidvar S, Khodadadian M R, Et Al. Examining the Effect of Customer - to - Customer Interactions on Satisfaction, loyalty, and Word-of-

mouth Behaviors in the Hospitality Industry: The Mediating Role of Personal Interaction Quality and Service Atmospherics [J]. Journal of Travel & Tourism Marketing, 2014, 31 (5): 610 -626.

[115] Felix D, Broad S, Griffiths M. Chapter 4: The Bed-and-breakfast Experience: An Analysis of Hosts' and Guests' Expectations [J]. Global Cases on Hospitality Industry, 2008.

[116] Field, A. Discovering Statistics Using IBM SPSS Statistics [M]. London: Sage. 2013.

[117] Gillespie A. Becoming Other. From Social Interaction to Self - Reflection [M]. Greenwich, Conn: Information Age Pub, 2006 (69): 80 -88.

[118] Graburn N. Tourism: The Sacred Journey [A]. Smith V Hosts and Guests: The Anthropology of Tourism [M]. Oxford: Basil Blackwell, 1989: 21 -36.

[119] Gremler D D, Gwinner K P. Customer - Employee Rapport in Service Relationship [J]. Journal of Service Research, 2000, 3 (1): 82 -104.

[120] Haak T V D. Satisfaction and Loyalty in E - Commerce: The Moderating Role of Nationality [M]. Springer International Publishing, 2015: 641 -641.

[121] Hair, J F, Black, W C, Babin, B J & Anderson, R E. Multivariate Data Analysis [M]. Upper Saddle River: Prentice Hall. 2009.

[122] Han, H, Hsu, L T J & Sheu, C. Application of the Theory of Planned Behavior to Green Hotel Choice: Testing the Effect of Environmental Friendly Activities [J]. Tourism Management, 2010, 31 (3): 325 -334.

[123] Hasan B, Katerina B, Cihan C. Comparing Customer Perceptions of Hotel and Peer - to - Peer Accommodation Advantages and Disadvantages [J]. International Journal of Contemporary Hospitality Management, 2018, 30 (2): 1190 -1210.

[124] Hoffman K D, Bateson J E G. Essentials of Service Marketing [M]. Orlando, FL: The Dryden Press, 1997.

[125] Hsijui, Wu H J C W. The Impact of Customer - to - Customer Interaction and Customer Homogeneity on Customer Satisfaction in Tourism Service - The Service Encounter Prospective. [J]. Tourism Management, 2007, 28 (6): 1518 -1528.

[126] Huang J, Hsu C H C. The Impact of Customer - to - Customer Interaction

on Cruise Experience and Vacation Satisfaction [J]. Journal of Travel Research, 2010, 49 (1): 79 - 92.

[127] Hung, K & Petrick, J F. The Role of Self-and Functional Congruity in Cruising Intentions [J]. Journal of Travel Research, 2011, 50 (1): 100 - 112.

[128] Hung, K, Wang, S & Tang, C. Understanding the Normative Expectations of Customers Toward Buddhism - Themed Hotels [J]. International Journal of Contemporary Hospitality Management, 2015, 27 (7): 1409 - 1441.

[129] Jafari J. Tourism Models: The Sociocultural Aspects [J]. Tourism Management, 1987, 8 (2): 151 - 159.

[130] Jin H J, Yoo J J. Customer - to - Customer Interactions on Customer Citizenship Behavior [J]. Service Business, 2017 (11): 1 - 23.

[131] Jo, W, Lee, C & Reisinger, Y. Behavioral Intentions of International Visitors to The Korean Hanok Guest Houses: Quality, Value and Satisfaction [J]. Annals of Tourism Research, 2014 (47): 77 - 95.

[132] Khoo - Lattimore, C & Prayag, G. Accommodation Preferences of the Girlfriend Getaway Market in Malaysia: Self - Image, Satisfaction and Loyalty [J]. International Journal of Contemporary Hospitality Management, 2016, 28 (12): 2748 - 2770.

[133] Kim H S, Choi B. The Effects of Three Customer - to - Customer Interaction Quality Types on Customer Experience Quality and Citizenship Behavior in Mass Service Settings [J]. Journal of Services Marketing, 2016, 30 (4): 384 - 397.

[134] Kline, R B. Principles and Practice of Structural Equation Modeling [M]. New York: Guilford, 2015.

[135] Knutson, B J, Beck, J A, Kim, S & Cha, J. Identifying the Dimensions ofthe Guest's Hotel Experience [J]. Cornell Hospitality Quarterly, 2009, 50 (1): 44 - 55.

[136] Kressmann, F, Sirgy, M J, Herrmann, A, Huber, F, Huber, S & Lee, D. Direct and Indirect Effects of Self - Image Congruence on Brand Loyalty [J]. Journal of Business Research, 2006 (59): 955 - 964.

[137] Lee, H, Lee, Y, And Yoo, D. The Determinants of Perceived Service

Quality and Its Relationship with Satisfaction [J]. Journal of Services Marketing, 2000, 14 (3): 217 -231.

[138] Libai B, Bolton R, Bugel M S, Et Al. Customer - to - Customer Interactions: Broadening the Scope of Word of Mouth Research [J]. Journal of Service Research, 2010, 13 (3): 267 -282.

[139] Litvin S W, Goldsmith R E, Pan B. Electronic Word - of - Mouth in Hospitality and tourism Management [J]. Tourism Management, 2008, 29 (3): 458 -468.

[140] Liu J S, Tsaur S H. We Are in the Same Boat: Tourist Citizenship Behaviors [J]. Tourism Management, 2014, 42 (3): 88 -100.

[141] Lynch, P A. The Commercial Home Enterprise and Host: A United Kingdom Perspective [J]. International Journal of Hospitality Management, 2005 (24): 533 -553.

[142] Maoz D. The Mutual Gaze [J]. Annals of Tourism Research, 2006, 33 (1): 221 -239.

[143] Massicotte, M, Michon, R, Chebat, J, Sirgy, M J, & Borges, A. Effects of Mall Atmosphere on Mall Evaluation: Teenage Versus Adult Shoppers [J]. Journal of Retailing and Consumer Services, 2011 (18): 74 -80.

[144] Mcnaughton D. The "Host" as Uninvited "Guest": Hospitality, Violence and Tourism [J]. Annals of Tourism Research, 2006, 33 (3): 645 -665.

[145] Millá N C L, Garzon D, Navarro S. C2C Interactions Creating Value in the Route of Santiago [J]. Journal of Business Research, 2016, 69 (11): 5448 -5455.

[146] Nash D. Anthropology of Tourism [M]. New York: Elservier Science Ltd., 1996: 152 -161.

[147] Nicholls R, Brookes M, Altinay L, Et Al. Customer - to - Customer Interaction (CCI): A Cross - Cultural Perspective [J]. International Journal of Contemporary Hospitality Management, 2011, 23 (2): 209 -223.

[148] Nicholls R. New Directions for Customer to Customer Interaction Research [J]. Journal of Services Marketing, 2010, 24 (1): 87 -97.

[149] Nieto J, Hernández - Maestro R M, Muñoz - Gallego P A. Marketing De-

cisions, Customer Reviews, and Business Performance: The Use of the Toprural Website By Spanish Rural Lodging Establishments [J]. Tourism Management, 2014 (45): 115-123.

[150] Oakes T. Tourism and Modernity In China [M]. London. New York: Routledge, 1998.

[151] Pantelidis, I S. Electronic Meal Experience: A Content Analysis of Online Restaurant Comments [J]. Cornell Hospitality Quarterly, 2010, 51 (4): 483-491.

[152] Papathanassis A. Guest - to - Guest Interaction on Board Cruise Ships: Exploring Social Dynamics and the Role of Situational Factors [J]. Tourism Management, 2012, 33 (5): 1148-1158.

[153] Pitchford S R. Ethnic Tourism and Nationalism in Wales [J]. Annals of Tourism Research, 1995, 22 (1): 35-52.

[154] Prahalad C K, Ramaswamy V. Co-creation Experiences: The Next Practice in Value Creation [J]. Journal of Interactive Marketing, 2004, 18 (3).

[155] Sampson, S E Froehle, C M. Foundations and Implications of a Proposed Unified Services Theory [J]. Production and Operations Management, 2006, 15 (2): 329-343.

[156] Scarinci J, Richins H. Specialist Lodging in the USA: Motivations of Bed and Breakfast Accommodation Guests [J]. Tourism, 2008: 271-282.

[157] Schmitt B H, MartíNez M. Experiential Marketing [J]. Journal of Marketing Management, 1999, 15 (1-3): 53-67.

[158] Sharma A, Raajpoot N A. Perceptionsof Incompatibility in Customer to Customer Interactions: Examining Individual Level Differences [J]. Journal of Services Marketing, 2006, 10 (5): 63-65.

[159] Sirgy, M J, Grzeskowiak, S & Su, C. Explaining Housing Preference and Choice: The Role of Self - Congruity and Functional Congruity [J]. Journal of Housing and the Built Environment, 2005 (20): 329-347.

[160] Sirgy, M J, Johar, J S, Samli, A C, & Claiborne, C B. Self-congruity Versus Functional Congruity: Predictors of Consumer Behavior [J]. Journal of the

Academy of Marketing Science, 1991, 19 (4): 363 -375.

[161] Smith V. Hosts and Guests: The Anthropology of Tourism [M]. Philadelphia: University of Pennsylvania Press, 1977: 2 -3.

[162] Sparks B A, Perkins H E, Buckley R. Online Travel Reviews as Persuasive Communication: The Effects of Content Type, Source, and Certification Logos on Consumer Behavior [J]. Tourism Management, 2013, 39 (2): 1 -9.

[163] Stringam, B B, & Gerdes, Jr., An Analysis of Word - of - Mouse Ratings and Guest Comments of Online Hotel Distribution Sites [J]. Journal of Hospitality Marketing & Management, 2010, 19 (7): 773 -796.

[164] Urry J. The Tourist Gaze: Leisure and Travel in Contemporary Societies [M]. London: Sage, 1990.

[165] Van Den Berghe P L, Keyes C F. Introduction Tourism and Recreated Ethnicity [J]. Annals of Tourism Research, 1984, 11 (3): 343 -352.

[166] Wang, S & Hung, K. Customer Perceptions of Critical Success Factors for Guest Houses [J]. International Journal of Hospitality Management, 2015 (48): 92 -101.

[167] Wang, S, Hung, K & Li, M. Development of Measurement Scale for Functional Congruity in Guest Houses [J]. Tourism Management, 2018 (68): 23 -31.

[168] Wei Wei, Ying (Tracy) Lu, Li Miao. Customer - Customer Interactions, at Conferences: An Identity Approach [J]. Tourism Management, 2017 (59): 154 -170.

[169] Wu, W & Yang, C. An Empirical Study on the Impact of Differences in Bed and Breakfast Service Quality Attributes on Customers' Revisiting Desires [J]. The International Journal of Organizational Innovation, 2010, 2 (2): 223 -240.

[170] Yang C H, Chang H L. Exploring the Perceived Competence of Airport Ground Staff in Dealing with Unruly Passenger Behaviors [J]. Tourism Management, 2012, 33 (3): 611 -621.

[171] Zhang, Y. The Impact of Brand Image on Consumer Behavior: A Literature Review [J]. Open Journal of Business and Management, 2015, 3 (1).